설득의 비즈니스

설득의 비즈니스

설득의 비즈니스

전 영 우

도서출판 역락

사람을 움직이는 요체(要諦)는 무엇인가. 근대 경제학의 창시자로 일컬어지는 아담 스미스는 영국의 글래스고 대학에서 윤리학을 강의하면서, "인간은 이기적 동물이어서 항상 이익을 추구한다. 인간행동의 원칙도 사회의 질서도 이처럼 인간이 이익을 추구하는 동물이라는 의미 속에 함축된다."고 말했다.

사람을 움직이려면 호감을 사되, 상대방의 이익을 중심으로 해야 한다는 것이 결국 요체가 된다. 인간행동의 동기가 욕구에 있다면, 따라서 우리가 사람을 움직이고자 할 때, 이 같은 욕구를 잘 이해하고 활용하는 것이 보다 효과적일 것이다. 확실히 인간이 움직이는 동기가 '욕구'에 있음을 간과할 수 없다.

그러나 사람이 욕구를 자극 받으면 즉각 행동을 일으킨다고 생각할 수는 없다. 보통의 상식을 갖춘 사람이라면 행동을 시작하기 전에 먼저 양심과 이성을 움직인다. 법률·도덕·의리·인정에 어긋나지 않을까, 금전적인 손실이나 명예의 훼손이 일어나지 않을까, 곧 실행해야 할까 아니면 잠시 시기를 기다려 보는 게 좋을까 등을 고려한다. 장면과 분위기를 감안하고 상대방의 기분을 파악한 뒤 바람직한 자세와 태도를 설득에 포함하여 접촉을 시도한다.

"사람을 보고 법을 설한다."는 금언에 따라 비즈니스에 임하는 것이 효과적인 자세이다.

한편, "봉사를 주로 하는 사업은 번영하고, 이득을 주로 하는 사업은 쇠퇴한다."는 미국의 자동차 왕 헨리 포드의 말은 음미할 가치가 있는 명언이다. 이 말은 한 번의 세일로 모든 비즈니스의 승부를 걸어 버리는 세속적인 세일즈맨에게는 더더욱 가치 있는 경구가 될 것이다. 상도의와 상도덕은 신용을 바탕으로 하는 것인데, 신용을 상실하면 상도의와 상도덕을 어디에서 찾겠는가.

'신용'이라는 두 글자로 기업을 크게 일으킨 비즈니스맨이 우리 나라에도 많은 것으로 안다. 신용은 봉사와도 통한다. 고객에 대한 봉사에 성실을 다하는 일이 신용이라면, 봉사야말로 사업을 번영으로 이끄는 미래 지향의 탄탄대로라고 생각한다.

포드가 한 경영자로서의 실감이 담긴 앞의 말에서 '사업'이란 용어를 '세일'로 바꿔 놓아도 이 명언은 참된 것이다. 현대 세일의 근본적인 통념은 고객 제일주의, 즉 소비자를 첫째로 보자는 견해이다. 이것은 손님의 이익을 최우선으로 고려하라는 뜻으로 이해된다. 자기 이익도 물론 중요한 것이지만 고객의 이익을 우선 고려하는 것, 이것이 현대 세일의 기본적인 패턴이다.

세일즈맨에게 화법은 필수 요건이다. 확실히 세일즈맨의 실적을 좌우하는 것이 화법임에 틀림없다. 그러나 그 화법이 중요하다는 것이지, 화법만이 능사라는 뜻은 물론 아니다. 상품의 효용을 납득시킨다 하여도 상대방의 이해가 수반되어야 한다. 상대방의 이해는 세일즈맨의 설명에 의존한다. 이것은 매우 당연한 이치이다.

  그러나 상품을 사는 쪽은 고객이다. 고객이 지금 어떤 점을 알고자 하는가? 고객이 필요로 하는 것, 또 요구하는 것은 무엇인가? 실은 이 같은 문제를 먼저 파악하고 있지 않으면 상대를 납득시킬 수 있는 바람직한 화법의 전개를 꾀할 수 없다. 그러므로 단순히 일방적으로 말 잘하는 세일즈맨보다 고객의 말을 정성껏 들어 주면서 동시에 말 잘하는 세일즈맨이, 환언하면 고객의 처지를 치밀하게 분석 검토하고 고객의 처지에서 말할 수 있는 능력을 갖춘 세일즈맨이 가장 모범적인 세일즈맨일 것이다.

  이 책에서는 앞의 모든 여건을 전제로, 즉각 세일 실무에 적용할 수 있도록 세일 화법과 비즈니스 화법의 원리 및 실제를 기술해 놓았다. 또한 인간관계의 바탕을 이루는 효율적 대화 기법을 모색하고 있다는 측면에서 세일과 비즈니스 이외의 분야, 특히 선의의 인간관계 구축을 희망하는 여러 방면의 독자들에게도 이 책이 많은 관심과 흥미를 끌 것으로 믿는다.

2003년 9월

全 英 雨

차 례

7 성공으로 이끄는 여러 가지 화법

1. 매력과 호감을 주는 설득

“판매기법의 원리는 모든 대인관계에 응용할 수 있는 지혜이다.”

엘머 휠러

세일은 손님을 상대로 행하는 창조적인 활동이다. 세일의 자세와 기법을 세일즈맨십이라 한다. 곧 판매기법을 뜻한다. 이 기법은 사람을 다루는 방법까지 포함한다. 손님과 세일즈맨의 관계는 서로가 잘 알지 못하는 관계에 있는 것만은 확실하다. 손님과의 장애를 하나씩 제거하고 상호 이해의 관계를 만들 뿐 아니라, 상품의 효용도 납득시켜 구매행동을 일으키는 것이 세일즈맨의 목표다. 세일즈맨십이 인간관계까지 포괄한다는 것도 실은 이 같은 의미에서이다.

사람은 첫인상이다

첫 만남은 인간관계의 시작이며, 지속적인 만남의 계기가 되므로 첫인
상은 대단히 중요하다. 대뇌의 기억 흔적 속에 최초에 들어온 것이 끝까
지 남기 쉽다고 한다. 그러므로 첫인상은 반영구적인 편견을 심어 놓기
쉽다. 처음의 대화가 만족스럽고, 첫인상이 좋으면 다시 한 번 만나고 싶
으나, 첫인상이 나쁘면 두 번 다시 만나고 싶지 않은 것이다. 또한 첫 만남
에서의 인상은 외부로 나타나는 용모·복장·태도·동작 등에 의해서도
새겨진다.

상대방 입장에서 말하면 먼저 나를 본다. 그리고 나의 말을 듣는다. 다
시 용건을 들으려고 적극적이다. 이 같은 순서가 되므로, 최초에 나를 보
는 그때의 인상이 중요한 것이다.

첫 만남에서는 특히 복장에 주의해야 한다. 어딘지 모르게 초라하고 단
정치 못한 세일즈맨에게서 상품을 사고 싶은 손님은 한 사람도 없을 것이
다. 파는 상품의 포장에는 신경을 쓰면서 파는 사람 자신의 인간 포장에는
신경을 쓰지 않는 세일즈맨이 의외로 많은 것 같다. 그러나 이것은 큰 실
수이다. 자기 자신에게 잘 어울리고 호의적인 이미지를 줄 수 있는 복장을
갖춰야 한다. 또한 방문할 상대방과 조화되는 복장이 아니면 안 된다. 단

정치 못한 복장, 불유쾌한 인상으로 사람을 만나면 상대도 대수롭지 않게 나를 대하기 쉽다.

태도나 표정에도 주의한다. 준비된 어휘와 화법보다 자기도 모르게 나타내는 동작이나 얼굴표정으로 평가되기 쉽기 때문이다. 처음 상대가 나를 본 순간에 마음을 끌어당기는 듯한 밝고 명랑한 표정, 분명한 걸음걸이로 상대에게 접근한다. 자세를 바르게 갖고 쾌활한 태도를 유지한다.

사람의 인상은 개인의 매력을 나타내는 상표(商標)이다. 상대가 나를 평가하고 주목하는 정도는 내가 어느 정도의 인상을 주느냐에 달려 있는 것이다. 간혹 매너(manner)를 무시하고 단도직입적으로 접근하는 세일즈맨이 있으나, 어지간히 좋은 상품이라든가 세일즈 토크(sales talk)에 자신 있는 사람이 아니라면 부적합하고 위험한 행동이다. 마음이 조급하고 시간이 없는 손님 중에 이러한 판매 태도를 환영하는 사람이 있을지도 모른다. 그러나 손님은 천차만별, 상황과 성격에 따라 모두 다르다.

따라서 첫 만남에서 인간의 마음이 어떻게 움직이는가를 알아 둘 필요가 있다. 우선 알지 못하는 사람이 얼굴을 마주한 순간, 서로가 상대는 어떤 사람인가를 평가하게 된다. 어떤 생각을 하는 인간인가, 이익을 가져다주는 인간인가 손해를 끼치는 인간인가 등등, 긴장으로 방어자세를 취하면서 상대방 힘의 정도를 탐색하는 스포츠 선수와 같은 관계에 놓인다.

아프리카 케냐 초원의 동물들은 원주민이 활이나 창을 갖고 걸어갈 때와 백인이 총을 갖고 있을 때, 인간에의 접근방식이 다르다고 한다. 인간과 어느 정도 떨어져 있어야 안전한가를 동물 특유의 감각으로 구별하는 것이다. 이것을 위험거리라고 부른다. 동물들에게 인간이 돌멩이나 나무 토막처럼 보인다면 위험거리는 영(零)으로 볼 것이다. 그러나 인간만큼 방심할 수 없는 동물도 없다는 것을 그들은 잘 알고 있으므로, 이 거리는 좀처럼 좁혀지지 않는다.

누구에게 무엇을 팔기 위해 면접할 때도 이 같은 위험거리, 즉 상대의 심리적 저항에 직면할지 모른다는 각오를 해두지 않으면 안 된다. 낯선 남자가 사무실 문을 노크하고 들어오면 누구든 경계하며 이렇게 생각한다.

'이 남자는 대체 누구인가? 어디서 왔는가? 무엇 하러 왔는가?'

그러므로 아무리 능숙한 세일즈맨이라고 해도 이 같은 의문을 풀어주지 못하는 한 상대방의 저항감을 누그러뜨릴 수 없다. 마음의 갑옷을 벗기고 마음의 심층부와 접할 수 있게 배려해야 한다. 그렇게 하지 않으면 상대는 언제까지나 가면을 쓰고 의례적이고 형식적인 응대를 할 것이다.

첫 만남의 경우, 면접자는 양쪽 모두 긴장하기 마련이다. 한 인간에게는 하나의 심리적 힘이 형성되므로, 누군가가 접근하면 대립하는 두 힘의 교류로 안정되어 있던 힘이 일시 혼란하여지고 마음에 물결이 일게 된다.

대부분의 첫 만남에서는 먼저 가벼운 인사가 교환되고 자기소개가 행해진다. 이어 대화가 무르익어 가면서 마침내 대립이 풀리고 양쪽의 심리적인 힘이 안정된다. 여행할 때, 열차 속에서 옆에 앉은 모르는 사람과 친해지는 과정을 생각해 보면 좋다.

대화가 잘 어울려진다는 것은 이 두 가지 심리적인 힘이 안정된다는 것, 즉 마음과 마음이 결합되어 공동의 공간이 이루어졌다는 것이다. 그러므로 첫 만남에서는 먼저 이 긴장을 풀고 혼란을 가라앉혀, 화합의 장을 만드는 것에 초점을 맞추어야 한다. 상대의 방어자세를 풀어 주고, 경계하지 않아도 된다는 것을, 경계할 필요가 없는 인간이라는 점을 알린다. 우정이나 존경의 뜻을 나타내 보이고 적의가 없음을 알린다. 선수를 쳐서, "꼭 상품을 사시라고 온 게 아닙니다." 하고 상대를 안심시키고 경계경보 해제의 사이렌을 울린다.

그러나 경계가 풀려도 면접진행 중의 두 사람 사이에는 힘의 관계가 불안정하므로 주의를 풀어놓아서는 안 된다. 왜냐하면 다시 상대방 마음의 문이 닫혀지고 경계경보나 공습경보로 발전, "네 알겠습니다. 그 정도로 합시다."라고 할지 모르기 때문이다. 면접 대담 중에도 레이더와 같이 예민하게 상대의 태도·표정·어조의 변화에 주의하지 않으면 실패한다.

매력 있는 설득

상대의 호감을 사고 상대의 기분을 움직이는 말이, 필요한 때 즉시 나올 수 있게 하기 위해 어떻게 연구하고 노력할 것인가. 세일즈맨은 되도록 많은 사람을 만나 많은 경험을 쌓는 것이 중요하다. 많은 손님을 만나야 사람의 심리를 자연스럽게 알 수 있기 때문이다.

또한 세일즈맨에 대해 손님이 어떻게 생각하는가를 아는 것도 필요하다. 손님의 말은 자기 자신을 연마하는 거울이 되기 때문이다. 심리학이나 임상심리학 관련 서적을 읽어도 좋으나 추상적인 경우가 많다.

여기서 좀더 구체적인 설명을 하려고 한다. 미국에 이솝그림이란 유명한 카피 라이터(copy writer)가 있는데 그는 광고인이 되기 위한 자격이랄까 조건으로 아래의 세 가지 요건을 제시한다.

1. 사회 상식 70퍼센트
2. 상품 지식 15퍼센트
3. 광고의 전문 기술 15퍼센트

비율이야 어떻든 광고인 되기 전에 시회인으로서의 상식이나 양식에 비중을 둔다는 점에 대해서는 거의 동감이다. 이것은 광고인이 되려는 사람을 위해 말한 것이나, 광고인이 아닌 세일즈맨이라 하더라도 적절한 조언이라고 생각된다.

덧붙여 세일즈맨의 마음가짐에 대해 말하면, 첫째는 시야(視野)를 폭넓게 가져야 한다는 것이고, 둘째는 유연성(柔軟性)을 지녀야 한다는 것이다. 세일즈맨이나 비즈니스맨이 되면 도무지 독서를 한다든가 교양을 넓힐 틈이 없을 것이다. 연구나 독서라 해도 당면한 것에 국한하며 직무에 관한 것밖에 취급할 수가 없다. 그러나 그것만으로는 남과 구별되는 매력 있는 세일즈맨이라고 할 수 없을 것이다. 그러므로 되도록 직무 이외의 것까지 폭넓은 시야 속에서 견문이나 교양을 넓힐 일이다. 또한 다각적인 관찰을 통해 사물을 편협하지 않게 보는 법과 올바른 판단력을 몸에 지녀야 한다.

그러나 얼마쯤 남과 다른 특징이 있다고 해서 그것만으로 과연 남에게 어필할 수 있을 것인가? 매력 있는 인상이나 상대에게 좋은 인상을 주기 위해서는 자기를 매력적으로 표현할 수 있어야 한다. 이에는 무엇보다 말하기, 즉 화법이 문제된다. 어휘가 부족하고 표현이 부적절한 까닭에 상대의 감정을 해치고 오해를 받는 일이 많다. 그것이 개인 간의 교제라면 세월이 흐름에 따라 이해 받을 수 있으나 첫인상으로 승부가 결정되는 판매 세계에서는 결정적인 오점으로 남겨질 수 있다. 비즈니스는 인간에 의해 승부가 정해진다. 이때, 인간의 매력은 거의 어휘요, 화법에 의존한다 해도 과언은 아닐 것이다.

한편, 가장 좋은 서비스는 상대에게 긴장감을 주지 않는 것이다. 이 점으로 볼 때, 세일즈맨이 약간의 허점을 노출시키는 것도 좋다. 신뢰감에 큰 타격을 주는 정도가 아니라면, 이러한 허점은 상대방이 예상 외로 빨리 경계심을 풀 수 있게 할 수 있다.

또한 틀에 박히지 않은 생생한 인간미를 느끼게 하는 말씨가 바람직하다. 그러므로 여기서 연구를 필요로 하는 것은 직접 판매에 연결되는, 사람의 마음을 움직일 수 있는 화법이다.

텔레비전 수상기를 판매하는 세일즈맨이 가정 방문에 나섰다. 오래되어 보이는 구형 수상기가 마루에 놓여 있어 새것을 팔아 볼 요량으로 말했다.

“아주머니, 꽤 오래된 수상기군요. 요새는 신제품이 많이 나오고 있습니다. 이제 이런 구형은 좀 바꾸어 보시는 게 어떨까요?”

이 같은 화법이라면 세일즈맨은 반드시 실패한다. 꽤 오래된 수상기라는 표현이 상대에게 심리적으로 저항감을 주기 때문이다.

“아주머니, 참 귀한 수상기군요. 매우 곱게 보신 모양이지요. 지금 얼마나 됐나요?” 이렇게 말을 건네야 할 것이다. 그렇다면 상대방도, “그렇죠? 이제 좀 바꿀 때가 된 것 같아요.” 하고 이쪽 말에 응답을 할 것이다. ‘오래 된’이라는 말 대신 ‘귀하다’, ‘꽤 오래’라는 말 대신 ‘곱게 보았다’는 표현을 쓰면 최소한 상대의 저항이나 반발을 피할 수 있다.

여기서 전자를 서투른 화법, 후자를 훌륭한 화법이라고 간단히 대조해 볼 것이 아니라, 어째서 후자와 같은 화법이 효과적이냐 하는 점을 연구해 볼 필요가 있다. 전자는 팔기만 하려는 자기 본위의 발상이나, 후자는 상대의 입장에 서서 말을 건네고 있다. 누구나 경제상의 형편 때문만이 아니라, 일상 써 오는 습관에 따라 오래된 물건에는 애착을 느낀다. 후자처럼 상대방이 귀하게 여기는 것을 나도 귀하게 여긴다는 마음이 전달될 수 있는 화법이 훌륭한 것이다. 때문에 세일즈맨에게 있어 이와 같은 화법은 판매의 심리학과 직결된다. 세일즈맨은 상대방의 마음을 읽을 줄 알아야 한다. 이것이 판매에 성공하는 관건이다.

화제를 약간 비약시켜 본다. 어느 대학 캠퍼스의 잔디밭 팻말에, “저를 사랑해 주세요” 하는 문구가 있다. 이것은 잔디밭에 들어가지 말라거나 잔디를 밟지 말라는 표현에 비해 호감을 안겨 주는 표현이다. 그렇다면 분명 화법, 그것도 매력 있는 화법의 연구처럼 중요한 판매전술도 없을 것이다.

③

매력을 낳는 이미지

　인간이 '무의식' 중에 상품을 산다고 하면 크게 놀랄 것이다. 그러나 잠재 지각력 실험이 행해져 일대 센세이션을 일으켰던 적이 있다. 이것은 '보이지 않는 광고'라 이르는데, 단속적인 그림을 순간노출로 영화 스크린이나 텔레비전 영상으로 투영, 의식하의 지각에 호소한다. "목이 마르다. 코카 콜라를 마시자."라는 문구를 넣은 콜라병을 스크린에 비치면 매점의 매상이 배증(倍增)한다는 것이다. 손님은 스스로 의식하지 못하는 사이에 동기(動機)를 부여받는다. 놀라운 일이다. 심리학적인 방법으로 동기 조사를 행한 결과 사람들의 행동에 영향을 주는 것은 심층 심리의 작용임이 밝혀졌다.

　냉장고·선풍기 등의 구매동기 조사에서, "손님은 어째서 그 회사의 제품을 샀습니까?"라는 설문에 대부분의 사람은, "그 회사의 모터가 좋아서."라고 대답했다고 한다.

　그러나 그들은 그 회사의 모터가 다른 회사 제품보다 더 좋은지의 여부를 시험해 보지 않았으며, 모터의 좋고 나쁨을 정확히 판단할 능력이 거의 없다. 과학적 근거를 가진 지식이 아니라 사람들의 소문이나 광고·선전 등에 의해 알지 못하는 사이에 믿어버리게 된 것이다. 실체가 없는 심중의 이미지를 획득한 것이다.

　반스 패카드의 『문명비평』에서 흔히 인용되는 예화이지만, 어째서 치약을 사느냐고 여러 사람에게 물어 보니, "충치를 예방하기 위해."라고 대답한다. 그러면 밤에 자기 전에 모두 이를 닦느냐고 물으니, 그렇지 않다는 대답이다. 아침에 일어나서 이를 닦고 있다는 것이다. 결국 이를 닦는 것은 입 안을 개운하게 하기 위해서였다. 이것이 참된 동기이다. 때문에 약품이라는 뜻이 풍기는 이미지를 주는 말로는 치약이 잘 안 팔린다. '상쾌함'을 강조하여 사람들의 의식 속으로 파고드는 편이 효과가 있다.

"당신의 이를 진주처럼 희게 빛내 준다."

젊은이들은 이 문구의 이미지에 끌려 치약을 산다. 세탁기는 '실용품'이라는 이미지로, 비누는 '아름다움'의 이미지로 보급한 까닭에 판매고가 크게 올랐다.

사람들은 상품보다 그 상품의 이미지를 높이 사고 있다. 자동차를 팔 때는 신분 상승의 이미지를, 관광버스의 판매는 즐거운 레저의 이미지를, 농기계는 작업의 능률을 내세워야 한다.

앞으로는 점차 기술혁신으로 인해 품질은 어느 것이나 거의 비슷해질 것이므로 판매 면에서 중요한 요소는 자연히 상품의 이미지일 수밖에 없다. 품질이나 기능이 좋은 것만으로는 불충분하다. 상품의 이미지를 손님의 심층심리에 새겨 주고 감정이나 정서를 자극하지 않으면 손님은 움직이지 않는다. 1995년 미국 캐치 프레이즈(catch phrase) 콩쿨에서 1등상을 받은 루즈의 광고 문구는, "아이, 안돼요."라고 한다.

"우리는 아버지대(代)부터 어떤 신문만 보고 있다." "어느 커피숍 외에는 다니지 않는다." 등으로 말하는 사람은 그 신문, 그 커피숍 이미지에 사로잡혀 있다는 증거가 된다. 반드시 내용이나 실질을 객관적으로 평가하고 있는 것은 아니다. 가령, 때를 놓친 상품이라도 새로운 이미지로 바꾸어 놓으면 완전히 새것으로 둔갑할 수 있다. 이렇게 되면, 한겨울에도 여름 못지 않게 맥주가 팔리고, 장마철이 아니라도 우비가 팔린다. 유행의 창안은 상품의 이미지 변화를 꾀하고 새롭게 보이는 데에 요체가 있다.

"비프 스테이크 그 자체보다 지글지글 구워지는 소리를 팔라."고 한 미국의 판매 지도자 엘머 휠러의 교훈은 유명하다. 상인은 항상 어떻게 하면 손님의 마음속에 생생한 이미지를 심어줄 수 있는가를 연구하지 않으면 안 된다.

④

· · · · · · · · · ·

이과장과 김과장의 대화

우리의 생활 속에서 대화는 매우 복잡하고 다양하므로 대화의 경험을 쌓아 나가는 일이 세일즈맨에게는 매우 중요하다. 이론을 잘 알고 있어도 대화를 의도대로 잘 이끌어가지 못하는 경우, 대부분은 실전 연습이 부족하기 때문이다. 이 점에서 판매화법은 각종 스포츠나 또는 자동차의 운전 등과 유사하다.

운동선수의 경우에는 훌륭한 지도자를 따라 훈련받는 것이 그 방면에 능숙해지는 지름길이다. 대화에서도 숙련된 사람과 가까이 지낼 수 있다면 대단히 좋을 것이다. 그러나 현실은 뜻대로 되지 않는다. 그러므로 자기를 훈련하는, 곧 자기 연수(研修)가 필요하다. 대화가 잘 진행된 경우 어느 점이 좋았고, 또 잘 진행되지 못한 경우 개선해야 할 점이 무엇인가를 스스로 반성해 보도록 한다. 대화를 구성하는 각 항목에 대해 체크해 보면 효과적이다. 또한 구체적인 대화의 예를 많이 찾아내서 이를 검토해 보는 일도 나쁘지 않으나, 이것은 장황하게 발전하기 쉽고, 또 그것을 그대로 사용한다는 것도 곤란한 일이다.

비즈니스맨에게 국한되는 것은 아니나, 대담할 때 상대와 입장이 같고 의견이 일치하는 경우는 대화를 풀어 나가기가 그다지 어렵지 않을 것이다. 문제는 입장이나 의견이 다른 때의 대담방법이다. 만약 양쪽이 자기가 말하고 싶은 것만을 말한다면 언제까지나 평행선을 그을 뿐 아니라, 대담은 실속 없이 끝나게 될 것이다.

간단한 예를 들어 보자. 어느 회사의 김과장이 거래선인 대기업의 이과장과 상담을 나누고자 생각한 경우 어떻게 할 것인가? 보통은 먼저 전화로 상대방의 형편을 물어 볼 것이다.

김과장 : "이과장이십니까? 저 김과장입니다. 바쁘신데 전화로 죄송합니다.
　　　　　다름 아니라 좀 만나 뵙고 말씀드릴 게 있어서……."

이과장 : "아, 그렇습니까. 지금 일이 몰려서 좀처럼 시간 내기가 어려운데
　　　　　요……."

김과장 : "바쁘시군요. 꼭 만나 뵙고 말씀드려야 할 얘긴데……, 잠깐만이라
　　　　　도 뵈었으면 하는데요."

이과장 : "그거 참 난처한데요. 지금 형편 같아서는 시간을 낼 수가 없군요."

　　이래서는 좀처럼 면회 약속을 받아 내기 어렵다. 이과장의 반응에 대한
김과장의 응수가 문제된다. 좀더 구체적으로 말하면, 처음 말머리를 꺼낼
때부터 개선할 점이 나타난다.

김과장 : "이과장이십니까? 저 김과장입니다. 바쁘신데 전화로 죄송합니다.
　　　　　지금 한 2분 가량 말씀드려도 좋겠는지요?"

이과장 : "네, 좋습니다. 무슨 용건인데요?"

김과장 : "좀 급한 일인데요. 이번 새로 나온 신제품에 관해 긴급히 상의드릴
　　　　　일이 있는데, 오늘 중으로 약 한 시간쯤 틈을 내주실 수 없는지요?"

이과장 : "아, 그러시군요. 그런데 공교롭게 지금 급한 용무로 일이 몰려서
　　　　　좀처럼 시간 내기가 어려운데요."

김과장 : "아뇨, 다만 얼마라도 시간을 좀 내주셨으면 하는데요. 매우 바쁘
　　　　　실 텐데 갑자기 이런 부탁드려서……다만, 이 문제는 이과장 의견
　　　　　이 앞으로의 방향을 결정하는 데 큰 힘이 될 뿐 아니라, 더욱이 이
　　　　　과장의 협력만 얻는다면 이과장에게도 훨씬 좋은 결과가 올 것으
　　　　　로 생각이 됩니다."

이과장 : "그래요? 그럼 마음이 약해지는데요……."

김과장 : "그럼, 이렇게 하면 어떨까요. 지금은 틈이 없으시니 내일 밤까지

한 30분만 어떻게 시간을 내주실 수 없겠는지요?"

이과장 : "네, 알겠습니다. 그렇다면 어떻게 해보죠. 그럼, 내일 낮 12시에 저한테 와주십시오."

김과장 : "감사합니다. 무리한 부탁을 드려서 미안합니다. 내일 12시에 꼭 찾아뵙겠습니다. 그럼, 실례합니다."

　

여기서는 이과장이 받아들이기 쉽게 김과장이 대화를 이끌고 있다. 자기 사정만을 고집한 것도 아니어서 비교적 효과가 있었던 것이다. 이과장은 김과장이 말하는 것을 듣고 즉각 응하지 않는다. 한 시간 계획이 반으로 줄어들긴 했으나 그래도 형편에 따라 어떻게 시간 낼 방법을 생각해 내었으니, 일단은 성공한 것으로 볼 수 있다. 김과장이 30분간의 약속과 약속시간 12시를 엄수해야 할 것은 물론이다.

선택된 화제

우수한 세일즈맨이 되려면 박식하고 화제가 풍부해야 하며, 또 능숙하게 말해야 할 뿐 아니라, 상대방 이야기를 잘 들어 주는 훌륭한 청자(聽者)가 되어야 한다. 또한 반듯한 태도, 센스와 교양을 고루 갖추고 때로 유머가 엿보이면 더욱 좋다.

화제는 상대의 성격·취미, 그리고 친숙 정도, 또 분위기까지 고려하여 선택해야 한다. 상대의 기분을 느슨하게 풀어 주고 상대의 인간성을 드러나게 해주는 것이 표적이므로 생활 주변의 이야기에서 화제를 선택하는 것이 무난하다. 즉, 취미와 스포츠 경기, 신문이나 텔레비전에서 본 뉴스

중 사회나 연예에 관한 내용을 꺼내면 좋다.

텔레비전에서 본 것을 화제로 할 때는 인기 프로그램으로 누구나 보는 것으로 해야 한다. 공통성이 없으면 흥미 있는 화제가 될 수 없다. 그리고 공통으로 아는 주위 사람의 소식도 좋다. 아무개와 우연히 만났는데 그는 요즘 어떻다든가 하는 소식·정보가 있으면 관심을 끌기 쉽다. 인물 중심이 아니고 지역사회의 인포메이션도 좋다. 자기가 사는 지역이나 직장 주변 이야기도 흥미를 끈다. 세일즈맨은 각지를 여행하는 일이 많으므로 여행중에 겪은 일들을 이야기 속에 포함시키는 것도 좋다.

설사 상대를 잘 알고 적절한 화제를 준비해도, 그때의 상황에 따라 예기치 못한 방향으로 이야기가 진전돼, 마음속으로 준비한 화제가 아무 쓸모 없이 될 경우가 많다. 따라서 화제를 언제나 풍부하게 준비하고, 사회적 상식을 두루 폭넓게 갖추어 임기응변에 능한 베테랑이 되어야 한다.

대화에서는 상대방을 화제로 삼는 것이 가장 용이하고 효과가 있다는 것이 일반적으로 알려져 있다. 취미·여행·건강·직무 등, 무엇이든 상대방에 초점을 맞추면 상대가 흥미를 갖고 쉽게 이야기의 실마리를 풀어 줄 것이다. 이 같은 화제 선택이 대부분의 세일즈맨이 활용하고 있는 무난한 것이라고 하여 준비 없이 안이한 자세로 임해서는 안 된다. 능숙하지 못한 세일즈맨이라면, 활기 있는 대화로 이끌지 못하고 평범한 잡담으로 그치기 쉽기 때문이다. 또한 상대에 따라 자신에 관한 것을 틀에 박힌 형식의 질문으로 물어 오면 귀찮게 여기든가, 그다지 유쾌하게 여기지 않을 사람도 있을 것이다. 그럴 경우, 상대방이 집무하거나 거처하는 방에 있는 것, 방에서 바라보이는 것 등에 눈을 돌려 그것을 화제로 삼는다면 상대에게 저항을 주지 않고 이야기를 끌어갈 수 있을 것이다.

6

· · · · · · · · · ·

불청을 초청으로 바꾸게 하라

방문 판매의 코스는 먼저 목표손님에 접근하는 것으로 시작된다. 이 면접의 첫 단계를 흔히 어프로치(approach)의 단계라 한다. 계속하여 상담이 시작된다. 이것이 둘째 단계이다. 셋째 단계는 끌어당기는 단계이다.

이 코스에서 목표손님에 접근하는 첫 단계가 가장 중요하다. 여기서 좌절하면 상담의 기회가 포착되지 않고 계속하여 밀고 나가기가 힘들어진다.

알지 못하는 사이의 세일즈맨과 손님이 처음 얼굴을 마주하는 것이므로 계기가 중요하다. 자동차든 비행기든 시동할 때 결함이 있으면 스무드하게 출발하지 못한다. 더욱이 방문 세일즈맨은 불청객으로 등장하는 상황이다. 손님 측에서, "아아, 잘 오셨습니다."고 말하는 경우는 거의 없다. 여기서 중요한 것은 불청객으로 나타난 세일즈맨이 어떻게 하면 초청객으로 대접받느냐 하는 문제이다. 강매하는 형식으로 손님의 혐오를 사는 것이 아니고, 손님 스스로 사고 싶어지게 심리적으로 유도해 나가는 것이 세일즈맨의 일이다. 상품판매란 판매인이 말하는 것을 기초로 성립하는 것이 아니고, 손님이 생각하고 있는 것을 기초로 이루어지는 것임을 마음속에 새겨 둘 필요가 있다.

손님과 면대해서 자기 소개를 끝내면 흔히 약간의 잡담이 교환된다. 이 잡담 속에 나를 평가할 얼마의 시간을 상대에게 주고 마음속의 위험거리를 좁힌다. 그 과정에서 은연중 면접의 목적이 끼어 들고 아무렇지 않게 하는 이야기 속에 상대를 내가 목적하는 방향으로 끌어 나가는 것이 훌륭한 방법이다. 잡담 속에 은연중 필요를 암시하는 복선을 깔아 둔다. 일반적인 이야기에서 특수한 이야기로 유도하고, 상대방에 관한 것에서 나의 방문 목적에 관한 것으로 이야기를 전환시킨다.

　도입부에서 어디까지나 상대의 관심과 흥미를 끄는 화제를 선택하여 이야기에 활기를 주고, 마음과 마음을 연결하기 쉽게 분위기를 만들지 않으면 안 된다. 특히 주의할 점은 신선한 인상을 주고 주목을 끌 수 있는 방법으로 이야기의 머리를 꺼내야 한다는 것이다.

　"지금 바빠서……."라고 손님이 말하면 호감을 잃지 않는 한도 내에서,

　"잘 압니다. 저는 바쁘신 분만을 찾아뵙고 있는데요……." 하고 상대방의 주의를 끌면, "야 이건 좀 별난데……." 하고 귀를 세워 듣지 않을 수 없을 것이다.

　"최초의 몇 마디 말은 후의 백 마디 말보다 중요하다"

　이 명언에는 움직일 수 없는 진리가 있다.

　우표 수집가가 진기한 우표를 모으듯이 끊임없이 신선한 표현 양식을 모아 둔다. 자기 자신의 어휘를 많이 모아 놓으면 표현이 풍부해지고 신선한 의사표현과 때에 알맞은 어구가 즉흥적으로 자연스럽게 나타난다. 자기 마음과 뜻에 맞는 새 낱말이 발견되면 그 날로 세 번 이상 써본다. 그 낱말은 곧 자기 것이 되고 만다.

　고객에 대한 아무 조사도 없이, 어떤 예비지식도 없이 면접에 나서는 세일즈맨은 총 없이 짐승을 추격하는 사냥꾼과 똑같은 결과를 가져올 것이다. 매력적인 세일즈맨은 상대의 연령·직업·계층 등에 따라 적용할 화제를 모아 놓고 기억 속에서 때에 맞춰 끌어낸다. 물론, 불쾌한 일을 연상케 하는 화제는 금기사항이다. 손님의 자존심을 상하고 손님의 경계심만을 자극 조장하는 화제는 피해야 한다. 상대방이 기뻐할 수 있는 말, 듣고 싶어하는 새롭고 신선한 화제를 생각하지 않으면 안 된다.

　그러면 어떤 화제를 꺼내야 좋겠는가.

① 자기만족을 자극하는 화제

상대방의 프라이드를 부풀려 준다.

"김전무님께 들었는데요, 박사장님은 골프를 즐기시기 때문에 늘 건강하시다구요."

"축구 얘기는 김부장님에게 들으라고 하던데요……."

"요즈음 이 제품의 평을 들어 보셨는지요. 신문과 주간지에서도 다루고 있는데요. 경험이 풍부하신 이상무님 의견을 듣고 싶습니다."

또, 가령 상대방에게 사업경영의 자랑을 하게 하고 나서, "아, 그렇군요. 오랫동안 고생하시고 축적하신 힘이 오늘날 이렇게 나타난 거군요. 오늘 배운 점이 많습니다. 지금 저의 회사에서는 이러한 판매계획을 세우고 있습니다만……." 하고 잡담에서 본론으로 들어가는 기회를 포착한다. 칭찬하는 말에서 용건으로 옮길 때, 갑작스런 표현은 쓰지 않을 일이다. 모처럼의 분위기 조성이 여기서 또다시 긴장으로 감돌아 상대가 세심해지기 쉽다.

② 이해에 관한 화제

누구나 이해에는 매우 예민하다. 이해득실에 따른 이야기라면 민감한 반응을 보인다. 업계의 뒷이야기, 상대방에게 큰 도움을 주는 들을 만한 극비의 뉴스나 인포메이션, 질병의 새로운 치료법, 효과적인 세금 대책, 판매촉진의 아이디어, 타 점포의 성공 사례 등, 상대가 당면하는 문제에 관계되는 인포메이션은 강한 견인력을 갖는다. 들어 두지 않으면 손해라는 인상을 준다.

"L 공업이 어떻게 해서 그렇게 사업을 확장 발전시켜 나가고 있는지를 알고 계신지요? 참 재미있는 얘기가 있는데요……."

"불과 1년 사이에 수억 원을 손쉽게 번 사람이 있습니다. 비결을 들어 보면 사실 간단해요."

"오랫동안 천식으로 고생하던 사람이 멀쩡하게 나았는데요. 치료법은 말예요……."

③ 지식욕을 만족시키는 화제

누구든 남이 모르는 것을 알고 싶어하고, 남이 아는 것은 자기도 알고 싶어한다. 또한 정확한 예측이 불가능한 경우라면 신뢰할 만한 정보를 찾게 된다. 그래서 출장이나 출근하기 전에 비가 오는가의 여부가 궁금해 일기예보를 듣게 되는 것이다. 유명한 정치가나 텔레비전 탤런트 또는 인기가수의 일이라면 누구나 알고자 하는데, "그에게 이런 일이 있었다는 거예요." 하는 가십(gossip)은 사람의 마음을 끄는 이상한 매력이 있다.

이와 같이, 어프로치할 때는 상대를 끌어당기는 화제를 갖고 우호적인 분위기를 만들어 나가야 한다. 판매는 파는 사람과 사는 사람의 흥정이다. 적어도 4 분의 3 은 파는 사람이 적극성을 띠어야 하고, 4 분의 1 은 사는 사람이 흥정을 부쳐 와야 한다.

화제를 드러내놓고 일방적으로 얘기를 전개하면 상대는 외면하고 피해버린다. 그러므로 상대가 화제를 꺼내도록 유도하는 것이 현명한 방법이다. 만약, 적당한 화제가 떠오르지 않아 말머리를 순조롭게 꺼낼 수 없을 때는 상대방에 따라서 다음과 같은 화법도 좋은 점수를 받을 수 있다.

"저는 보시는 대로 처음 세일에 나섰기 때문에 서투른 점이 많습니다. 좀 가르쳐 주십시오."

⑦

말은 간명하고 템포 있게

우리가 하는 말의 흐름에는 템포가 있다. 현대 젊은 세대의 화법은 속도가 매우 빨라졌다. 비즈니스맨의 대화는 간결하고 스피디(speedy)한 것이 좋다. 그러나 의미를 파악할 수 없을 정도의 빠른 속도는 물론 곤란하다. 의미를 확실히 하고 강조하기 위한 것이 템포이므로 이야기 내용에 상응하는 적절한 속도가 필요하다. 이 템포를 변화시키는 기술이 화법 테크닉의 하나이다.

라디오·텔레비전의 아나운서나 CM 탤런트는 빠르게 말하는 훈련을 쌓는다. 스포츠 방송의 템포는 힘든 훈련을 쌓아 얻은 직업적인 테크닉이므로 빠르게 말해도 말의 의미나 장면의 정경이 잘 전해진다. 야구 경기나 축구 경기를 중계하는 아나운서의 말이 느리다면 우스개가 된다.

말하기 속도의 한계는 청자의 이해를 방해하지 않는 정도면 좋다. 지나치게 빠르거나 느리면 이야기의 줄거리를 파악하는 데 혼란을 주고, 또 청자를 조급하게 만들 뿐이다. 그때의 장면이나 상황에 따라 성량(聲量)이나 템포를 조정하지 않으면 안 된다. 가령, 소음이 많은 장소에서 여러 사람을 대상으로 말할 때는, 조용한 방에서 단 둘이 말할 때와는 성량과 템포가 다르게 된다.

교섭이나 상담의 장면에서는 의식적으로 말하기 템포를 바꿔야 한다. 상대방의 감정이나 사고하는 속도에 맞추어 상대가 나의 이야기에 따라오는가의 여부를 잘 관찰하면서 조정해 나간다. 중요한 점이나 이해하기 어려운 내용을 전달할 때는 여유 있는 속도로 말한다. 그러나 어떤 결단이나 행동 같은 것을 촉구할 때는 말에 억양을 주고 템포에도 변화를 가한다. 때에 따라서는 상대에게 반격의 틈을 허락하지 않기 위해 쉼 없이 강

한 어조로 말한다. 환언하면, 상황의 변화에 대응하는 화법에 유연성이
없으면 안 된다.

『톰 소여의 모험』으로 유명한 마크 트웨인의 말을 빌어 본다.

"어느 일요일 아침, 설교자가 회중을 향해 전도사업의 기부금 모금을
위한 스피치를 시작했다. 청중은 설교자의 열렬한 호소에 감동을 받았다.
나는 25달러의 헌금을 결정했다. 설교자의 이야기는 계속됐다. 그리고 나
서 15분 후 헌금을 10달러로 깎았다. 그래도 이야기는 계속됐다. 다시 5달
러를 절약해서 헌금하려고 했다. 이야기는 여전히 계속됐다. 다음에 1달
러만 헌금하려고 했다. 그 뒤 30분 후에 이야기는 끝났다. 최초에 결정한
25달러의 기부금 대신 나는 그 상자 속에 1달러를 넣었다."

간결한 것은 이야기의 생명이다. 지루하기 이를 데 없는 소의 새김질과
같은 긴 이야기는 현대의 비즈니스 대화로는 수준 미달이다. 상담의 내용
이 복잡한 경우라도 되도록 이야기의 요점을 추려내 간명하게 하여 알아
듣기 쉽게 말하지 않으면 안 된다. 상대의 머리가 우둔하든가 나쁜 것은
아니다. 상대는 분망한 것이다.

어째서 끈덕지고 지루하게 이야기가 이어지는 것인가. 여기에서 그 이
유를 들어 보임으로써 예방조처를 취할 수 있을 것이다.

1 의례적인 인사나 겉치레의 형식적인 말이 지나칠 때

"비 오는 날은 정말로 음울한 느낌이 듭니다. 그러다가도 하늘이 개면
다시 기분이 상쾌해지긴 하죠."

2 불필요하게 표현을 정중히 하는 과장된 경어

"좀더 골라 보시죠. 비싸지는 않은 편인뎁쇼……모르는뎁쇼……아니올
습니다만……"

③ 이야기가 옆길로 빠져 잔가지로 뻗어나간다.

주제와 관계없는 불필요한 이야기가 지나치게 많다. 상품 설명 중인데 어느 결에 이야기가 유럽과 미국으로 번져 나간다.

④ 상대방 수준을 낮게 보는 것인지, 아니면 자신이 없는 것인지, 동일 사실을
　말만 바꾸어 몇 번이고 반복한다.

"알기 쉽게 말씀드린다고 하면……."

"따라서 좀더 분명히 말씀드리면……."

"결국 이것을 바꿔 말씀드리면……."

⑤ 자기 이야기에 도취하여 자기가 말하고 스스로 응대말을 보내는 사람이
　많다.

이상과 같은 화법의 결함이 3분이면 끝낼 상담을 1시간씩이나 끄는 수가 있다. 특히 고객과 거래에 나선 비즈니스맨은 민첩하게 상담을 진행시켜야 한다. '네'와 '아니오'를 분명히 한다. 요점을 정확하게 말하고 꼭 필요한 이야기로 시간을 조절, 능률을 올려야 한다.

캐치 프레이즈의 힘

성공한 상품의 캐치 프레이즈에는 확실히 사람의 마음을 끄는 매력적인 요소가 숨어 있다. 얼른 나타나지는 않아도 무엇인가 교묘히 심리효과를 겨냥하고 있다. 능숙한 세일즈맨은 항상 2~3개의 캐치 프레이즈를 준

비한다. 내가 파는 아이디어나 상품에는 어떤 캐치 프레이즈가 적절할지 연구해야 한다. 메이커측의 선전 부서에서 만든 캐치 프레이즈만으로는 부족하다. 카피 라이터(copy writer)가 작성한 캐치 프레이즈는 얼굴 한 번 본 일이 없는 불특정 다수의 구매층이나 소비자를 향해 만든 문구이다. 그것 하나를 외워 반복하는 것으로는 큰 자극을 줄 수 없다. 상대를 가볍게 설레게 할 수 있는 신선한 문구를 스스로 생각해야 한다. 그것을 시의적절하게 대화 중에 삽입해 나간다.

우리가 매일 면접하는 손님은 한 사람 한 사람이 모두 독특한 존재이므로 번쩍 띄는 문구가 아니면 달려들지 않는다. 캐치 프레이즈의 키포인트는 '상대의 주의를 끈다', '선명한 인상을 준다', '동기부여의 요소를 포함시킨다' 등 셋이다.

① 상대의 주의를 끈다

"하루에 20만 개의 알을 낳는다."

이 말에는 아마도 누구나 주의를 집중하게 될 것이다. 이것은 구충제 광고의 캐치 프레이즈이다. 주의를 끌기 위한 문구이므로 상대가 귀를 기울이게 하지 않으면 안 된다. 사람을 끄는 가장 큰 힘은 호기심이다. 호기심만큼 사람을 설레게 하는 것은 없다. 그러나 짧은 동안의 주의는 끌 수 있어도 그것을 지속시키기는 쉽지 않다. 인간의 주의력은 흩어지기 쉬운 것이다.

주의력이 가치를 갖는 것은 어느 한 점에 집중적으로 지속될 때이다. 위대한 발명과 발견은 모두 호기심에서 출발한 주의력이 어느 특정의 대상에 집중적으로 지속된 때에 이루어진 것이다. 상품이나 아이디어에 상대의 주의를 끌고 지속시키려면 어떻게 하는 것이 좋겠는가? 흥미라는 요소가 포함되지 않으면 주의력은 오래 지속되지 않는다. 그러므로 주의와 홍미를 동반할 수 있어야 한다.

"뭐야?" 하는 생각을 일으킨다. 이어서 "응, 그거 참 재미있는데……." 하고 무릎을 치며 다가설 수 있는 문구가 있다면 더 말할 여지가 없다.

② 선명한 인상을 준다

듣는 순간 잊어버릴 것 같은 캐치 프레이즈는 곤란하다. 그러므로 기억하기 쉬운 문구이어야 한다. 기억하기 쉽다는 것은 귀로 들어도 기억에 남기 쉬운 것을 뜻한다. 불필요한 긴 문구는 손해이다. 길게 늘어놓는 문구보다 간결한 문구가 좋다. 알기 쉽고 기억하기 쉬운 문구로 내가 겨냥하는 이미지를 상대방 머릿속에 새겨 준다.

"살생유택(殺生有擇)! 이거 어떡한다?"

이것은 살충제의 광고 문구로 연상에 호소하는 문구를 택한 좋은 본보기이다.

별명을 들어 보면 사실 잘된 게 많다. 재채기·복사·문어·돼지·털보·걸레 등, 그것을 듣는 것만으로 그 인물의 이미지가 떠오른다. 최근에는 분위기에 호소하는 캐치 프레이즈까지 나오고 있다.

"시간의 흐름조차 잊고 있는 순간, 피부 건강만은 잊지 마세요."

③ 동기부여의 요소를 포함한다

캐치 프레이즈의 최종 목표는 상대를 행동으로 옮기게 하는 것이다.

"궁중의 보양식!"

모 제약회사가 겨냥하는 것은 소화제이다.

인간의 구매동기라는 것은 복잡하나 상대의 심리적 약점을 재빨리 발견하는 것이 중요하다. 장식의 목적으로 피아노나 고급 스테레오를 사는 사람에게 그 기계의 성능만을 설명하는 것은 핀트에 맞지 않는 일이다. 어떤 언어표현으로 손님의 주의를 끌고 인상에 새겨 주며 동기부여를 할 수 있을 것인가를 계산하고 효과적인 캐치 프레이즈를 만들지 않으면 안 된다. 누구나 알고 있을 법한 케케묵은 문구는 별 도움을 못 준다. 가령, '신용 제일', '서비스 만점', '대할인' 등이 이제는 진부하다.

이쪽이 파는 아이디어나 상품에 대한 매력 있고 독창적인 몇 개의 캐치 프레이즈를 준비해 두면 필요한 때 적절히 활용할 수 있다.

⑨

호의와 호감을 주라

"인간의 성행위에 있어서 동물과 크게 다른 점은 두 사람의 대화이다."

성교육 분야의 권위자이며 산부인과 의사인 마스터즈 박사의 말이다. 사랑하는 남녀의 비밀스런 대화란 인류에게 주어진 즐거움의 하나이다.

대화는 '말'이란 볼(ball)을 던지고 받는 캐치볼(catch ball)과 같은 것이라고 말한 사람이 있다. 이것을 스무드하게 잘하면 양쪽의 마음이 이어지고 대화는 마냥 즐거워진다. 캐치볼에는 던지는 요령이 있고 받는 요령이 있다. 던진 볼이 캐처의 미트 속으로 잘 들어가게 하려면 어떻게 할까. 볼이 땅으로 떨어지든가 높이 솟아오른다면 캐처는 재미가 없다.

대화에서도 캐처인 청자의 심리에 꼭 들어맞지 않으면 안 된다. 피처는 캐처의 얼굴을 바라보고 몸의 자세와 미트의 위치 등을 계산에 넣고 마음에 들어맞는 정확한 볼을 던진다. 또 캐처는 피처의 얼굴을 보고 몸의 자세와 동작을 충분히 계산하고 마음에 꼭 맞는 정확한 태세를 취한다.

결국 던질 때는 받는 쪽의 입장에서 던지고, 받을 때는 던지는 쪽의 입장에서 받는다. 이것이 캐치볼의 간단한 요령이며, 또한 대화의 요령이다.

사람들이 싫어하는 화자는 다음의 두 경향을 갖는다. 하나는 청자의 입장이나 감정을 이해하지 않는다는 것이고, 하나는 청자가 좋아하는 방법으로 말하지 않는다는 것이다. 가령, 무신경한 세일즈맨은 상대의 열등감을 자극하는 말을 대수롭지 않게 생각한다.

"그 혹은 언제부터 생겼습니까? 혹은 유전이겠죠?"

이런 사람은 호감은 커녕 상대방에게 혐오감만을 줄 것이다. 대화가 잘 이루어지지 않을 것임은 분명하다.

① 혐오를 사는 화법

[1] 오른쪽이라면 왼쪽, 이렇다고 하면 저렇다는 식으로 상대와 꼭 반대되는 화법을 쓴다.

[2] 모든 사물을 부정적인 면에서 취하고 긍정적으로 보지 않는 화법을 쓴다. "별고 없으시군요" 하면 되는 것을 "어디 편찮으신가 보죠. 오늘은 안색이 나쁘신데요……", "김사장은 크게 재미를 본 모양이던데요……" 하면 좋은 것을 "김사장은 우연하게 한 몫 번 거죠. 그런 건 오래 가지 못합니다"와 같이 말하는 경우이다.

[3] 상대방의 자존심을 꺾는 화법을 쓴다. "아아 이 정도의 고급품을 가진 사람은 거의 없을걸요"와 같은 자만어린 이야기나, "그 회사는 틀렸다구요", "그 곳의 상품은 결함뿐이죠" 등등 타사 제품을 헐뜯는 화법이다.

4 상대방의 페이스에 맞추지 않는 화법을 쓴다.

분별 없이 유행어를 사용하며 상대방의 관심 밖의 화제를 끌어낸다.

5 독선적이고 단정적인 화법을 쓴다.

"이렇게 결정된 게 아닙니까", "확실히 그건 그렇습니다", "그것은 절대로 틀린다구요" 따위의 독선적인 화법을 쓰는 상대와 대화해서 유쾌할 리는 만무하다.

② 벗을 택할 때의 조건

1 믿음직한 사람
2 이해를 같이하는 사람
3 자기에게 호의를 갖는 사람
4 자기와 기호가 같은 사람
5 자기의 가치를 인정해 주는 사람

이상의 조건을 충족시키기 위해 남과 말할 때는 다음 사항에 유념한다.

1 거짓을 말하지 않고 불확실한 사실은 단언하지 않는다.
2 상대와 더불어 고락을 함께 한다.
3 상대의 기호에 공감한다.
4 칭찬의 말을 아끼지 않는다.

사람을 설득하기 위해 상대의 호의를 캐치하지 않으면 안 된다. 다시 말해서, 대화는 호의로 시작해서 호감을 남기는 화법이어야 한다.

2. 자신과 상품을 파는 세일즈맨

"경쟁상대를 칭찬하는 것은 좋으나 결코 험담해서는 안 된다."

프랭크 베드가

사람의 결점은 남의 눈에 띄기 쉽다. 동업 타사의 경쟁상대에 관해서는 이해가 상반한다는 것만으로 흔히 험담을 한다. 그러나 손님은 이 같은 일에 전혀 신경을 쓰지 않는다. 때문에 동업 타사뿐만이 아니라, 경쟁관계에 있는 다른 세일즈맨을 험담하여도 결국 험담하는 쪽이 경멸받을 뿐이다. 물론, 손님에게 뿐만이 아니라 누구에게도 남의 험담을 늘어놓는 것은 좋지 않다.

①

화법을 창조하는 세일즈맨

"거의 우리 모두가 우리의 생애를 통해 매일같이 세일즈맨 노릇을 한다. 아이디어, 플랜, 에네르기, 열의와 같은 것을 항시 접촉하는 사람에게 판매하고 있는 것이다."

이 명언은 강철왕 찰스 슈워브의 말이다. 틀림없이 인생은 세일이다. 아무 일 하지 않고 수수방관해도 남이 이쪽 의견을 받아들이고 이쪽이 팔고 싶은 것을 사준다고 하면 세일즈 테크닉은 아무 소용이 없을 것이다.

어떻든 이 세상은 모든 일이 뜻대로 잘 이루어지지 않고, 부탁하는 일이 잘 받아들여지지 않는다. 즉, 인간관계는 원만하게 해결되지 않는다. 그러나, 이 같은 일은 이쪽의 판매방법이 서툴기 때문이지 결코 남의 책임은 아니다. 사람의 마음을 자유자재로 장악하고 이쪽의 의도대로 상대를 움직이는 설득력을 몸에 붙이면 여러 사람의 호의와 이해와 협력을 불러 일으킬 수 있고, 이쪽의 희망을 용이하게 달성할 수 있다.

새로운 설득화법을 익힌 사람만이 정보화 사회의 격렬한 경쟁에서 승리를 쟁취해 나갈 수 있을 것이다. 즉 넓은 시장의 수많은 고객이 이쪽을 기다리고 있다. 이쪽이 판매하지 않으면 누군가가 판매할 것이 틀림없다. 설득의 기법을 경시하는 사람은 단지 한 사람의 연인 마음마저 사로잡을 수 없을 것이다. 능동적으로 자기 자신을 세일해야 한다.

인간 접촉의 장면에서 집약된 최고의 커뮤니케이션 기법을 요구하는 것은 뭐니뭐니해도 상담일 것이다. 여기서는 정보의 가치, 화법의 우열, 설득력의 유무, 개인의 매력 등이 승부의 관건이 된다. 용기 있는 세일즈맨은 스릴에 찬 상담을 통해 자신을 갈고 닦으며 효과적인 화법을 창조해 나간다. 창조에는 고통도 수반되나, 크나큰 기쁨도 있는 것이다. 여기에 화법의 깊이와 가없는 흥미가 있는 것이다.

세간에는 언변이나 입길만의 테크닉이 훌륭하면 좋다고 생각하는 사람도 있는 듯하나 그것은 잘못된 생각이다. 음성을 내고 어휘를 구사하는 것은 바로 화자인 인간이다. 언변(言辯)의 기법은 사람됨이나 개성이라는 인간 그 자체 속에 진정으로 감춰져 있는 것이다. 만인의 혼을 흔들어 깨운 산상(山上)의 수훈(垂訓), 그 설득력이 가득 찬 황금과 같은 금과옥조(金科玉條)의 말도 발언자 그리스도의 인격을 통해 불멸의 것이 된 것이다. 발언자와 그 발언 내용은 하나인 것이다. 의사와 의사의 충고를 따로 떼서 생각할 수 없고, 세일즈맨과 그의 제안을 따로 떼어 생각할 수는 없다.

미국의 유명한 보험 세일즈맨인 엘머 레터맨은 이렇게 말했다.

"나는 보험 판매는 하지 않는다. 나는 나를 파는 것으로 대신하고 있다. 모든 상품에 있어 가장 권위 있는 검인은 그 상품을 취급하는 인간의 지문이다. 취급인이 충분히 신용할 수 있는 인물이면 고객에게는 이를 능가하는 품질 증명은 또 없다."

자기를 파는 데 있어서는 적극적인 열의를 보이지 않으면 안 된다. 마음내키지 않는 태도로 사람을 접하고 무엇을 설명해도 그 말은 이미 생기를 잃고 만다. 생기 있는 말은 그 사람의 전인격을 경주한 것이다.

스페인 왕 페르디난도와 왕비 이사베라에게, "인도에의 최단 항로를 발견하기 위한 항해 자금을 내주자"는 마음을 내키게 한 콜럼버스의 작업은 6년을 요했다. 스페인 왕은 이 제안을 받아들이기 전에 6년 간의 끈질긴 설득을 계속한 콜럼버스의 사람됨을 받아들인 것이다.

어떤 일에 열의를 기울이려면 열의가 넘치듯 행동하는 것이다. 정열적인 사람이 되기 위해서는 정열적으로 활동하는 것이다. 그러면, 진실로 마음의 전압이 올라간다. 상대는 거울처럼 정확히 이쪽의 태도를 반영한다. 자기의 이미지를 부각시키는 데 열의가 없다면, 어떻게 상대에게 상품을 살 열의를 낳게 하겠는가.

정열 없이 완성한 위대한 과업은 아무것도 없다. 정열을 추진하는 로케트가 되는 것은 세일즈맨 자신의 확신이다. 사람들은 확신을 갖고 당당히 행동하는 인간을 높이 산다.

②

자신을 팔고 상품을 팔라

아무리 훌륭하게 보이는 상품, 갖고 싶은 상품이 눈앞에 제시되어도 상품만 보고 갑자기 달려들 사람은 아마 거의 없을 것이다. 먼저 그 상품을 제시하고 있는 사람을 본다. 호감을 주는 사람인가 신뢰할 만한 사람인가를 판단하고, 구매 여부를 결정하게 된다. 세일에는 직접 수요자를 방문하는 다이렉트 세일(direct sale)과 소매점을 도는 루트 세일(route sale)이 있는데, 어느 것이든 갑자기 상품을 매입하라고 달려드는 것은 아니다. 어느 상품이든 그것을 팔기 위해 먼저 자기 자신을 팔지 않으면 그 세일은 성공하지 못한다. 방문 판매에는 다음과 같은 판매 순서가 따른다.

먼저 자기 자신을 판다. 앞서 말한 바와 같이 상품을 팔기 전에 먼저 배경이 되는 회사의 신용을 포함한 세일즈맨 자신을 파는 것이다. 때문에 세일즈맨으로서는 먼저 상대방으로부터 사람됨을 인정받는 것이 앞서야 하므로 이를 위한 연구와 노력이 뒤따르지 않으면 안 된다. 자기 자신을 인정받기 위해서는 복장·태도·표정 등도 중요하나, 가장 중요한 것은 성실한 구변(口辯)이다. 화법을 들어 보면, 그 사람이 갖는 사상이나 사람됨을 가장 잘 알 수 있기 때문이다. 성의 있고 친절한 사람인 것이 이해되고, 또 말하는 중에 친숙한 기분에 젖으면 상품에 대해 자세한 설명을 하지 않아도 상대는 이 사람 것을 사 줘야겠다는 호의를 갖게 된다.

다음에 상품을 판다. 이것을 좀더 구체적으로 말하면, 최초의 단계에서는 상품 가치를 팔고 최후에 판매조건을 판다는 순서가 된다. 이 상품엔 어떤 특징이 있고, 사용할 경우 어떤 효과가 있다는 것을 말하고, 지금 사면 특별할인의 혜택을 받고, 또 월부의 방법도 있다고 하면서 최후에는 가격과 판매조건을 말한다. 이상의 설명을 세일즈 코스의 단계에 맞춰 보면, 첫 단계는 어프로치(approach)의 단계이다. 둘째 단계는 설명과 설득을 중심으로 한 상담의 단계이고, 셋째는 클로징(closing)의 단계가 된다.

과거와 같이 '파는 시장의 시대'라면 손님이 2만원의 대금을 지불하면 이에 대해 2만원에 해당하는 상품을 내주면 되나, 지금처럼 경쟁이 치열한 '사는 시장의 시대'라면 상황이 어떻게 변하겠는가. 2만원 대금에 대해 2만원의 상품을 내주는 것만으로는 어느 상점에서나 동일하므로, 치열한 경쟁 속에서 승리하려면 2만원 해당의 상품 이외에 또 다른 무엇인가를 덧붙여 줘야 한다. 이것을 알파라고 말할 수 있을 것이다.

그러면, 이 알파란 무엇인가? 그것을 서비스로 풀이할 수 있다. 상품에 서비스를 덧붙여 내놓는다. 그러면 다른 상점에서 동일 상품을 동일 가격으로 판다 해도 서비스에는 차이가 생긴다. 그 상점에만 있는 오리지널 상품이면 별도이겠으나, 오늘날에는 대부분의 상품이 대량생산이므로 그만큼 판매전선에 경쟁이 치열하다. 그래서 플러스 알파, 즉 서비스의 판매촉진이 점하는 비중이 자연 커지기 마련이다.

알파는 서비스라 했는데, 서비스는 사람이 행하는 것이다. 사람의 서비스가 아니고 물품 서비스가 있으나, 이것만으로는 경쟁에도 한계가 있는 것이다. 그러나 사람이 하는 서비스는 금전적인 가치로 평가할 수 없는 개성적인 것이요, 무한정한 것이다. 겸하여 서비스에 관해 한 마디 하면, 서비스에는 표현상의 것과 실질적인 것이 있다. 미소를 떠올리고 밝은 표정으로 응대하는 것은 전자에 속하고, 상대에게 이득이 되는 것을 조언해 주는 것은 후자에 속한다. 세일즈맨이 행하는 서비스는 당연한 것이나 위에 말한 양자를 절충한 것이 아니면 안 된다.

지금은 대량생산 시대이므로 그 판매 경쟁은 매우 치열하다. 따라서 앞으로는 인간적인 매력이 있는 세일즈맨의 서비스가 중요하게 된다. 이것으로 경쟁 상점과의 사이에 차별성을 둘 수 있다. 이 외의 다른 방법은 없을 것이다. 이상에 든 예는 소매점 사이의 판매 경쟁을 예로 든 것이나 중간 도매나 메이커 사이의 경쟁에서도 동일하다.

여기 또 하나, 세일즈맨이란 인간 및 인간성이 판매경쟁에 있어 중요한 비중을 차지한다. 최근의 사회환경을 지적해 두지 않을 수 없는 것은, 오늘을 두고 '인간 소외의 시대'라 일컫는 점이다. 가령, 사회의 조직은 원래 사람이 만든 것이고, 또 컴퓨터와 같은 최고로 정밀해진 기계, 이것도 사람이 개발한 것이다. 그러나 결과는 어떤가? 인간이 조직에 매이고 인간이 기계에 종속되는 것이 아닌가! 인간 소외에 따른 비극일 뿐이다.

한편, 현대를 레저 시대라고 하면 화려하게 들릴지 모르나, 여기에도 소외된 인간의 고독감이 있고 지금은 멀리 떨어진 고향에의 향수가 있는 것이 아닌가! 인간은 어딘지 떠들썩하고 때로는 강하게 보여도 마음 한 구석은 서글픈 것이다. 그들은 모두 따뜻하게 말을 걸어 주는 사람을 기대한다. 그러므로 오늘의 세일즈맨은 바로 이 허를 찌르는 것이다. 특히 대기업과 경쟁하는 중소기업의 세일즈맨이라면 각각의 개성을 발휘하여 상대방 마음에 들도록 해야 한다. 앞으로의 세일즈맨은 인간적인 매력이나 개성 있는 방법으로 경쟁 기업과의 사이에 어떤 차별성을 만들어야 한다.

③

감각에 호소하는 화법

　상황 판단에 따라 상담을 본격적으로 전개해도 좋다고 생각되면 곧 본론으로 들어가지 않으면 안 된다. 상담이 시작되면 말머리를 꺼내는 타이밍이 중요하다. 면접을 싫어하는 어느 병원장에게 3분간의 면접시간을 약속 받았다. "최근에 나온 신약을 알려 드리려고 합니다." 하고 샘플을 꺼내 대충 설명하다가, "아, 시간이 다 됐군요. 그럼, 이만 실례해야겠습니다." 하고 자리에서 일어났다. 그러자 병원장이 "여보, 좀더 들어 봅시다." 하고 상대를 다시 자리에 앉히고 상품 설명을 더 요청하게 한 좋은 계기를 만든 사례가 있다. 더 힘있는 방법은 언어표현만이 아니라 시각이나 촉각에 호소하는 판매방식이다.

　인간은 귀로 들은 사실은 5분의 1, 눈으로 본 사실은 5분의 2만 기억하나, 동시에 귀로 듣고 눈으로 본 것은 5분의 4까지 기억한다고 한다. 그러므로 세일즈맨이 견본이나 시공품을 손님의 손에 쥐어 주고, "어떻습니까? 정말 가볍지요?" 하고 질문을 던진다. 이것이 설명의 실마리가 된다. 말로 장황하게 설명하기보다 많이 보이고 많이 만지게 하며 조금만 말한다. 손님에게 웃옷을 입히면 의상은 대부분 팔린다. 바지도 일단 입히면 다섯 사람 가운데 네 사람은 산다.

　상품의 현물을 보이면서 설명하는 것과 현물이 없는 중에 설명하는 경우는 각각 다르나, 이때 사진이나 신문기사 등의 시각적인 판매용품을 충분히 활용하면 효과적이다. 화장품의 방문 세일즈맨은 인사를 나누는 중에 상품을 늘어놓는다. "이제부터 추워지는데요. 아무래도 피부가 거칠어지기 쉽지요. 저희들은 하루 종일 이렇게 밖에서만 다니기 때문에 피부가 거칠어서 매우 곤란할 때가 많습니다." 하고 말하면서 화장품을 꺼내,

"아주머니, 좀 발라 보시지요." 하고 상대방 손에 크림을 발라 준다. "어떻습니까? 이 크림은 살결을 한결 부드럽게 만듭니다." 하고 본론으로 들어간다.

생명보험의 세일즈맨은 샘플이 없으므로 복선을 깔아 가며 본론으로 유도해 나간다. "저의 친구들도 거의 모두 자녀가 다 장성했으므로 퇴직 후의 생활설계로 머리를 짜고 있습니다. 대체로 정년이 좀 빠른 감이 있죠. 이제는 한국인의 평균수명도 많이 늘어났으니까요. 요전에도 친구와 만나 얘기를 나눴습니다만, 장남을 대학까지 졸업시키고 둘째, 셋째 딸을 공부시켜 출가시킬 때까지 비용이 대체 얼마나 들까 하는 걸 갖고 논의했습니다. 부모는 정년까지 일하고 노후에 와서 막상 만년의 인생을 엔조이하려 해도 그때는 벌써 애들에게 모두 빼앗긴 뒤라 자기가 편히 살 집 마련조차 안 되고, 부모는 어처구니없게 된다고 할까요……어떤 좋은 방법을 찾는 것도 이 때문이겠죠. 댁의 자녀는 지금 고 3이지요, 잠깐 이걸 좀 보시죠. 재미있는 통계가 나와 있습니다."

이처럼 준비해 온 선전 책자를 이용하여 이야기를 이끌어 나아간다. 말하자면 일종의 데먼스트레이션이다. 이때의 목적은 상대의 주의를 판매에 집중적으로 지속시키는 데 있다. 상대의 주의는 흐트러지기가 매우 쉽다. 보다 강한 자극이 필요하다.

캐나다 토론토 대학의 맥루한 교수는, 현대는 오감(五感) 전체에 호소하는 감각커뮤니케이션의 시대라 말하고 있다. 보이고 만지게 하고 맛보게 하고 냄새 맡게 하는 등 감각에의 자극은 백일간의 설득보다 강하다. 군(軍)지휘관 앞에서 부동자세로 명령을 수명하고 있는 병사도 뺨에 벌을 쐬면 펄쩍 뛰게 된다. 때문에 손님으로 하여금 냉정한 방관자가 되게 해서는 안 된다. 손님에게도 중요한 역할을 맡게 한다.

"무엇이건 모두 자기가 하려 하지 말고 손님이 할 수 있는 것은 손님 자신이 하게 하는 것이 좋다."는 것이 세일즈맨을 위한 교훈이다. 이 같은 아이디어가 남의 일이 아니고 손님 자신의 일임을 일깨워 준다.

"그 스위치를 오른쪽으로 돌려보시죠. 조작은 매우 간단합니다." 하고 상대방에게 권고함으로써 이쪽의 데먼스트레이션에 상대가 은연중 참여하게 한다. 아무리 끈질기게 끌어가도 상대가 무관심하고 싫증을 내는 것은 상품 설명이 불충분할 뿐 아니라, 판매 용구의 사용이 서툴기 때문이다.

대뜸 상품 설명을 본론으로 끌어들일 수 없는 경우가 있다. 그때는 다음과 같은 작업이 필요하다.

1 호기심을 크게 끌 수 있는 자극적인 질문을 던져 상대를 중심 화제에서 벗어나지 않게 한다.
2 상대가 무의식중에 화제를 옆길로 끌어가면 본 줄거리의 이야기를 연상케 하는 화제를 가져간다.
3 상대가 의식적으로 이야기를 벗어나면 본 줄거리의 이야기로 끌어들여야 하지만, 이때 브리지(bridge)가 되는 화제를 하나쯤 끼우면 좋다.
4 상대를 화제에 묶기 위해 상대가 한 말을 반복 이용한다.

상담의 진전은 대체로 셋으로 구분해 생각할 수 있다. 도입부·전개부·종결부가 그것인데, 각 단계에서 무엇을 말하느냐는 것이 세일즈맨 화법의 전제가 된다. 특히 전개부에서의 상품 설명은 상담의 핵심이라 할 만큼의 가치를 갖는다. 도입부는 전개부를 위한 복선이요, 종결부는 전개부가 없이는 존재할 수 없다. 판매행위의 성과를 거두기 위해서는 상품 설명의 내용이 충실해야 하는 것이 전제조건으로 된다. 제1선의 세일즈 매니저 가운데는, "세일즈맨십이란 상품 설명의 능력이다."라고 극언하는 사람도 있다. 상품을 설명하는 능력이 부족한 세일즈맨은 아무리 어프로치가 훌륭하고 손님을 다루는 솜씨가 비범해도 실리가 따르는 상담의 최종목표에 도달하기는 어려울 것이다.

신제품을 파는 경우, 손님에게 다음의 심리 자극이 따르지 않으면 손님은 구매행동을 일으키지 않는다.

1 그 상품 존재에 주의를 돌리게 한다.
2 그 상품의 특징을 알려 준다.
3 그 상품의 효과를 믿게 한다.

상품의 존재를 인식시키고 우수한 점을 이해시키며 그 효과를 확신시킨다. 이 단순한 원칙을 판매 커뮤니케이션 현장에서 살리는 것이 설명능력인 것이다. 상담 전개부는 상품의 설명과 권유를 바탕으로 이루어지는 생명선이다. 상품설명은 권유를 위해 있는 것이므로 설명과 권유는 일체가 된다. 설명하는 것이 바로 권유인 것이다. 권유에 방해가 되는 설명은 필요가 없는 것이다. "이 쿨러는 수리비가 싸게 먹힙니다."라고 잘못 말한 때문에, "흐응, 쿨러는 그렇게 자주 고장을 내는 모양이군. 그럼 그만두지." 하고 모처럼 성립된 판매를 허사로 돌린 경우가 있다. 세일즈맨은 친절한 뜻에서 서비스로 한 말이나, 그런 설명은 다만 손님의 질문을 받고 대답할 경우에나 의미 있는 말이다.

무엇을 설명하면 좋은가. 물론 상품의 가치가 곧 세일즈 포인트이다. 그러나 착각해서 안될 것은 아무리 제품의 가치가 있어도 손님에게 이용가치나 효용성이 없다면 아무 소용이 없다는 점이다. 세일즈맨이 차례대로 말하는 상품의 우수성은 어느 경우 일방적인 때가 많다. 상품의 세일즈 포인트를 충분히 알고 있어야 할 것은 세일즈맨으로서 당연한 일이다. 상품 지식이 아무리 풍부해도 손님의 요구에 초점을 맞춰 말하지 않으면 모처럼 준비한 지식도 와해되고 만다. 나의 상품이 손님에게는 어떤 이용가치가 있는가, 그것은 무엇인가, 어째서인가, 몇 가지나 있는가, 그 중 가장 중요한 것은 무엇인가 등이 손님에게 가장 중요한 상품의 우수성인 것을 잊지 말아야 한다.

④

의심과 불신을 없애 주라

아무리 줄기가 서고 순서가 잘 짜여진 시원스런 설명이라 할지라도 설명에 진실성과 정당성이 결여되어 있으면 완전한 설명이라고 할 수 없다. 특히 주부 중심의 소비자운동이 만만치 않게 일어나고 유해식품·결함상품·거짓광고의 규탄이 높아가고 있는 이때, "이 제품은 여차여차한 이유로 효과가 만점입니다."라고 말해도 상대는, "얘기는 알겠는데, 그게 참말일까?" 하고 의심한다. 이 의심을 시원스럽게 풀어 주기 위해서 뒷받침되는 증거를 보여야 비로소 상품설명은 완전히 제 역할을 다한 셈이 된다.

뒷받침 없는 것을 경솔하게 떠들어대는 사람일수록 '세계적', '절대우수', '한국 제일' 등의 표현을 흔히 사용한다. 이 같은 수식적 표현에 오늘의 고객이 그렇게 무지한 것은 아니다. 세일즈맨도 점차 횟수를 거듭함에 따라 매일 똑 같은 설명을 반복하기 때문에 자신의 이야기에 실증을 느낀다. 뒷받침이 되는 실례·예증 등의 것도 자기가 주야로 말하는 것이므로 무의식중에 생략하는 경우가 있다. 청자는 언제나 새로운 사람들인데도 말이다.

상품 설명의 뒷받침에는 다음과 같은 것이 있으나, 아무래도 상대방 손님이 사고 싶어하는 증거가 아니어서는 안 된다.

❶ 샘플·보증서·청사진 등의 재료를 보인다

상대는 말만의 설명보다는 눈으로 볼 수 있고 손으로 만져 볼 수 있는

물적인 증거의 방편을 신용한다. 유능한 세일즈맨은 입을 통해 말하기보
다 상품 자체가 말하게끔 한다.

② 숫자를 든다

통계나 그래프 같은 것을 보인다.
"이 숫자가 나타내는 것과 같이……."
"통계가 이렇게 나와있으므로……."
이 같은 자료를 갖춰 놓는 것이 세일즈맨의 자세이어야 한다. 물론 그
와 같은 데이터는 새롭고 정확한 것이 아니면 안 된다.

③ 인포메이션을 준다

현대의 판매 인터뷰는 매우 사무적인 것으로 되었다. 겉치레말이나 쓸
데없는 이야기보다는 가치 있는 인포메이션을 제시하고 조언을 해주며
상대방을 계발하는 방향으로 나아가고 있다. 모든 컨설팅 세일(consulting
sale)이 상식으로 되어 있다. 진보적인 세일즈맨은 항상 최신의 시장정보와
상품정보를 갖고 다닌다. 정보는 틀림없는 확실하고 객관적인 것이 아니
면 안 된다. 이쪽 형편에만 맞는 주관을 삽입한 희망적 관측이나 테마 등
을 말하는 것은 하나의 모략이다.
"지금이 찬스입니다. 내년엔 반드시 가격 인상이 불가피합니다."

④ 여론을 예로 든다

"신문 앙케트를 보면……."
자기 한 사람의 의견이 아니라 세간의 모든 사람이 인정하고 있는 것을

강조한다.
"현지에 계신 분이 모두……."
"조합에 든 분은 모두……."
등의 문구는 자주 쓰인다.

⑤ 권위자의 말을 인용한다

상대가 인정하는 권위자의 이름이나 발언을 인용한다. 권위자라 해도
세계적인 권위자로 국한할 필요는 없다. 상대가 속하는 단체의 기관장이
한 발언을 인용하는 것도 좋다.

⑥ 구체적이고 가까운 실례를 든다

실례만큼 강한 인상의 것은 또 없기 때문이다.
"어디어디서 이 제품이 날개 돋친 듯 팔리고 있습니다."
"잘 아시는 아무개도 지난 달 이러저러한 방법으로 구입했습니다."
"그 단체는 이렇게 이용하고 있습니다."
실례는 되도록 상대방에게 가장 가까운 이야기가 좋다. 북극지방의 이
야기보다 미국의 이야기, 미국 것보다 이웃 일본의 이야기, 일본 것보다
우리 한국의 이야기, 그리고 더욱 이웃집의 이야기가 귀에 솔깃하다.

⑦ 상대가 경험한 바에 호소한다

상대가 경험한 바에 연결지은 뒷받침에는 실감이 간다. 장마철에 수해
를 당해 보지 못한 사람은 그 공포를 실감하기가 쉽지 않다.

이상의 뒷받침이 손님의 마음을 이끄는 것이 아니면 안 된다. 그리고 상품 설명의 연구는 아무리 상당한 연구를 해도 만족한 것은 없다. "잠깐만, 이 제품은 의외로 별도의 용도가 있는 건 아닌가?" 식으로, 각도를 바꾸어 상품을 관찰하는 것도 한 가지 연구가 된다. 의외로 지금껏 알지 못했던, 장점을 발견하고 새삼 놀라는 수가 있다.

다음 세 가지 질문에 "네"라고 대답할 수 있는 세일즈맨은 훌륭하다.

1 그 제품을 직접 써본 적이 있는가?
2 그 제품이 좋은 것을 체험했는가?
3 지금도 그 제품에 사로잡혀 있는가?

우수한 세일즈맨은 누구나 아는 사실이지만 상품은 단순히 냉정한 물체가 아니고 살아있는 기능을 갖고 있는 것이다. 상품에는 생명이 있다. 상품의 생명은 그 상품이 갖고 있는 상품의 이미지가 머릿속에 분명히 정착되었을 때 상품 설명이 약동하고 한마디 한마디에 피가 통한다.

가령, 자기로서 흔히 써볼 수 없는 고급품이면, "저도 머지 않아 이 같은 고급품을 사 쓸 수 있다면 하고 바라고 있습니다." 하고 사는 것이 부럽다는 가장 중요한 바람을 솔직히 표명해 본다. 인정받기를 희망하는 손님에게 호소하는 박력은 특별할 것이다.

욕구의 포인트를 찾아라

짧은 시간에 상품의 매력을 인상지어 줄 때는 필요 이상의 것을 이것저

것 말하지 않는다. 매력 있는 점을 분명히 드러내놓는 것이 요령이다. 매력은 손님이 그 상품을 이용할 때, 상품의 가치를 인식하게 되는 특징을 뜻한다. 아무리 상품이 우수해도 손님이 원하는 그 상품의 특징이 없으면 매력은 없는 것이다. 상품의 매력은 손님의 마음속에 있다 그럼, 상품의 매력을 찾아내는 힌트를 살펴본다. 자기 상품이 다음 8개 항목에서 볼 때 손님에게 만족을 주는지의 여부를 찾아본다.

1 **적합성** — 상품이 손님에게 꼭 맞는가?
2 **융통성** — 상품이 다른 목적이나 다른 시기에도 이용할 수 있는가?
3 **내구성** — 튼튼해서 오래 쓸 수 있는가?
4 **쾌적성** — 사용해 보면 기분이 좋은가?
5 **간편성** — 사용하기 쉬운가?
6 **스타일** — 형태 · 디자인 · 색채는 훌륭한가?
7 **유행성** — 유행에 뒤진 묵은 것은 아닌가?
8 **감정상** — 상품이 손님의 허영심 · 우월감 · 독점욕 등을 만족시키는 점이 있는가?

이상 8개 항목이 상품 속에 있다면 그것이 바로 매력이다. 판매의 설명 화법이란 이 같은 점을 모두 포함한 것이어야 한다.

"손님에게 아주 꼭 들어맞습니다."

"이거 하나 있으면 일석이조(一石二鳥)격이죠."

"이걸 사시는 분은 그리 많지 않습니다. 우리 나라에도 불과 50개밖엔 없으니까요."

막연히, "이건 좋은 것입니다."라고 말하기보다는 상대방 손님의 인상에 강하게 남을 말을 하는 것이다. 설명 화법은 단순히 말의 수식이나 트릭(trick)으로 상대방 청자를 속이는 것은 아니다. 이자가 불어나는 방식을 설명하는 사람이 쥐가 새끼를 치듯이 숫자를 들어 표현한다면 미래상은 진실로 매력적이다.

"10년 후면 손님의 재산이 이렇게 불어납니다."

계산에 잘못은 없더라도 화폐가치의 변동이라는 조건이 전혀 고려되어 있지 않다. 계산상 아무 잘못도 없는 것이 반드시 실익과 일치하지 않는 점을 설명자는 숨긴 것이다.

참된 가치 있는 상품을 판매하는 세일즈맨의 설명에는 그러한 약점은 있을 수 없다. 정공법으로 말하는 것이 아무래도 약하다고 하는 사람이 있다면 상품에 결함이 있든가, 세일즈맨의 화법이 서투른 것이다. 큰 줄기를 따라 확실하고 순서 있게 큰 매력부터 하나씩 설명해 나간다. 아이디어는 하나씩 제시한다. 이것저것을 한 번에 늘어놓으면 청자에게 주는 인상은 엷어지고 초점이 흐려지기 마련이다. 상품의 매력을 드러낼 때, 대체 손님은 상품의 무엇을 알고자 하는가, 무엇을 요구하는가, 상대에 따라 요구하는 것이 다양하므로 상대에 적응한 설명을 하지 않으면 안 된다.

가령, 뚜렷한 구매욕구가 없거나 이쪽 상품에 대해 생각지 않을 때는 욕구와 상품과의 연결에 힘을 주어 설명한다. 상품에 대해 생각해도 그 상표에 대해 생각지 않을 때는 제품과 상표와의 연결에 힘을 주어 설명한다. 그리고, 욕구·제품·상표가 잘 연결돼 있을 때는 구입하기 쉬운 점에 힘을 주어 설명한다. 경쟁품이 있을 때는 자기 제품에 보다 좋은 느낌을 갖게끔 힘주어 설명한다.

다만, 너무 지나치게 타사의 제품을 나쁘게 말하면 상대는, "이 사람이 그처럼 경쟁 상품을 두려워하면 사기 전에 그 상품을 한 번 보아 둘 필요가 있는 게 아닌가." 하고 생각케 하는 위험이 뒤따른다. 손님의 욕구 포인트와 상품의 판매 포인트가 꼭 들어맞을 때 판매는 성공하는 것이다. 여기에서 주의하지 않으면 안 될 것은 상품이 지닌 매력의 이점을 전부 드러내놓는 것이 반드시 판매작전으로서 만점이 아니라는 사실이다. 경우에 따라 한 가지 이점쯤은 남겨 놓는 것이 좋다. 그래서 상대로부터, "또, 그 밖에 이런 이점도 있겠군요." 하고 지적하게끔 하여, "네, 미처 말씀드리지 못했는데 과연 잘 보신 겁니다." 하고 손님 자신이 직접 상품 가치를 발견케 하는 방법도 있고, 판매가 이루어진 다음에 새삼 생각한 듯이, "써 보시면 아시겠지만, 또 이런 이점도 있습니다." 라고 말함으로써 상대방 손님의 기분을 돋구는 수도 있다.

특히 경쟁 상대가 있을 때는 비장의 이점을 전부 드러내놓으면 막다른 골목에서 돌이킬 수 없게 된다. 경쟁상대에게 이쪽의 솜씨를 모두 보이면 안 된다. 상대는 끝까지 매우 소중한 비법을 감추고 한 번에 승부를 결정지을지 모르는 것이다.

손님 입장에서 보면 조금이라도 자기에게 가치 있는 제품을 사고 싶은 것이 당연하다. 손님의 마음이 경쟁 상대편으로 기울면 힘 약한 세일즈맨이 끌어내는 것은 가격 인하이다.

경쟁 상대가 없을 때도 상품 설명이 일단 끝났는데, 손님 쪽에서 "알겠어요, 문제는 가격이죠." 하고 나오면서, "비싼 거 아니에요? 좀 싸게 합시다." 하고 사겠다는 의사의 말을 건네 온다.

상품에는 타당한 가격이라는 게 있다. 타당한 가격이면 그 상품은 훌륭한 것이라 말할 수 있다. 가격에는 품질의 값어치라는 합리적인 뒷받침이 있기 때문이다.

"이 품질을 보시오. 이 재료, 이 기술, 이 기능, 이 효과, 이 매력."

가격은 세일즈맨이 파는 상품가치의 상징이다. 손님이 가격을 깎자고 나오면 이렇게 대답한다.

"다른 손님에게도 모두 이 값을 받고 있습니다. 한 번 써 보시면 그만한 값어치가 있음을 아시게 됩니다. 손님에게 깎아 드리면 다른 손님에게 거짓말을 한 셈이 됩니다. 좀 어떻게 봐 주십시오."

"그렇다 해도 똑 같은 걸 옆집에서는 2할이나 깎아 주던데……."

“그렇지만, 저희는 이 제품에만 매달리기 때문에 끝까지 책임을 지고 있습니다. 그런 신용 하나 의지하면서 오늘날까지 판매해 오고 있습니다. 옆집에서도 진정으로 그 제품에 책임을 지고 애프터 서비스의 보증을 하는지요? 값은 곧 잊을 수 있지만 품질만은 아마 오래도록 잊지 못할 것입니다.”

“그래도 비싼데……..”

“비싼지 싼지는 저의 말보다 이 제품이 대답해 드립니다. 한 번 써 보시죠”

6

결정적 순간을 잡아라

판매화법의 진행은 도입에서 전개, 그리고 귀결로 끝난다. 전개에서는 상품의 설명과 밀착된 설득, 권유의 파상 공격이 행해진다. 문제의 중심점을 분명히 드러내 보이고 상대는 어째서 사지 않으면 안 되는가의 일점으로 이야기의 초점을 맞춘다.

청자의 주의와 흥미를 판매에 집중적으로 지속시키고 욕망의 싹틈을 찾으면 곧 판매를 챙기는 단계로 들어간다. 상대방을 잘못 간취해서는 안 된다. 이쪽의 기대와 선입관의 틀 속에 끼워 넣고 상대의 심리를 판단하지 않는 올바른 반응의 측정이 중요하다. 아무래도 석연치 않고 왠지 모르게 함축성 있는 반응을 받았을 때, 이쪽 형편대로 좋게 해석하는 것은 위험하다. 상대의 반응을 올바르게 파악하지 못하면 결정타를 칠 타이밍에 차질이 발생한다. 이런 이야기가 있다.

미국 하버드대학 총장이 그를 방문한 초라한 부부를 경멸한 때문에 그 대학은 3, 4백만 달러의 손해를 보았다. 이 부부는 총장을 향해, “대학을 경영하려면 어느 정도의 비용이 드는지요?” 하고 질문했으나, 총장은, “글쎄요 두 분에게 말해도 직감적으로 못 느끼실 텐데요. 어떻든 엄청난 금액이니까요.” 하고 매우 냉담한 반응을 보낸 것이다. 부부는 실망한 나머지 그 자리를 물러났다. 그들은 하버드대학에 기부금을 내려던 당초 계획을 바꾸고 그 재산으로 캘리포니아에 그들의 대학을 설립했다. 리 란도 스탠포드 부부의 이야기이다.

이 이야기는 세일즈맨에게 귀중한 교훈을 준다. 상대방의 본심을 캐내지 못하고 응대한다면 이 대학 총장과 같이 모처럼 그물에 걸린 대어를 놓치고 마는 일이 생기기 쉽다.

손님 가운데는 각각 어벽(語癖)과 어투(語套)가 있고 태도나 동작에도 여러 형태가 있다. 성격이 외향적인 사람과 내성적인 사람이 있으며, 사양하지 않고 함부로 말하는 형, 애매한 형, 성급한 형, 여유 작작한 형마저 있다. 가볍게 오케이를 연발하고 곧 까맣게 잊어버리는 사람, 결국에 가서 살 사람이 분명한 반응을 보이지 않는 것은 세일즈맨을 울리기에 안성맞춤이다.

인간의 마음을 파악 간취하는 것이 쉬운 일은 아니다. 기분 좋은 손님보다 대하기 거북하고 어려운 손님 쪽이 일단 단골로만 굳혀진다면 적극적인 후원을 해주기 쉽다. 처음부터 ‘이 손님은 이럴 것이다’라고 편견을 갖는 것은 좋지 않다.

판매 귀결에는 2단계가 있다. 전초전과 결전의 장과 같이 일단은 탐색전을 벌이고 반응을 살핀다. 이것은 손님이 사겠다는 의사표시를 하기 전에 이쪽에서 일방적으로 살 것이라는 가정을 하고 질문을 던져 반응을 보는 것이다.

“어떻습니까. 이 제품을 얼마나 팔 수 있을 것으로 생각하십니까?”

“진열하면 많이 팔리죠?”

“현재 방법보다 이 방법이 좋다는데 동의하실 줄 압니다. 어떻습니까?”

"만약 댁에서 말씀하신 대로 하면 곧 사시겠죠?"

"말씀드린 대로 유리한 점은 틀림없다고 생각하는데, 어떠신지요?"

"처음에 얼마나 주시겠습니까?"

"마진은 이 정도로 하면 어떨까요?"

이 같은 질문을 던져 놓고 상대방의 동정을 살핀다. 또 어투로 반응을 포착할 수 있다.

"이것뿐입니까?"

"또, 다른 것은 없나요?"

"이것이 가장 새로운 것인가요?"

등으로 열심히 질문을 던져 올 때가 있다.

"얼마나 깎아 주겠어요?"

"납품은 언제까지 하겠오?"

"딴 데서는 더 싸던데……."

등으로 조건을 들고 나올 때가 있다.

"나쁘진 않군……."

등으로 약간의 의사표시를 할 때가 있다.

"내가 졌어……."

"어쩔 수가 없군……."

등으로 호의와 동정을 나타낼 때가 있다.

"어때, 정말 괜찮을까? 이것 봐, 어떡하면 좋지?"

등으로 제3자에게 상담을 걸 때가 있다.

"그렇긴 하나 오래 쓸 수가 있을까?"

"곧 망가지지는 않을까?"

"애프터 서비스는 정말 해주는 거요?"

등으로 산 다음의 일에 대해 여러 가지 질문할 때가 있다.

이상과 같은 말이나 그때의 상대방 손님의 어조에 주의를 기울인다. 이미 사겠다는 신호는 떨어져 있는 것이다. 또, 표정이나 동작으로 상대의 반응을 살펴볼 수도 있다. 상대방의 눈을 본다. 얼굴표정이 점점 진실해지는 변화를 본다. 고개를 끄덕이든가, 몸이 달든가, 팔장을 풀든가, 다시 고쳐 앉든가, 그러한 무의식적인 움직임을 살핀다.

제품을 다시 한 번 들어 본다. 계약서나 카탈로그나 정가표를 다시 본다. 안경을 끼고 계산을 해 본다. 그러한 의식적인 동작을 본다. 그런 모습 가운데 반응 측정의 실마리를 포착, 상대방 마음을 즉각 간취할 수 있는 훈련이 필요한 것이다. 이 같은 일은 많은 직업적 세일즈맨이 해오는 것이요, 현재도 하고 있는 것이다.

특히 주의할 것은 무의식중에 나오는 말이나 몸의 동작이다. 상대가 보이는 마음의 상태를 민감하게 캐치하지 못하면 판매 종결의 결정적인 순간을 놓치고 만다. 전초전에서 꾸물대는 동안 상대방의 사고 싶은 기분은 사라지고 마는 것이다.

⑦

• • • • • • • • • •

세일에는 전력을 다하라

면접판매의 과업은 마치 권투와 같은 것으로, 상대방이 어떻게 나오느냐를 보고 작전을 생각하지 않으면 아무리 강한 펀치를 갖고 있어도 헛손질을 하든가 코너에 몰리고 만다. 세일즈맨은 대담중 방심함이 없이 최종의 라운드에 이르기까지 상대의 반응을 보고 있지 않으면 안 된다. 사려고 하는 의사가 분명할 때는 전력을 다하여 용감하게 공격을 취하여 최종의 끝맺음을 장식한다. 종국의 시점은 상담을 시작한 때 돌연히 결말을 내릴 경우가 있고, 실물 제시 후에 결말을 내릴 경우가 있다. 끝맺음의 결정적인 순간은 한 번뿐인 것이 아니다. 상담 진행중에 몇 번이라도, "결정을 내리시죠." 하고 되풀이 부탁한다.

사람은 받기보다 주는 것에 만족을 느낀다. 마침내 기다리고 기다리던 결말을 지어야 할 순간이 다가왔다. 초조해서는 안 된다. 굳어져도 안 된다. 이때, 조금이라도 덤벼서는 안 된다. 유연한 태도를 보인다. 굶주린 개가 먹이에 덤비듯 하면 사고 싶은 기분이 깨끗이 가시고 만다. 당연히 살 것이라는 자신에 찬 태도가 바람직하다. 아무렇지 않은 듯 계약서나 청구서에 사인을 받을 준비를 하든가, 상품을 중점적으로 내놓든가, 조용히 최종의 공격자세를 갖춘다. 갑자기 서류를 가방에서 꺼내는 것은 서투르다. 상담 전개부의 단계에서 필요서류는 상대방 앞에 내놓는 편이 좋다. 욕심을 내서 대번에 무리한 대량 판매를 하고자 해서는 안 된다. 처음에는 조금씩 판다. 한 가지 상품에서 관련 상품으로, 한 사람 손님에서 다수의 손님으로.

최종의 결전인 본격적 종결단계에서는 필요 이상의 것을 말해서 안 된다. 힘 있고 간결하게 이야기를 진전시켜 나간다. 쓸데없는 말을 하면 이야기는 역전할지도 모른다.

결말짓는 화법에서 묘미가 있는 것은 양자택일의 화법이다. 이것은 두 개의 질문을 던지고 그 중의 어느 것을 택하게 하여 상대의 대답을 듣고 구매의 뜻을 굳혀 주는 방법이다. 이쪽에서 보인 문제 이외의 것을 생각하게 하지 않고 이쪽이 바라는 종결로 이끌어 가는 데는 매우 효과가 큰 암시화법이다.

"지금 갖고 가시겠습니까? 아니면 내일 가져가시겠습니까?"라고 질문을 하면, "어떻습니까, 사지 않겠습니까?" 라는 질문과는 다르다.

"사지 않겠습니까?" 라고 말하면, "글쎄요, 좀 생각해 봅시다." 라는 답이 나오기 쉽다.

"지금 갖고 가시겠습니까? 아니면 내일 가져가시겠습니까?" 라고 물으

면 손님은 이미 사겠다는 의사결정을 한 것 같은 착각을 일으킨다. 그것이
이쪽의 겨냥인 것이다.

"큰 게 좋으십니까? 아니면 작은 게 좋으십니까?"

"명의는 손님 개인 것으로 하나요? 아니면 회사 것으로 하나요?"

"댁으로 보낼까요? 아니면 사무실로 보내 드릴까요?"

"한 타로 하시겠어요? 반 타만 하시겠어요?"

"일시불로 하시겠어요? 월부로 하시겠어요?"

이중(二重)질문의 테크닉도 있다.

"그러면 이제 남은 것은 3년 계약이냐, 5년 계약이냐 하는 것만 남았군
요." 하고 말해 상대의 대답을 기다릴 것 없이 곧 다음 질문을 던진다. "그
럼, 계약서의 사인은 손님 것으로 하시겠습니까? 아니면 누구 것으로 하시
겠습니까?"

이러한 화법에는 손님의 마음을 유도하는 불가사의한 암시력이 있다.
다만, 어디까지나 이쪽이 제시하는 것 중에서 택하게 하는 것이므로 다른
것과 비교케 하면 안 된다.

해수욕장에 갈 것을 권할 경우 "만리포로 가겠습니까? 아니면 대천으로
가겠습니까?"고 물어 볼 일이지, "바다가 좋습니까? 아니면 산이 좋습니
까?" 하고 질문하면 안 된다. 상대는 "아, 산이라, 산도 좋군. 그럼, 산으로
하지." 하고 대답할지 모른다.

이상과 같이 이쪽에 보탬이 되는 두 개의 조건을 내세워 그 중에서 하
나를 택하게 하는 질문을 던진다. 이것이 아직 결정치 못한 손님의 결단을
굳히기 위한 묘약인 것이다.

⑧

효과적인 수금작전

　대금을 완전 회수한 때, 세일즈맨은 비로소 판매한 것이 된다. 100% 수금하지 못하면 판매는 완료된 것이 아니다. 그러나 손님은 상품을 샀다고 해서 반드시 약속된 기일에 돈을 지불한다고는 볼 수 없다. 일단, 상품을 손에 넣으면 아무래도 돈 지불하기가 싫어지는 심리에 지배되기 쉽다. 특히 보이지 않는 무형의 것, 즉 뒤에 남는 것이 없는 음식대금 같은 것은 지불하기 싫은 것이다. 대금의 지불을 연기하고 싶은 기분을 스무드하게 지불하게끔 하는 것이 세일즈맨의 요령이다. 손님 가운데는 외상독촉을 잘 물리치는 사람이 많다. 그러므로 판매작전과 동시에 대금회수작전을 세워 둘 필요가 있다. 다음 사항에 주의할 일이다.

　첫째는, 되도록 수금일시를 일정하게 정한다. 일시를 정하면 비가 오든 바람이 불든 꼭 수금에 나선다. 항상 거래가 있는 고객은 되도록 이쪽 형편에 맞춰 지불하는 습관을 붙이도록 유도한다. 빚은 늘어갈수록 지불하기 어려운 것이다. 지불날짜에 지불하는 습관을 붙이는 것은 고객을 위해서도 좋은 일이다.

　둘째는, 기선을 제압한다. 상대가 지불능력이 있는 날을 택해 간다. 상대의 입금날짜를 택한다. 항상 타사의 수금원보다 한 발 앞서 가는 것이 중요하다. 큰 모갯돈을 지불한 뒤에는, "미안하구만, 방금 전에 전부 지불해 버렸기 때문에 금고가 비었다구." 그러므로 수금날에도 타이밍이 있다. 모갯돈 지불하는 전날을 택한다.

　셋째는, 미리 전화나 편지로 알려 둔다. 상대는 무심코 잊고 있을 때가 있다. 미리 들러 담당자를 만나 수금날짜를 알려 놓는 것이 좋다. 지불을 준비하게 해 두지 않으면 이쪽이 생각한 때, 상대에게 돈이 있다고 할 수 없다. 돈이란 항상 유동하는 것이다.

넷째는, 예리하게 촉각을 세워 상대에 관한 인포메이션을 수집해 놓는다. 항상 인포메이션을 수집해 놓으면 미수의 위험신호를 미리 발견하게 되어 적절한 대책을 세울 수 있다. 상대의 매상·재고량·입금상황 등을 관찰하고 있으면 일방적인 지불방법을 미리 막을 수 있다. 가령, "좀 미안하지만, 오늘은 반만 합시다."라고 한다든가, 현금지불의 약속인데도 수표로 하자든가, 수표의 지불날짜를 좀더 연장하자는 등으로 지불조건을 내걸어도 상대의 주머니 사정을 잘 알고 있으면, "농담이시겠죠, 좀 봐주십시오." 라고 응대할 수 있다.

다섯째는, 끈기 있게 교섭한다. 깨끗이 물러서지 말고 마음을 단단히 먹고 몇 번이고 방문해서 청구한다. "수금은 신념이요, 발이다" 라고 말한 사람이 있으나, 이 말은 그대로 통하는 말이다. 빚돈은 심장 약한 사람보다 강한 사람에게, 부드러운 사람보다 거치른 사람에게, 점잖게 대하는 사람보다 귀찮게 떠들어대는 사람에게 지불해 버리는 것이다. 요컨대, 상대에게 가볍게 보이지 않고 얕보이지 말아야 하는 것이 중요하다.

여섯째는, 정말 지불할 수 없는 상태에 있다면 지불할 수 있는 상태가 되게 도와 준다. 수금에서 단념은 금물이다. 판매방법에 대해 당사자 본인의 입장에서 조언한다. 상대의 입장을 살펴 나가며 수금을 꾀하는 것이 현명한 방법이다.

일곱째는, 지불자가 출타중인 경우에는 방문한 자취를 남겨 놓고 간다. 약속한 시간에 다녀간 것을 명함이나 메모지에 적어 상대가 알게 한다. 열심히 반복해서 다녀갔다는 동정심을 상대방이 갖도록 하지 않으면, "정말 그렇게까지 수고를 끼쳤는지는 몰랐다."고 시치미를 떼고 일부러 거짓을 꾸밀지 모른다.

여덟째는, 민첩한 기동력을 발휘한다. 손님이 지불하겠다는 그 날이 휴일이라도 곧 바로 달려간다. 받을 수 있을 때 받는다. '뭐 내일이라도 괜찮

겠지’ 하고 태평스럽게 넘기면 내일은 상황이 예상외로 급변할지 모른다.

아홉째는, 다음에 와 달라고 하면 꼭 일시의 확약을 받아 놓는다. 상대가 보는 앞에서 수첩에 메모해 두고 되풀이 다짐해 두는 것이 지름길이다.

“네, 그러면 몇 월 몇 일 무슨 요일이 되겠군요. 10시라구 하셨지요? 네, 그럼 그 날 10시에 꼭 찾아뵙겠습니다.”

이 같은 행동으로 지불자의 마음속에 강하게 인상을 새겨 준다.

웃으면서 지불하게 하라

수금에 임해서는 밝게 사무적으로 행동한다. 번거로운 설명은 불필요하다. 수금에 요하는 시간이 짧으면 짧을수록 수금은 잘 이루어진다. 시간이 길면 길수록 대금회수는 난항을 못 면하고 밝은 분위기를 깨게 된다. 활발하고 생기 있는 어조로, “매번 감사합니다. 이 달의 계산서는 이렇습니다. 잘 부탁드립니다.”

수금에서는 너무 지나치게 조심성을 보여서는 안 된다.

“에……계산서입니다. 에……어떻게 형편이 되신다면…….”

이렇게 말하면 지불하는 쪽에서는 이유를 내세우고 어떻게 반 정도로 일단락 지으려 하게 된다. 또 이것저것 세간사를 늘어놓고 마침내 돌아갈 때쯤 돼서, “에……실은 수금 좀…….” 하고 말하는 것도 서투르다. 상대에게 피할 여유를 주지 않고 민첩하게 청구서를 내놓고, “20만원입니다. 네, 감사합니다.” 하고 선수를 치고 예의를 갖추는 것이 좋을 것이다.

대금을 받기 전과 받은 후 갑자기 태도를 바꾸는 세일즈맨이 있으나, 돈만 생각하는 사람이란 느낌을 주고 속이 드러나 보이게 된다. 돈을 받자

마자 싱글벙글해도 또는 그 반대로 무뚝뚝하고 시무룩해도 안 된다. 수금할 때 필요한 것은 저자세이나 타협하지 않는 일관된 태도이어야 한다.

더욱이 무리하게 상대가 말하는 대로 하는 듯한 비굴한 태도는 바람직하지 못하다. 그리고 거래선의 사람과 지나치게 친숙하면 좋을 때도 있으나 나쁠 때도 있다. 상대방이 질병, 뜻밖의 재난, 자금 사정이 나쁜 때는 바로 친숙함 때문에 동정하고 타협하고 만다. 지불은 지불, 교제상의 의리는 의리라는 점을 평소에 분명히 해두는 것이 좋다.

어떤 경우이든 세일즈맨은 상대를 믿고 당연히 지불할 것이라는 표정으로 청구서를 내놓는다. 상대가 고의로 성을 내는 듯이 보이고 몰아대는 작전으로 나와도 두려운 빛을 보이지 않고 논쟁적인 이유를 말하지 않는다. 지불은 당연한 것이라는 듯한 표정으로, "오늘이 바로 약속일입니다. 백 만원 지불을 꼭 부탁드립니다." 하고 고자세로 말하면, 상대의 지불하는 태도는 경화되고 만다. 그 장면의 상황이나 상대가 나오는 것을 보고 응대법을 바꾸는 것이 중요하다.

1. 어디까지나 이성적으로 줄기를 세워 나갈 것인가?
2. 아니면 의리나 인정에 호소할 것인가?
3. 다소 책략의 기교를 쓸 것인가?
4. 시종일관 미소로써 부드럽게 나갈 것인가?
5. 때로는 강경한 태도로 나갈 것인가?

어떻든 화법 연구에 정신을 집중할 필요가 있다.

"오늘 지불해 주시지 않으면 크게 난처합니다. 저도 빈손으로는 회사에 돌아갈 수가 없습니다."

"꼭 믿고 있습니다. 도와 주십시오."

"댁의 신용과도 관계가 있을 것 같습니다만……."

“아직껏 지불하지 않은 분은 오직 김사장님뿐입니다. 이 영수증들을 보십시오.”

상대가 책략에 밝은 사람이면 지불하는 쪽에 서서 이쪽이 예정하는 것보다 더 심한 조건을 내보인다. 그리고 그 다음 타협하고 이쪽 예정대로의 조건으로 매듭짓는 수도 있다.

“죄송합니다만, 한 달 짜리 수표로 끊어 주십시오.”

“안 되겠는데, 수표는 좀 심한데. 이달치를 모두 합해서 새달에 지불할 테니 두 달짜리 어음으로 합시다.”

“어음요? 안 되겠는데요. 그럼, 좋습니다. 댁에는 늘 폐를 끼치고 있으니까요…….”

이렇게 하여 예정된 조건으로 수금을 한다. 상대가 도리어 겸손하게 기분좋게 대해 주면 위험하다. 상대가 어리숙하게 나올 때도 위험하다. 이러한 변명의 예방선을 치는 상대는 주의해야 한다.

“아무래도 오늘은 저자세로구나.” 하고 생각되면 이쪽에서 먼저 선수를 치고 저자세로 나간다. 빚돈이란 소화와 같은 것이다. 체하면 체증으로 불유쾌해지지만 돈을 지불하고 나면 기분이 시원해지는 것이다. 그러한 상쾌한 기분을 갖기 위해서도 상대에게 지불하는 기쁨을 주는 것이 수금의 요령이다. 마지못해 지불하는 것이 아니고.

“이 세일즈맨에게는 지불해 주고 싶기 때문에 지불한다.”는 식의 기분으로 이끌어 나가는 것이 유능한 방법이다.

3. 거절당한 그때부터의 설득

"물이 있는 곳에 반드시 개구리가 있다고 할 수 없으나, 개구리
소리가 들리는 곳에는 반드시 물이 있다."

괴 테

이 말을 세일의 경우로 상정하여 고쳐 쓰면, "손님이 있는 곳에 반
드시 수요가 따른다고 할 수 없으나, 수요가 있는 곳에는 반드시
고객이 있다"가 된다. 무계획한 좌충우돌의 방문도 세일 기법의
습득에는 좋을지 모르나, 주문을 획득하기 위한 방법으로서는 효율
이 낮다. 보다 계획적인 사전의 치밀한 조사를 토대로 상대의 잠재
적인 욕구를 환기하는 창조적 세일 활동만이 현대적인 방법이다.

1

· · · · · · ·

인간은 거절하는 동물이다

부탁이나 교섭·판매에 있어 우리를 우울한 골짜기에 빠뜨리고 비참한 기분을 갖게 하는 것은 냉랭한 상대방의 거절이다. 상대의 거절로 가장 수고를 많이 하는 사람이 바로 전문적인 세일즈맨일 것이다. 손님의 거절이 없다면 세일만큼 즐거운 작업이 없다. 생각한 대로 계속 매상을 올린다면 이 세상은 천국이요, 그만큼 웃음이 그칠 날이 없을 것이다. 미리부터 사겠다는 뜻을 지닌 채 점포에 나타난 손님은 고맙기 이를 데 없다. 어떻든 사겠다는 기분을 상하지 않게 응대하면 팔 수 있으니 말이다.

상점 판매에서는 쇼 윈도·디스플레이·조명·온도·상품구성과 용의주도한 판매체제를 갖추면 되나, 어려운 것은 방문판매이다. 특히 이쪽에서 판매에 나섰으나 퇴짜를 맞은 때이다. 세일의 초년생은 거절의 말 한마디로 갑자기 힘이 빠진다. 손님의 거절 반응으로 비관하는 사람이 있다면, "누군가가 무엇을 팔지 않는 한 어떤 일도 시작되지 않는다."라고 말한 미국 출판업계의 성공자 아서 모트레이의 명언을 알려 주는 것이 좋다.

열차나 호텔에서 쓰이는 액체 비누는 고체 비누를 팔러 나섰다가 거절의 벽에 부닥친 사람이 비누의 새로운 용도를 생각하면서 문득 창안해낸 것이다. 이 아이디어를 메이커에 팔아 새로운 판매노선을 개척하고 빛나는 성공을 거둔 세일즈맨의 이야기를 해주는 것도 좋다. 그러나 이렇게 생각한다.

"거절당해도 걱정할 필요는 없다. 당초에 인간은 의심이 많고 거절하는 것을 즐기는 동물이다. 처음부터 개와 같이 꼬리치며 반기지는 않는 것이다."

만약, 이쪽이 물건을 사는 손님의 입장이라면 어떨까? 세일즈맨이 권하는 대로 기다렸다는 듯이 유순하고 기분 좋게 사겠는가? 그런 사람이면 어지간히 호인이라 해도 무방할 것이다. 어떻든 사는 사람의 입장에 서서 자기 자신의 기분을 생각해 본다. 양복 한 벌 맞춤이 선뜻 내키지 않고, 더구나 마음이 움직이지 않는 때에 돌연 "어떻습니까" 하는 질문과 재촉을 받으면 일단 거절하는 것이 상식이다.

손님의 마음속으로 한 발 더 다가서면 무언가를 산다는 것이 인생의 크나큰 즐거움의 하나가 된다. 그 즐거움은 물론 욕망의 만족이다. 동시에 물건을 사 준다는 우월감이 동반한다는 점을 잊어서는 안 될 것이다. 담배 한 갑을 살 때도 무의식중에 거만한 태도나 어투를 쓰는 것이 바로 그것이다. 소비자 시장에서 무엇을 사느냐의 선택권은 손님에게 있다. 누구나 손님의 입장이 되면 우월한 자세를 취하는 것이라고 하면, 거절한 손님의 동일한 태도나 자세 역시 당연하다고 보아야 한다. 일단 반대해 보고, 일단 거절해 보아야 쇼핑의 즐거움이 배가한다고 생각하는 것이다. 그러므로 반대나 거절을 두려워해서는 안 된다. 성을 내거나 비관할 까닭이 없다. "응! 시작이군!" 하고 상대가 즐기는 것을 존중하고 배가시켜 준다. 이 같은 가벼운 기분으로 손님의 거부태세에 적응해 본다. 두세 번 반대를 당했다고 울상을 짓는 일은 소아병적이다.

세일즈맨의 참된 용기는 마음이 상해도 굴하지 않고 나아가는 기백을 말한다. 세일즈맨의 근성이란 되풀이 공격해 나가는 끈기를 가리킨다.

"판매는 거절당한 때부터 시작한다."라고 엘머 레터맨은 말했다. 손님이 수긍하지 않고 반대하는 것은 제품·제안·서비스에 대해 좀더 알고, 좀더 듣고 싶다는 손님의 신호로 생각하라고 그는 가르친다. 반대나 질문은 이쪽에 대한 비판이 아니다. 이쪽이 파는 것에 대해 상대의 마음에 떠오른 의문이라고 생각한다. 반대나 질문에 대해서는 진술하게 응답하고 해결을 도와 준다.

몇 번 거절당해도 최후에 기쁨을 맛보면 그것이 곧 승리인 것이다. 상대의 반대를 극복하면 몇 번 반대 문구를 들어도 그것은 거절당한 경우가 아닌 것이다.

상대는 어째서 거절하는가? 반대하는 데는 반드시 이유가 따르는 것이다. 반대의 방식을 크게 나누면 둘이 있다. '진실한 반대'와 '전술로 하는 반대'가 그것이다. 이 두 가지를 혼동하면 대응하는 데 잘못을 일으키기 쉽다. 전술로 반대하는 것은 진정한 반대가 아니므로 그를 진정으로 받아 대응하면서 상품의 좋은 점을 설명하는 것은 넌센스이다. 상대는 어째서 전술을 쓰는 것인가? 전술이 겨냥하는 것은 무엇인가? 전술상의 구매라는 것이 실은 조건부로 살 수 있다는 간접암시인 것이다. 파는 쪽에서도 타협점을 속에 넣어 두고 응수할 일이다. 사는 쪽은 안 산다는 말이나 반대의 제스처(gesture)로 흥정에 유리한 위치를 차지하고자 한다. 심리작전을 당하는 파는 쪽도 그것을 감안하고 대담 진행중에 손님이 요구하는 포인트를 재빨리 찾아내지 않으면 안 된다.

진정 반대하고 있는 경우의 이유는 구매자격이 없기 때문이라는 결정적인 원인에 의한 것이다. 이것은 어쩔 수 없는 일이다. 돈 없는 사람에게는 팔 수 없는 노릇이다. 정말 돈이 없는가? 손님의 경제적 형편은 가볍게 판단할 수 없다.

잠재한 구매력을 정당히 파악할 수 없는 상인은 수요층의 개발이나 판매망 확장이 불가능하다. 다만 정말 돈이 없다는 진실한 이유에 따른 반대에는 유순하게 물러나 구매력이 생길 때를 기다릴 수밖에 도리가 없다.

그러나 문제는 구매력이 있으면서 반대하는 경우이다. 여기에는 두 종류가 떠오른다. 하나는 사고 싶으면서 반대하는 사람, 또 하나는 사고 싶지 않기 때문에 반대하는 사람이다. 사고 싶은데 반대하는 사람은 다음과 같은 두 가지 타입으로 분류할 수 있다.

① 이성적인 반대

상품에 반대한다. 품질이 좋지 않다든가, 성능이 나쁘다든가, 형태나 디자인이나 포장이 마음에 안 든다든가, 이보다 더 큰 이유는 가격이 타협되지 않기 때문이다.

② 감정적인 반대

상인이나 판매점이나 메이커에 대한 반대이다. 어딘지 그 점포가 싫다. 전부터 그 메이커의 상표에 호감이 안 간다. 보다 더 눈앞의 상인에게 느낌이 좋지 않다. 분명히 말하지 않아도 반대의 이유는 기실 감정적이라는 것이 세일의 실패담 속에 헤아릴 수 없이 많다.

거절당한 그때부터

세일에 임해 한 번쯤 거절당하는 것은 보통이요, 거절당하지 않고 스무드하게 팔린다면 오히려 이상한 느낌이 들 것이다. 때문에 거절당했다고 패배감에 쌓이든가 주눅이 들 필요 없이 오히려 이때부터 세일이 시작되는 것이라고 각오를 새롭게 해야 한다.

하나하나 구체적인 예를 들기는 어려우나, "거절해도 상대방의 속마음과 실상은 전혀 다를 때가 많다."는 원리는 머릿속에 꼭 넣어 둘 필요가 있다. 관공서나 대기업에 세일 목적으로 방문할 때, 담당자는 필요성을 인정하면서도 상사에 대한 조심성이나 주위 동료들로부터 너무 무르다는 비평을 들을까 염려하여 거절하는 경우가 흔히 있다. 이때는 두 번 세 번 계속적인 방문으로 납득시킬 수 있다.

그러므로 일단 거절해도 또 올 것이라는 의견이 생길 수 있다. 동일 상품이라도 먼저 방문한 세일즈맨은 거절당했는데, 그 다음 다른 세일즈맨이 판매에 성공하는 경우가 흔히 있다. 세일에는 상대방 진의를 파악하는 것이 필요하고, 이것이 가능한 베테랑급 세일즈맨은 분명 육감이 예민하다고 생각된다.

아무리 설명을 잘하고 간청을 해 봐도 아무 소용없이 거절당할 때가 있다. 그러나 설령 거절당했다 해도, "안되겠습니다. 그럼 할 수 없죠." 하고 상대가 거절한 것을 긍정해 버리는 태도를 취해서는 안 된다. 이렇게 말하면 이것으로 상대방과 이루어진 모처럼의 유대가 깨지게 될 것이다.

그것보다는 "그러지 마시고 한 번만 더 검토해 보지 않으시겠습니까? 나중에 또 들르겠습니다. 잘 좀 부탁드립니다." 하고 재교섭의 여지를 남기는 편이 좋다. 다음 방문시에 또 거절당하더라도 그때 가서는 "그럼, 다른 회사 좀 소개해 주십쇼." 하고 부탁할 가능성이 생기기 때문이다. 만나면 만날수록 친숙해지는 것은 남녀 사이만이 아니고 손님과 세일즈맨 사이에도 일어날 수 있다.

거절당하면 일단 거절한 상대방의 심리를 분석해 볼 필요가 있다.

1. 상품에 대한 필요성이나 흥미가 없다.
2. 어딘지 모르게 인상이 좋지 않다.
3. 바쁜 중에 갑자기 찾아와 곤란하다.

이와 같이 세일즈맨에 대한 문제가 있을 것이다. 어떻든 거절하는 원인을 분석하고 반성해 볼 필요가 있다. 이 결과, 어떻게 대처해 나가면 좋을 것인가 하는 판매작전의 수립도 고려될 것이다. 좌우간 상대방에 대한 사전조사가 부족했고, 좀더 상대방의 사업내용이나 담당자의 성격 등을 조사해 보고 방문했다면 좋았을 것을 하는 케이스가 예상외로 많은 것 같다.

거절을 두려워 말라

세일즈맨의 작업은 손님에게서 '아니오'라는 말이 나오지 않게 유도하는 것이다. 거절반응이 가벼울 때 손을 쓰지 않으면 안 된다. 손님이 사지 않는 이유를 한 가지 말하면 이에 대해 어째서 사지 않으면 안 되는가 하는 이유를 항상 둘 이상 준비한다. 이 같은 판매교훈의 의미는 충분히 준비해 놓으면 손님의 거절하는 말쯤 그렇게 두려울 게 없다는 것이다.

그러면 대체 손님은 어떤 반대의 방식을 쓰는가? 그들이 말하는 거절의 문구는 어떤 것인지 직접 예를 들어 본다.

1️⃣ 돈이 없다 ― 없는 소매는 흔들 수 없다.

2️⃣ 필요 없다 ― 지금의 것으로 충분하다.

3️⃣ 흥미 없다 ― 아무리 해도 마음이 끌리지 않는다.

4️⃣ 바빠서 생각할 겨를이 없다 ― 또 와 주었으면

5️⃣ 잘 모르겠다 ― 그 상품을 써본 일이 없어 불안하다. 잘 알아보고 하자.

6️⃣ 과거에 재미 본 일이 없다 ― 그것을 사서 혼이 난 일이 있다.

7️⃣ 세간의 평판이 좋지 않다 ― 그대가 취급하는 상품은 인기가 없어서

8 이것은 안 팔린다 ― 이런 불경기에서는 안 된다. 처음 듣는 상표의 상품이군.

9 아무개가 반대한다 ― 사장과 상의해 보겠으나 거의 어렵다고 생각한다.

10 다른 상점과 약속돼 있다 ― 그 상점에서 사기로 했다. 주문이 끝났다.

11 생각날 때 직접 산다 ― 그렇게 권유받는 것은 싫다.

12 가격이 비싸다 ― 마진이 적다. 지불조건이 나쁘다.

13 상품이나 회사가 나쁘다 ― 이러한 결함이 있기 때문에

14 서비스가 좋지 않다 ― 옆집에서는 더 깎아 준다.

15 시기가 나쁘다 ― 지금은 무리이다.

대개 손님의 거절 문구는 당연한 것이 있는가 하면, 그렇지 않은 변명적인 것도 있다. 미숙한 상인은 이 같은 거절 문구를 액면 그대로 받아들이고 상대의 진의를 파악하지 못하므로 판매의 기회를 놓치고 마는 것이다.

이 같은 거절 문구 뒤에 숨어 있는 상대의 반대 근거를 하나씩 제거해서 '아니오'를 '네'로 바꿔 나간다. 여기에 판매화법의 가치가 뒤따르는 것이다. 거절 문구를 들을 때는 그래도 좋다. 만약 상대가 끝까지 침묵으로 일관하고 있다면 어떻게 대처할 것인가? 손님이 묵살하지 않고 무엇인가 거절의 문구를 말하고 있는 것은 그래도 고마운 것이다. 설득할 수 있는 여지가 있기에 말이다.

가령, "우리는 말이죠, 아무 데하고 대대로 거래하고 있기 때문에 거절합니다." 하고 말하면, "과연 예상대로 손님은 좋은 단골을 갖고 계십니다. 그 집은 훌륭합니다. 다만, 제가 가져온 이 상품에는 이러이러한 특징이 있으므로 해서……" 하고 독자적인 특징과 애프터 서비스나 지불조건의 차이 등을 강조한다. 그리고 시험적으로 소량의 구입을 권유한다. 비근한 실례를 들면서, "저희와 특별한 관계가 있는 어느 회사에서도 댁의 단골 점포와 오랫동안 거래를 하고 있습니다만, 앞으로 저희 것을 함께 시험적

으로 써달라고 부탁드리고 있습니다."라고 권유해 본다.

"내가 그곳하고 오랫동안 단골로 거래하고 있는 것을 그대가 잘 알고 있을 텐데……그것은 무리라구…….." 하는 상대에게는 "네, 그 점은 잘 압니다. 잘 알면서 이렇게 귀찮게 해드리는 것은 이 상품에 대해 꽤 자신이 있기 때문입니다. 시험삼아 꼭 한 번 써보시기 바랍니다."

"그러나 가격이 비싸서 안 되겠는걸."하고 말한다면 "만약 애프터 서비스를 안 해도 되는 것이라면 혹 비싸다고 말씀하셔도 드릴 말씀이 없습니다. 이 상품은 사시고 난 다음 책임을 3년간 저희가 지게 돼 있습니다."라고 설명을 하든가, 또는 다음과 같이 덧붙인다.

"값을 깎으시고 나쁜 상품을 사시기보다 팔기 쉬운 좋은 상품을 사놓으시는 편이 좋지 않겠습니까. 이 상품은 쉴새 없이 잘 팔리고 있습니다."

④

거절하는 사유를 분석하라

점포에서의 판매일 경우, 세심한 상점 주인이라면 점원에게 일러서 손님이 말한 것은 아무리 미미한 사실이라도 메모를 해서 보고하게 한다. 자기 점포의 상품에 대해 손님이 어떤 질문을 했는지, 또 점포에 대한 불만이나 불평도 좋다. 그와 같은 손님의 소리를 경영주는 알고 싶은 것이다.

더욱이 상품에 대한 질문은 광고 문안의 힌트가 될 것이다. 되도록 상점으로서는 손님이 알고자 하는 것, 손님의 관심이 어디에 있는가를 알아서 이에 대답할 수 있는 광고를 하면 효과적이다. 그러면 그 상점의 광고는 읽히고 상품도 잘 팔릴 것이다.

방문 세일도 이와 동일하다. 손님이 거절하는 사유를 분석하고 상대가 품고 있는 의문에 대답하든가, 오해를 풀어 나가는 연구를 하면 좋은 것이다. 상대는 어째서 거절했는가, 어떤 이유와 어떤 명목으로 거절하고 있는가 등의 사례를 다각도로 조사해 볼 필요가 있다. 이것이 명백히 판명돼야 비로소 손님의 거절에 따른 대책이 강구될 수 있기 때문이다.

외국의 어느 전기기구 메이커가 평면 텔레비전을 판매하기 위해 평면 텔레비전에 대한 구매자의 거절사유를 조사한 것이 있다. 다양한 반응을 간추려 보면, 대충 다음 20개 항목으로 나누어 볼 수 있다.

1. 지금 바쁘니까 나중에 봅시다.
2. 평면 텔레비전은 사치스럽다.
3. 지나치게 비싸다.
4. 경제적으로 여유가 없다.
5. 다른 데 지불하는 것이 많아서 곤란하다.
6. 우리 집에선 아직 이르다.
7. 이웃이나 친척 중에 아직 사놓은 사람이 없다.
8. 좀더 기다리면 더 좋은 제품이 나올 것이다.
9. 좀더 기다리면 더 싸질 것이다.
10. 내년쯤으로 생각하고 있다.
11. 지금 있는 것이 못쓰게 되면 사겠다.
12. 지금 있는 것은 산 지 얼마 안되었다.
13. 어린아이가 텔레비전에만 매달리게 될 것이므로 곤란하다.
14. 집이 비좁아 놓아 둘 데가 없다.
15. 가족 중에서 누가 반대하기 때문에 안 산다.
16. 전부터 거래하는 점포가 따로 있다.
17. 산다면 도매값으로 살 생각이다.
18. 다른 메이커 것이 좋다.

19 이 제품 메이커는 지명도가 약하다.

20 살 때는 댁한테 부탁하겠다.

이 같은 손님 쪽의 거절사유를 판단할 수 있다면 이에 대해 어떻게 대응하는 것이 좋을 것인지를 연구할 수 있게 된다. 전기 메이커에만 국한하지 않고 대부분의 기업이 이처럼 손님이 구매를 반대하는 사례를 조사해 놓고 이에 대한 대응화법을 연구, 준비하지 않으면 안 된다. '우리 집에선 아직 이르다', '이웃이나 친척 중에 아직 사놓은 사람이 없다'는 것은 동일 사실을 뒤집어 놓은 것 같으나, 사실의 본질은 아니고 다만 상대방이 말한 것을 그대로 옮겨 본 것이다. 그렇게 하지 않으면 대응화법을 생각해 내기가 어렵다.

이번엔 서비스를 판매하는 예로 우편저금의 경우를 들어 본다.

1 저금할 만큼의 여유가 없다.

2 이자가 너무 싸다.

3 우체국이 불친절하다.

4 은행을 이용하고 있다.

이 같은 항목의 거절이 있을 것은 예상하기 어렵지 않으나, 우편저금의 권장도 거절당한 현장에서 직접 구체적으로 수집하지 않으면 실천에 도움 되는 안내서를 만들 수 없다.

앞의 예상은 물론, 손님이 말하는 반대 의견을 잘 듣는 것으로써 설득의 포인트를 포착할 수 있고, 앞으로의 세일 활동을 보다 용이하게 전개할 수 있다. 때문에 상대방이 어떤 말을 하더라도 기분을 상하거나 감정으로 발전시킬 필요는 없다.

충고를 해오면, "솔직히 말씀해 주셔서 감사합니다." 하고 예의를 갖춘다. 때로는 "저는 선생님처럼 느끼신 바를 그대로 정직하게 말씀해 주는 분을 좋아합니다."라고, 역으로 치켜세우는 일도 나쁘지 않다. 손님 입장에서 보면, 흥미와 관심이 있기 때문에 반대도 하고 불평도 말해 보는 것인지 모른다.

그러므로 세일즈맨은 이같이 거절당하고 반대에 직면해도 그것이 상품 판매의 찬스임을 생각할 일이다. 그리고 이때의 화법을 연구, 준비해 둘 필요가 있다. 이것이 바로 대응화법이다. 다만, 상대방이 어떤 거절이나 어떤 반대를 해도 그 말을 액면 그대로 받아들일 수 없는 것이 있다. 그것이 거절의 구실이거나 거절을 위한 이유이고 본심은 따로 있을지 모르므로 세일즈맨은 상대방의 본심이 어디 있는지 그 진의를 재빠르게 포착하는 데 신경을 써야 한다.

여러 가지의 대응화법

상대로부터 거절당한 경우와 손님의 반대에 부딪친 경우에는 이에 어떻게 대응해 나갈 것인가? 바로 이때 세일 화법이 등장한다. 세일 화법에는 7개의 기본형식이 있다. 이것을 구사하면서 상대에 대응해 나간다. 그러기 위해 이 세일 화법의 기본형식을 그대로 대응화법의 기본으로 생각해도 별 지장은 없을 것이다. 이 화법 형식의 기본을 소개한다.

① 질문법

이쪽에서 일방적으로 말하면 강제하는 듯한 인상을 주기 쉽다. 또 길게 말을 늘어놓으면 친밀감도 생기지 않는다. 일방교통이 아닌 질문법을 붙인 의사교환의 화법이 효과적임은 물론이다. 상대의 참뜻을 알기 위해서도 질문법을 덧붙이는 것이 바람직하다.

"지금 말씀하시는 중에는 놀라운 아이디어가 포함돼 있어 흥미 있습니다. 그것은 누가 생각하신 겁니까? 어디선가 실험해 본 적이 있는지요?"

② 예화법

추상적인 설명보다는 구체적인 예를 들어 보이는 편이 설득력이 강하다. 특히 상대방의 반대의견을 처리하는 데 효과가 큰 화법이다.

"그런 걱정이시라면 염려 없습니다. 잘 아시는 아무개 댁에서도 처음엔 그런 걱정을 부인께서 하셨는데, 최근에 와서는 전혀……."

③ 자료활용법

실례를 들어 보이지 않아도 상대의 반대에 대응한 자료가 있으면 그것을 보이면서 설명하면 효과적이다. 시각에 호소하면서 말하면 이해를 촉진할 수 있다. 그러나 상대의 반대에 대응하기 위한 방법으로는 대화 중에 문득 생각난 듯이, "아아, 그런 것이라면 바로 여기에 최근 조사한 통계를 갖고 있습니다."

④ 부정법

상대가 말하는 것이 틀리면, "아니죠, 그렇진 않습니다." 식으로 부정하는 화법이다. 세일의 경우에는 상대의 성격 등을 고려해서 분명히 부정하면서도 어느 정도 부드러운 말씨를 써서 말하는 것이 좋다.

“아마 농담이시겠죠. 여유 있는 분들은 모두 그렇게 말씀하시는 게 사실이긴 합니다.”

⑤ 묵살법

한쪽 귀로 듣고 한쪽 귀로는 흘리는 법이다. 상대가 계속 반대를 해도 말하는 모든 것이 의식적인 것이라고 단정할 수는 없다. 인간은 누구나 그렇지만 어떤 박자에 따라 생각지 않게 반대의 말을 늘어놓을 수가 있다.

그 중에는 가벼운 터치의 농담과 같은 반대도 있을 것인데, 그것을 세일즈맨이 정색으로 받아 응수하면 상대도 반항심이 생겨 이번에는 정색으로 반대할 것이 틀림없다. 그러므로 “아뇨, 의외의 말씀이신데요. 그래서 요전에 귀한 손님을 만났습니다. 아마 잘 아실텐데요.” 식으로 상대가 관심을 가질 것 같은 다른 이야기로 화제를 옮겨가는 것이다.

⑥ 메아리법

상대의 반대를 일단 솔직히 받아들이고, “그렇기 때문에……” 하고 이쪽의 페이스로 끌어들이는 화법이다. 이렇게 하여 상대가 반감을 갖지 않도록 배려한다. 그렇게 하면 다음의 이야기가 일층 쉽게 진전될 수 있다.

“말씀하신 바로 그대롭니다. 그렇기 때문에…….”

⑦ 긍정 후 부정법

상대의 반대에 대해 처음부터, “그것은 틀립니다.” 라고 퉁명스런 태도로 반박하면 감정적으로 대립하고 만다.

그러므로 일단 “네, 그대롭니다.” 하고 긍정해 둔다. 이 점이 메아리법과 동일하나, 그 후에 "그러나……." 라고 자기 의견을 말하든가, 또는 사실을 들어 반증해 나가는 방법이다.

"물론, 손님의 입장도 잘 알겠습니다. 그러나 여유가 없다는 말씀인데 월부로 쓰실 수 있는 방법이 없는 게 아닙니다."

이상의 설명이 세일 화법의 기본형식이다. 손님이 거절할 경우라든가, 상대의 반대를 처리해 나가기 위한 화법이다. 이 화법은 상담에서는 상품 설명에서 시작, 결말을 지을 때까지 구매가 결정되느냐 안 되느냐, 계약이 성립되느냐 안 되느냐에 신중한 승부를 걸고 있는 단계에 있어서의 모든 대응화법의 기본적인 타입이다. 세일 활동을 중시하고 있는 기업에서는 손님이 반대하는 이유, 상대가 거절하는 이유 등을 되도록 많이 수집해서 그 것을 사내에서 검토하고 대응화법의 자료로 쓴다면 매우 효과적일 것이다.

재방문의 여운을 남겨라

서양 속담에 "최초의 판매에서는 인간적인 접촉을 꾀하고, 두 번째부터는 이익을 추구하라"는 말이 있다. 최초부터 큰 성과를 올리려고 하는 지나친 적극형의 세일즈맨은 손님과의 인간적인 접촉도, 목표한 이익 추구도 포착할 수 없다. 첫 방문에서는 상대방의 태도에 따라 상황을 판단한다.

1. 오늘은 어느 정도까지 이야기를 진척시킬 것인가? 이러저러한 이야기로 워밍업에 그칠 것인가?
2. 시간은 또 있는지의 여부, 또는 내친 김에 본론으로 돌입할 것인가?

3　훗날의 재방문을 약속하고 이 정도로 끝내고 돌아갈 것인가?

　이상과 같이 상대의 반응을 파악하고 판단을 내리지 않으면 안 된다. 상대가 장단을 맞춰 주기 때문에 오래 끌 수 있다고 할 수 없고, 상대가 냉담하다고 하여 간단히 끝내야 한다고 할 수가 없다. 이때의 판단이 심히 어렵다. 어떻든 돌아가지 않으면 안 된다고 판단하면 내쫓김을 당하기 전에 선수를 치고 일어선다. 이것이 세일즈맨이 일단락 짓는 정석(定石)인 것이다. 그러나 자리를 뜰 때는 두 번째 방문이 쉽도록 배려한다. 인간관계는 만나기보다 헤어질 때가 중요하다. 가령, 거절당해도 깨끗이 자리를 뜨면 재방문이 쉬워진다.
　두 번째 방문할 때는, "지난번엔 결례가 컸습니다. 그때 일을 반성했습니다만, 제 설명이 아무래도 부족했던 것 같습니다." "그 후에 좀 곰곰이 생각했습니다만, 좋은 생각이 떠올랐습니다." 식으로 상담의 기회를 포착해 나간다. 이 같은 수완을 발휘할 수 있는 것도 첫 번 방문 때의 예의가 좋았기 때문이다.
　재방문 때에 주의해야 할 점을 들어 본다.

1　지난번 방문 때의 화제를 잊지 않고 그 이야기를 꺼낸다. 다만, 지난번에 거절당했다면 그때 거절당한 일을 되뇌일 필요는 없다.
　"어떻습니까? 후에 생각을 바꿔 보셨는지요?" 하고 묻는 것은 어리석은 방법이다. 다른 각도에서 말머리를 꺼낸다.

2　약속된 방문시간은 반드시 지킨다. 시간을 못 지키는 것만으로도 재방문의 노력이 반감된다.
3　지난번 부탁받은 것이나 약속한 것은 반드시 해결해 갖고 간다.
4　지난번 방문 때 손님으로부터 받은 의문에 대해 적절한 해결책을 준비해

둔다. 문제해결을 위해 방문하는 것이다.

5 상대의 취미나 특기 등에 대해 다시 한 번 캐물을 수 있도록 준비한다. 상대가 골프에 열중하는 사람이면 이쪽에서 비록 골프를 못 쳐도 골프에 대한 간단한 지식 정도는 갖추고 방문한다.

6 지난번보다 새로운 화제를 제공한다.

"또 찾아뵙게 됐습니다."는 식의 재방문은 곤란하다. 항상 면접은 신선한 것이 아니어서는 안 된다.

7

불평을 처리하는 요령

손님의 불평불만을 처리할 때, 다음과 같은 점에 주의한다.

첫째, 상대방 입장에 서서 냉정하게 열심히 듣는다. 상대가 이야기를 끝낼 때까지 열심히 들어 준다.

상대가 한 마디 하면 그것을 가로막아, "아녜요, 그것은 말이죠……." 하고 변명하든가, 이유를 억지로 말하든가, 책임회피의 말을 하지 않도록 한다. 상대는 이쪽의 변명을 듣고 싶은 것이 아니다. 불평의 구체적인 처리를 추구하고 있을 뿐이다. 노하고 있는 손님에게 빈정거리는 웃음을 보여서는 안 된다. 진실한 얼굴표정으로 듣는다.

또한 흥분하고 있는 손님의 형편에 맞춰 이쪽마저 흥분해서는 안 된다. 처음에는 조용히 불평을 말하는 손님이라도 이쪽이 안색을 바꾸면 점차 안색이 변해 간다. 목소리의 성조도 높아진다. 성난 감정이 물결을 타면 냉정한 응대는 기대할 수가 없다.

불평을 말하는 손님에게는 어떻든 노한 감정을 전부 털어놓게 한다. 불만토로를 받아들이는 입장이 된다. 조용히 들어 주면 노한 손님도 점차 감정이 풀려 간다. 냉정과 평온을 되찾은 손님은 "점잖지 못하게 소릴 질렀군……." 하고 후회한다.

상대의 기분이 조용히 가라앉은 때, 이쪽의 의견을 말하면 상대도 이쪽에서 하는 말에 귀를 기울여 주게 된다. 상대가 불평을 모두 말한 후, "정말 죄송합니다. 어려우시지만 저희가 미흡했던 점을 다시 한 번 일깨워 주십시오." 라고 말한다면 "응, 결국 이런 것인데……." 하고 불평을 되풀이 말하는 중에 상대의 흥분도 가라앉을 것이다. 불시에 자기가 잘못 말한 것을 느낄 수 있을 것이다. 상대의 불평을 들을 뿐 아니라, 상대가 불평을 말하면 그 불평의 이유를 충분히 이해하고 있음을 알려 준다.

"못마땅해하신 점은 바로 이런 것이죠. 손님께서 말씀하시는 것은 너무나 당연한 말씀입니다. 제가 손님의 입장이라면 저 역시 그렇게 생각할 것입니다. 기분도 나쁠 것 같습니다. 죄송합니다."

둘째, 불평의 뒤에 숨겨진 참된 원인을 찾아내지 않으면 불평의 진정한 해결은 불가능하다.

셋째, 대책을 생각한다. 상대의 입장에 서서 "어떻게 하면 상대의 불만을 해결할 수 있을까." 하는 것을 구체적으로 생각하고, 재빠르게 행동으로 옮기지 않으면 안 된다. 상대는 변명보다 어떻게 해줄 것인가를 알고 싶은 것이므로 "이렇게 하겠습니다." 하는 것을 분명하게 상대방에게 전해 준다.

"네, 잘 알겠습니다. 어떻든 배전의 지도와 편달을 바랍니다." 라는 식으로 정치가다운 말을 하지 않는다.

"그럼, 내일 3시까지 수리해 드리겠습니다." 라고 하든가, "곧 일을 착수해서, 늦어도 오늘 저녁까지는 새로운 제품을 배달해 드리겠습니다." 라고 구체적으로 대답한다.

이 같은 해결책을 듣지 못하는 한, 손님의 불만과 불신은 해소되지 않는다. 한때의 잘 수식된 말로 손님을 달랬다 해도 사후의 처리를 신속히 하지 않으면 세일즈맨은 모처럼의 손님을 계속해서 놓치고 말 것이다. 또, 이러한 세일즈맨이 끝까지 성공의 가도를 달릴 수는 결코 없는 노릇이다.

불만처리의 요령은 손님으로 하여금 "아아, 불만을 잘 말했다." 하고 스스로 느끼게끔 하는 것이다. 손님에게 만족감을 주는 세일즈맨에게는 무수한 손님이 기다리고 있는 것이다.

만족감을 파는 세일

세일즈맨의 임무는 단순히 손님에게 상품을 파는 것만은 아니다. 최종적으로는 손님에게 만족감을 팔아야 하는 것이다. 그러나 모든 손님이 다 만족한다고 볼 수 없다. 이쪽에 전화로 호통을 치든가, 대금을 지불할 때 끈덕지게 불평을 해대는 수가 많다. 세상에 바닷가의 모래만큼 많은 것이 인간의 불평이다.

"난 20년간 세일에 종사해 오지만 지금껏 단 한 번도 불평을 들어본 적이 없어요." 라고 말하는 사람이 있을지 모른다. 그것은 손님이 직접 상면해서 불평을 말하지 않은 것뿐이다. 의외로 아무 말 없이 그 세일즈맨의 고객명단에서 은근히 자취를 감춰 버린 것은 아닌지. 불평을 말하지 않고 잠자코 자취를 감추는 손님이 가장 두렵다. 이쪽에 심히 꾸짖어 대는 손님은 그래도 아직 고맙다고 생각하지 않으면 안 된다. 손님의 불평을 능란하게 다루면 상대가 이쪽의 고객 명단에서 자취를 감출 일은 없다.

어떤 세일즈맨이건 처음의 판매를 강제적으로 해치우지 않는 사람은 없다. 그러나 판매의 참된 성공은 손님으로부터 계속 찾게 하는 데 있다. 손님의 불만을 잘 다루는 세일즈맨은 계속 손님을 끌어당길 수 있다. 대체 손님은 어째서 불평을 말하는 것인가? 그것은 구하는 것을 얻지 못할 때 일어나는 욕구불만이 마음속에 개운치 않게 남아 있기 때문이다. 손님의 욕구불만은 불평의 언사로 표현된다. 그러므로 불평을 싫어하든가, 피하지 말고 손님의 불평을 진실하고 솔직하게 받아서 멈추게 한다.

불평의 처리는 반드시 다음의 판매 찬스를 만든다. 불평의 처리에서 바보짓을 하여 손님을 성나게 하면 손님과는 영원히 인연을 끊게 된다. 불평이 잘 처리되어 만족한 손님은 헤아릴 수 없는 많은 손님을 이쪽에 소개해 줄 것이다. 그러므로 손님이 불평을 말할 때는 불평의 참된 원인이 무엇인가를 분명히 포착하지 않으면 안 된다.

불평에는 두 가지가 있다. 하나는 상대가 착각할 때이고, 다른 하나는 무리로 말할 때이다. 그것은 상품설명을 잘못 들었든가, 계약조건을 잘못 본 데서 나오는데, 어떻든 오해에 근거를 두고 있는 것이다. 그러므로 상대는 희롱으로 불평을 말하고 있는 것이 아니라 진정으로 불평을 말하고 있는 것이다.

"아니에요, 손님. 손님이 잘못 생각을 하시는 겁니다. 이런 일은 절대로 없습니다." 등으로 처음부터 변명하든가 반격하면 상대의 노여움에 불을 붙이는 격이 된다.

"뭐가, 잘못이라구? 잘못을 한 건 당신 쪽이란 말이야!" 하고 노여움의 감정이 번지고, 마치 어린애 싸움처럼 되기 쉽다. 이 같은 응대가 가장 조잡한 것이다. 설령, 상대가 잘못이고 이쪽이 정당해도 먼저 사과부터 한다.

"네, 그렇습니까. 대단히 죄송합니다." 하며 조용히 상대가 말하는 것을 귀담아 듣고 상대가 잘못 생각한 점을 은근하게 알려 준다. 그때, 상대가 어떤 사실을 모르기 때문에 하는 불평이라도, "손님께서 그걸 모르시기 때문입니다. 그래서 불평을 말씀하시는 거죠." 식으로 말하지 않고, "네,

알겠습니다. 저의 설명이 미흡한 탓입니다. 뭐라 말씀드려야 할지 모르겠습니다. 죄송합니다." 하는 식으로 어디까지나 상대방에게 꽃다발을 안겨주도록 배려해야 한다.

어떻든 불평을 받을 때는 훌륭한 청자가 되고 상대방 불평의 원인을 확실히 파악한다. 상대방 입장에서 듣는 것이 불평을 받아들이는 가장 중요한 포인트이다. 숙달된 세일즈맨이 불평을 처리하는 지름길은 듣기를 80%, 말하기를 20%로 한다. 자기 입장만을 지키면 상대의 불평을 들어도 문제된 손님의 불평 처리에는 아무 도움이 안 된다. 왜냐 하면 불평은 어디까지나 손님의 것이요, 욕구불만 역시 상대방 자신의 것이기 때문이다.

또한 이쪽이 잘못하고 상대의 지적이 올바른 때가 있다. 이때, 변명은 필요 없고 솔직히 상대의 정당성을 인정하고 재빠르게 사과할 일이다.

그렇게 하겠다고 일단 약속을 했으면 반드시 약속대로 실행해야지, 그렇지 않으면 불신의 상태는 더 깊어지고 마침내 구할 수 없는 지경에까지 이르고 만다. 그 약속이 신속하게 해결됐다면, "좀 마음에 드시는지요?" 하고 한 번쯤 상대의 의향을 물어 본다. "이제 됐어요." 하고 말하면, 상대가 기분 좋은 때를 놓치지 않고 곧 다음 주문을 받는 세일즈맨이 실상 없지 않을 것이다. 전화위복의 본보기가 바로 이 경우이다.

반대의사를 존중하라

거절당하든가 반대에 부딪힐 때 당황한 나머지 즉각 공격에 임해서는 안 된다. 어째서 그러는가를 자문해 본다. 반드시 이유가 있기 마련이다. 상대가 정신이상이 아닌 한 이유 없이 거절할 까닭이 없다. 그 이유의 참된 근거를 찾아내고 반대의 참된 포인트를 포착한다. 그리고 자기가 쓴 방법이 정당했는지의 여부를 반성해 보는 것이다. 이쪽 설명을 상대가 완전히 이해하고 있는지 어떤지, 반대를 불러일으킬 것 같은 방법은 아니었는지, 거절당하고 어떻게 했는지.

성공한 세일즈맨은 이 같은 자기 반성에 의해 거절의 벽을 허물고 의기소침에서 탈출하는 계기로 삼아 나갔다. 그들의 빛나는 실적은 자기 반성을 되풀이하는 데서 쌓여져 나갔다. 시장의 불황, 구매력의 감퇴, 덤핑하는 사람의 방해, 고객의 오해, 상품의 결함, PR의 부족, 소비자 운동 등, 팔리지 않는 구실을 내세우기에 앞서 조용히 자기의 방법을 되돌아보는 사람은 언젠가 판매 찬스를 포착한다.

반대에 직면하면 상대방의 이야기가 끝날 때까지 소리 높여 항변하지 않는다. 듣고 있는 중에 상대가 거절하는 이유나 근거를 알게 된다. 일단 상대의 의견에 찬성의 뜻을 표시해 놓고, 다음에 반격으로 옮기는 것이 정석(定石)이다. 다만, 남을 압도하는 이야기의 힘으로 상대방 감정이 치솟아 최종적인 말을 하게 해서는 안 된다.

"나는 안 산다고, 안 산다고 하면 절대로 안 산다고."

상태가 바람직하지 못하면 재방문을 기약한 채 자리를 뜬다. 판매는 한 번으로 승부를 끝내는 갬블(gamble)이 아니다. 다음에 말하는 반대를 당한 때의 대응화법의 기본형은 세일즈맨의 상식으로 되어 있다. 그러나 전문적 세일즈맨이 아니더라도 누구인가를 설득하고 무엇인가를 판매하기 위해 부탁이나 교섭의 입장에 서는 사람은 이 같은 화법의 형태를 기억해 둘 필요가 있다.

❶ 질문형

어째서냐고 물어 보고, 반대이유를 캐내는 화법이다. 침묵을 능사로 삼는 사람이면, 질문을 해야 이유를 파악할 수 있다.

"이제 가 봐야겠습니다. 뭐, 미심쩍은 점은 없으신지요?" 하고 캐내는 질문을 던져 본다.

"아뇨, 그건 필요 없는데요." 하고 말하면, "어디가 마음에 안 드시는지요?" 하고, 도무지 알 수 없다는 듯이 질문한다.

"이런 까닭인데……." 하고 대답하면, "네, 그렇죠. 당연한 말씀입니다. 사실 그 점은……." 하고 설명의 실마리를 삼는다.

모든 노력을 다 기울였으나 결국 실패했을 때 "그럼, 가보겠습니다. 제가 잘못한 점을 충심으로 사과합니다. 귀중한 시간을 내주셔서 감사합니다." 하고 상대를 안심시키고, "저도 이것으로 일가를 꾸려 나가고 있기 때문에 두 번 다시 이와 같은 잘못을 저지르고 싶지 않습니다. 죄송합니다만, 저의 어디가 틀렸는지 가르쳐 주셨으면 합니다." 하고 질문한다.

상대가 어떤 의견을 말하면 "아, 그 점을 제가 충분히 설명드리지 못했군요." 하고, 곧 두 번째 설명의 계기로 삼는다.

② 되받는 형

반대의견을 세게 던지지 않고 일단 상대의 의견에 동의하는 듯한 포즈를 취한 다음 되물어 나가는 화법이다. 이것은 미국 생명보험업계의 피아스 브루크 박사가 이름 붙인 '예스 벗(Yes, but)식'이라 부르는 화법이다.

"과연 말씀 그대로입니다. 잘 알겠습니다. 그러나 이러한 점도 꼭 생각해 주셨으면 해서……."

"네, 당연한 의견입니다. 저도 그렇게 생각하지 않을 리가 없습니다. 어떤 조건이 따르는 한, 댁의 의견이 옳습니다. 그러나 이 같은 견해는 어떻겠습니까?

또, '예스 이프(Yes, if)식'이라 부르는 화법이 있다.

"소형의 새차는 아무래도 살 필요가 없다고 하시는데, 과연 말씀하신 대로일지 모릅니다. 만약 이것이 대형차로, 가격도 비싸고 기름도 많이 먹히고 유지비가 많이 드는 차라면 주저하시는 게 당연합니다. 그러나 이것은……."

"과연 당연한 말씀입니다. 만약 이 식기가 결혼할 때만 쓰는 것이라면 손님 말씀이 맞습니다. 그러나 이 식기는 손님들 접대용으로 쓰는 것이기 때문에 말이죠……."

③ 역전형

상대의 거절문구를 그대로 이용, 역효과를 올리는 화법이다.

"돈이 없어요. 있을 법한데 없는 것이 돈이란 말이요." 라고 말하면, 그 말을 받아 곧, "농담이시죠. 없을 법한데 있는 것이 돈이거든요."라고 말한다.

"아무래도 현재의 조건으로는 무리예요."라고 말하면, "그럼, 이 상품의 가치와 필요를 인정해 주시는 거죠. 대단히 감사합니다."라고 응대한다.

④ 묵살형

상대의 반대의견을 한쪽으로 듣고 한쪽으로 흘려 보내는 형이다. 거절하는 문구 등을 두려워하지 않고, "아, 그렇습니까?" 하고 가볍게 응대말로 대응하고, "따라서 이 제품의 취급방법인데요……." 하고 차근차근 설명을 해나간다. 세일의 능수쯤 되면 듣지 않고 있는 듯 멍청히 있다가 자기 형편이 좋지 않은 대목에 이르면 크게 웃어 버리고 교묘하게 화제를 바꿔 나간다.

이상의 화법을 암기해도 현실에서는 그대로 적용되지 않는다. 아무래도 이야기의 장면에 맞게 응용할 일이다. 화법이란 어디까지나 자기 자신이 몸소 시도하고 체득하는 것이기 때문이다.

4. 커뮤니케이션과 설득력

"방법을 알면 사업이 용이하다."

헤 겔

인간의 행동은 목적이 있다. 세일은 상품을 파는 것이 목적이다.
목적 달성을 위해 노력하는 것은 인간이지만, 그 인간은 목적 달
성을 위해 여러 가지 수단을 사용한다. 세일은 인간이 행하는 작
업의 하나이지만, 이것도 목적을 달성하기 위해 수단을 사용한다.
인간의 능력은 묘안을 꾸며내는 솜씨와 아이디어가 어느 정도냐
하는 것과 그 수단을 적극 사용하려는 의욕을 어느 정도 갖고 있
느냐로 평가한다.

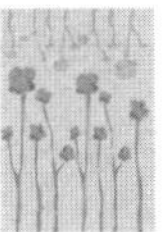

①

· · · · · · · · · ·

어프로치의 방법

세일즈맨이 손님을 맞는 최초의 단계를 어프로치라고 한다. 어프로치란 상대에 가까이 접근한다는 뜻이다. 거듭되는 어프로치면 좋으나 첫 대면이면 매우 어렵다. 특히 직접 판매의 경우, 경계하는 눈치고 만나 주지 않을 때가 많다. 상대방이 경계하면서 좀처럼 만나 주지 않으려 하고, 또 겨우 만났다 해도 이때 첫인상으로 실패하고 만다면 회복하기가 대단히 힘들다. 그렇다고 해서 소심하게 면회를 청하면 매력 없는 인간이라 생각되기 쉽다. 여기서는 상품보다 먼저 자기라는 인간을 파는 단계이다.

어프로치의 목적은 면담을 허락 받는 일이다. 어떻든 먼저 만났으면 하는 것이다. 면담을 요청할 때는 미리 판매 상품을 명시하여 설명하는 편이 면담의 효율을 높이는 것이나, 생명보험과 같이 면담에 들어가기 전에 거절당하는 확률이 높은 상품을 설명하고 상품을 사도록 서둘러 대면 면담을 피하는 일이 많다. 여기 참고로 어느 생명보험회사의 어프로치의 원리를 소개한다.

1. 오늘은 무엇을 팔러 온 것이 아니라는 것을 보증한다.
2. 목표 손님을 마음 편하게 하고, 싫어하는 것을 깨끗이 씻어 준다.

3 　무엇을 팔려고 하는 눈치는 전혀 보이지 않고 약간의 긴장감을 준다.

4 　목표 손님에게 이익이 될 어떤 아이디어를 제시한다.

위와 같이 면담을 청하고 면담이 성공할 것만을 목적으로 한다. 상품이 아닌 사람을 판다. 때로, 세일즈맨인 것도 알리지 않는다. 방문판매는 단도직입적인 경우와 소개장을 갖고 가는 경우가 있다.

인간에게는 경계본능이 있고 초면의 사람이면 누구나 경계심을 갖는다. 어떤 사람인가, 무엇을 강매하려 드는 건 아닌가, 부정상품은 아닌가 등 경계심으로 가득 차기 마련이다. 이것이 무리는 아니다.

세일즈맨으로서는 되도록 상대가 경계하지 않도록, 또 경계를 당하더라도 빠르게 경계가 풀어지도록 노력하는 것이 어프로치에 성공하는 비결이다. 역시 초면의 인물에게는 외관으로 판단할 길밖에 딴 방법이 없으므로 말씨나 화법뿐 아니라 복장·태도·용모 등에도 신경을 써야 할 것이다.

"날씨가 매우 덥습니다."

"날씨가 좀 서늘해서 좋습니다."

따위로 날씨에 따른 인사가 최초의 인사로는 적당하다. 때로는 진부한 것이 될지 모르나, 최초의 인사는 꼭 필요하다. 왜냐하면, 한두 마디 말을 건네면 어투나 인사법에 의해 사람됨이 밝혀지는 것이다. 상대는 이것으로 얼마간 안심할 수 있기 때문이다.

단도직입의 갑작스런 방문이면 처음 얼마간 상대의 불안스런 경계가 당연하나, 이것을 완화하는 방법은 미리 조사해 둔 상대가 알고 있는 사람의 이름을 대화 중에 삽입하는 것이다.

세일즈맨이면 상면하자마자 상대의 성격이나 그 순간의 상황을 즉각 알아 낼 수 있는 판단력이 갖춰져 있어야 한다. 인간의 성격은 천차만별이다. 형식주의의 관료 타입, 형식에 구애받지 않는 야인 타입, 속마음 떠보는 걸 싫어하는 타입, 남의 조언을 기뻐하는 소탈한 타입, 빈틈없으나 변하기 쉬운 타입, 무뚝뚝하고 정이 안 가나 책임감이 강한 타입 등 실로 다양하다.

또 직종이나 계층에서 오는 차이도 많다. 기술계통의 엔지니어라면 재료나 제조공정에 흥미와 관심을 갖지만, 일반 셀러리맨이나 직장여성이면 색채나 디자인 등 감각적인 것에 더 관심을 갖는다.

그리고 그때의 상대방이 처한 상황이다. 분망한 작업이나 어려운 문제에 직면하여 초조할 때와 작업이 일단락 지어져 좀 한가해진 때는 상대의 기분이 크게 다르다. 되도록 그런 때를 택해야겠다.

그러나 전자의 경우에는 이야기를 간결하게 좁히고 요령 좋게 또렷이 말한다. 후자의 경우에는 상대는 비교적 여유 있는 기분으로 이쪽의 이야기를 들어줄 것이므로, 이 경우는 순서를 따라 설명하고 충분히 납득하게 해준다.

세일즈맨은 손님을 처음 만나면 정중하게 인사를 하고 자기 소개를 하면서 명함을 내놓는 것이 보통이다.

판매개척과 세일에 성공하기 위해 먼저 목표 손님을 발견하는 것이고, 목표 손님과의 면담을 스무드하게 행하기 위해서는 그 손님에 대한 충분한 조사를 해놓고 어프로치를 시도하게 된다. 첫 방문이 아니고 2회, 3회 계속 방문할 때도 상대에 대한 조사가 되어 있으면 면담 성과를 올리기 쉽다.

어프로치에 성공한다는 것은 상대에 접근하는 것만이 아니라 상대와 공통하는 면을 함께 찾는다는 것이 된다. 고향이 같다든가, 출신학교 동창 중에 아는 사람이 있다든가 하는 일이 흔히 있으나, 그렇게 바람직한 것은 아니다. 그러나 취미나 스포츠라면 상대의 기호를 파악하여 거기에 적응할 수가 있다. 공통하는 것으로 가장 효과적인 것은 상대와 이쪽 사이에 공통으로 아는 사람이나 친구가 있을 때이다. 공통하는 사람이 있다면 접근이 빨라지고 세일즈 활동이 매우 쉬워진다.

소개장 같은 것은 소개자가 양쪽을 다 알고 있어서 유력한 공통의 근거가 됨을 입증하고 있다고 본다. 단지 소개장 같은 것에 지나치게 의존하면 반대로 실패할 수도 있고, 또 최근에는 피상적인 소개장으로는 상대의 기분을 움직이지 못할 때가 많다.

어프로치의 성공

무엇보다 세일을 성공시키려면 최종의 어프로치에 성공하는 것이다. 그러기 위해 첫째로 좋은 인상을 주어야 한다. 복장에서 태도, 표정까지 연구해 본다. 가령, 여자손님을 상대로 하는 세일즈맨이면 복장은 여자 응대의 요점이 되므로 여성에게 좋은 인상을 주기 위한 방법을 여러 모로 연구해야 한다. 양복의 색깔은 흑색이나 감색이 좋고, 와이셔츠는 흰 것이어야 하며, 머리 빗질은 했는지, 구두는 잘 닦았는지 등, 머리끝에서 발끝까지 신경을 써야 한다. 그러나 이 같은 매너(manner)나 에티켓(etiquette)에 관한 것을 제외하면 어프로치 성공의 비결은 다음 네 가지로 요약할 수 있을 것이다.

1 공통의 입장에 설 것
2 관심과 흥미를 끌 것
3 칭찬하는 말을 적절히 사용할 것
4 유익한 무엇을 제공할 것

방문 판매시에는 염두에 두어야 할 것에 다소 차이가 있다. 낮의 가정 방문이라면 주부가 집안 일을 돌보고 있을 때가 많으므로, "아주머니 바쁘신데 실례하겠습니다." 하고 인사의 말머리를 건넨다. 그러나 무리하게 일을 멈추게 하는 말투는 피해야 한다. 하지만 이쪽에서 흥미를 끄는 말로 이어 나가면 상대는 무의식중에 하던 일을 멈추고 이쪽이 하는 말에 귀를 기울여 줄 것이다.

익숙지 못한 세일즈맨은 가정방문보다 상점방문이 더 어렵다고 하여 싫어한다. 상점에 들어설 때도 이쪽에서 말을 꺼내기 전에 저쪽에서, "어서 오십시오." 하고 인사말을 해오면 어떤 말을 꺼내야 할지 모르게 된다.

그러므로 어느 위치에 있는 사람에게 면회를 해야 좋을지 미리 생각하고 곧장 그 사람 앞으로 다가가서 만나고 싶은 뜻을 전한다. 어디에서나 마찬가지겠지만 상점의 경우는 분망한 시간에 방문하는 것만은 절대로 피할 일이다. 손님이 붐비는 가장 바쁜 때에 방문하면 상대는 난처한 입장에 놓이는 것이 보통이다. 비단 상점만이 아니라 분망한 상대방에 대해서는 간결하고 요점 있는 말을 하도록 평소에 훈련을 쌓아 둔다.

직장방문의 요령으로는 수위실을 통할 때 그곳 사람들에게 정중하고 겸손한 태도를 취해야 한다. 또 이쪽에서 면회를 청한 사람 이외에 그의 동료가 가까이 접근해 와서 함께 이야기를 들을 때는 그들에게 대해서도 미소를 보내고 가벼이 말을 건네는 편이 좋다. 어떻든 주위 사람을 무시하지 않는 것이 비결이다. 일단 이루어진 상담이 나중에 깨지는 케이스 중에는 직장 동료들의 방해에 의할 때가 많다. 주위 사람들의 호감을 얻지 못하는 한, 세일 활동은 스무드하게 진행되지 않는다는 것을 알아 둘 일이다.

③

상과 하의 커뮤니케이션

리더가 부하와의 커뮤니케이션을 잘 해나가기 위해서는 끈기가 필요하다. 끊임없이 부하를 잘 이해하려고 노력하고 또 부하로부터 잘 이해되어야 비로소 커뮤니케이션이 성과를 거두게 된다. 가장 중요한 바로 이 점을 잊고 커뮤니케이션을 잘하려는 것은 무리이다. 그러나 의외로 이 점을 모르고 계속 부하에게 반감을 갖게 한다든가, 부하의 신뢰를 떨어뜨리면서 자기의 말만을 부하가 잘 인식하고 신뢰할 것을 강요한다면 그것은 '쇠귀에 경 읽기'이다.

이것은 어느 회사 과장의 예이나, 부하가 직무관계로 과장과 상담하고자 하고 어드바이스를 기대해도 상담에 잘 응해 주지 않고 적절한 어드바이스를 해주지 않는다. 요컨대, 연구 부족이지만, 자기의 불충분한 점은 모르고 부하가 충분한 업적을 올릴 수 없다면 부하가 변변치 못해 업적이 오르지 않는 것이라는 투의 말을 한다.

이 때문에 부하에게 반감을 사고 신뢰를 잃게 된다. 때문에 리더가 부하에게 주의를 주든가 명령을 내려도 부하는 이것을 진지하게 받아들이려 하지 않는다. 그러면 과장은 요즈음 젊은 친구는 반발적이고 불필요한 변명만 늘어놓아 일을 시키기가 어렵다고 투덜댄다. 자기가 말하는 것을 부하가 진지하게 받아들이지 않는 것은 부단히 자기가 부하에게 반감을 사고 신뢰를 잃는 일을 했기 때문인데도 여기에는 전혀 신경을 쓰지 않고 부하를 꾸짖는 것만을 능사로 삼는다. 따라서 커뮤니케이션이 잘 진행되지 않는 것은 당연하다. 커뮤니케이션을 잘하려면 부하에게 반감을 사는 일을 하고 있지는 않은지, 부하에게 신뢰를 받지 못하고 있지는 않은지를 부단히 반성해 보는 것이 중요한 일이다.

　커뮤니케이션이 잘 되지 않는 이유로, 리더가 부하에게 자기 의견을 강제하는 방식을 취함으로써 부하가 반발을 보이고 자기의 말이 부하에게 잘 받아들여지지 않는다는 예가 참으로 많다. 이렇게 말하면, 대부분의 리더는 결코 강제하는 방법 같은 것은 쓰지 않고 있다고 반발할 사람이 적지 않다. 그러나 당사자가 모르는 가운데 강제하는 인상을 주는 예가 극히 많다. 부하가 책임을 다하지 않고 동료와 협조하지 않으면, 공동생활은 책임을 질 줄 알고 상호 협조하는 것이 중요하다든가, 혹은 민주주의란 개인의 자유를 존중하는 것이 특징인 반면, 각자가 맡은 바 책임을 다하고 협조심을 발휘하지 않으면 민주주의 자체가 잘 실현되지 않는 것이므로 책임과 협조는 실로 중요하다고 리더는 말한다. 리더로서는 민주주의의 정신을 이해하기 쉽게 설명하는 것이므로 부하는 잘 들어 줄 것으로 생각하나 젊은이의 입장에서 보면 이 같은 설명도 어떤 강제가 있는 것으로 느껴져 반발하고 싶을지 모른다.

　젊은이에게는 일종의 피해의식 같은 것이 있어서 리더는 언제고 우리에게 설교한다, 또는 자기 의견을 강제하려 든다고 느낀다. 때문에 리더가 강제한다고 생각지 않는 경우라도 강제하고 있다고 느끼는 일이 실로 많다. 그러므로 리더가 말하고자 할 때는 이 점을 매우 신중히 생각하지 않으면 안 된다. 따라서 젊은이에게 책임과 협조가 중요함을 알려주기 위해 돌연 책임과 협조가 중요하다는 방식이 아니라, "모두가 공동의 목적을 갖고 이것을 반드시 달성해 나가야 할 것이 아닌가, 그러려면 어떤 방법이 필요한가? 모두가 토의해 보지 않겠는가?" 하고 공동으로 하나의 목표를 달성하기 위해 무엇이 필요한가를 함께 생각하게 한다.

　그리고 "그러기 위해 모두 각자의 특징과 능력을 최대한으로 발휘하여 책임을 분담하고 또 서로 협력하지 않으면 안 된다"는 식으로 함께 생각하는 중에 책임을 지고 협조하지 않으면 안 된다는 사실을 깨닫게 한다. 이처럼 리더의 강제가 아닌 어디까지나 젊은이들에게 스스로 생각하게 하면서 책임을 분담하고 협조하지 않으면 목표가 달성되지 않는다는 사실을 자연스럽게 납득시키는 방식이 일층 효과적인 방법이다.

앞으로의 커뮤니케이션 방법은 이쪽만이 계속 일방적으로 말하고 의견을 강제하는 방식이 아니라 상대방에게 계속 말하게 하고 말하는 중에 이쪽의 의견을 공명시키는 방식으로 리드하는 것이 일층 효과적이라 할 수 있다.

이같이 상대방에게 자연스럽게 납득시킨다는 방식으로 유도해 나가기 위해 상대의 생각을 잘 이해하고 상대의 생각에 적응하는 식으로 이야기를 진전시키는 것이 절대 필요하게 된다. 리더가 부하에게 규율이나 규칙을 지키는 것이 중요하다고 말해 봐도 좀처럼 타이르는 것을 들으려 하지 않는 것은, 바로 그런 방식이 강제성을 띤 것이라고 받아들여 반발을 사게 되든가 혹은 오늘날의 시대는 자유로 무엇이든 할 수 있는 시대이므로 그러한 불편한 규칙에 매이기는 싫으니, 지나치게 번거롭게 하면 일을 그만 두고 다른 곳으로 자리를 옮기겠다고 생각하게 하기가 쉽다. 이것은 일종의 도피행위이다.

이쪽에서 강제하는 듯한 인상을 주면, 설령 강제하지 않더라도 당사자가 강제로 느낀다면 어떻든 반발하고 싶은 것이다. 이런 생각의 사람에게는 반대화법으로 말하는 편이 효과적이다. 그 규칙을 지키라고 할 것이 아니라 지키지 않음으로써 어떤 손실이 있는가를 일러 준다.

규칙이란 회사를 위해 있고, 회사는 이것을 자기들에게 강요하고 있다는 생각을 하고 있는 부하에게, 규칙은 자기들의 사내 공동생활을 원활하게 하기 위해 있는 것임을 알게 하면, 반대할 이유 없이 리더의 말을 받아들이게 된다. 상대방의 생각을 잘 이해하도록 노력하고 그쪽에 적응한 화법을 구사할 수 있다면 대단히 쉽게 받아들이게 할 것이다.

지금까지의 화법은 어떻든 리더의 입장에서 리더의 형편에 맞게 자기 의견을 수용하게끔 행해진 경우가 많다. 이런 화법을 쓰면 부하는 반감을 갖고 강제 당한다는 인상을 갖기 쉽다. 때문에 커뮤니케이션이 좀처럼 잘 통하지 않는다. 이 같은 이유를 알면 커뮤니케이션을 잘하는 데는 이것을 반대로 하지 않으면 안 된다는 인식을 하게 될 것이다. 결국 부하의 입장을 생각하면서 이야기를 전개하는 방법이다.

어느 부하가 아무래도 최근 근무에 태만하다. 이런 부하에게 리더의 입장에서 주의를 준다고 할 때, "바삐 돌아가는 일에 태만하면 부당하다"고 판단하여 감정적으로 잔소리를 하게 될 것이다. 그러나 부하의 입장에 서서, 이 부하에게 일이 제대로 손에 잡히지 않는 것은 어떤 이유가 있기 때문일 것이라 판단하여 그 이유를 들어 보도록 한다. 그러면 전에 이 부하가 작업능률을 올렸을 때 리더가 그를 인정해 주지 않았던 사실을 알게 된다. 그 때문에 부하는 리더에게 실망하여 일할 의욕을 잃은 것이다. 이런 부하에 대해서는 리더가 주의를 준다고 하기보다 그 전에 먼저 그를 인정해 주지 못한 점을 부하에게 사과하는 편이 낫다. 그렇게 하면 부하도 저상한 의기를 회복하게 될 것이다.

리더가 부하와 더불어 대화할 경우, 부하가 보다 충분히 말하게 하고, 부하가 무엇을 생각하고 있으며 무엇을 하고자 하는가를 잘 파악해 두는 것이 중요하다. 최근에 적극적인 경청법(傾聽法)이란 테크닉이 중시되고 있는 것도 이 때문이다.

어느 회사의 한 과장은 머리가 뛰어났다. 그러나 부하의 평판은 그리 좋지 않고 그 과의 업적도 좋지 않다. 이 과장은 머리가 좋을 뿐, 부하가 의견을 말하든가 어떤 제안을 해와도 충분히 들어 보려 하지 않고 "자네 생각은 이런 점이 틀려, 연구가 부족하군." 하고 쉽게 일축해 버린다. 부하는 점점 의욕을 상실함과 동시에 좀처럼 의견을 말하려 하지 않아 실적이 오르지 않는다. 이 같은 방편으로는 부하의 의욕마저 위축시키는 결과가 될 뿐이다. 그러므로 리더는 부하와 대화할 때는 부하가 적극적으로 발언하게 하고, 할 말을 모두 하게끔 응대말을 민감하게 보내 머리에 떠오른

바를 모두 말할 수 있게 해주는 것이 필요하다.

부하란 리더에게 인정받고자 하는 욕구가 대단히 강하다. 이 같은 욕구를 잘 파악하려 하지 않고 부하가 모처럼 제안한 것을, "자네의 안은 이러이러한 결함이 있어 안돼. 좀더 잘 연구해서 수정해 오지 않으면 안(案)으로 성립될 수 없겠군." 하고 무정하게 타기한다.

과장으로서는 강경한 태도로 부하에게 분발을 촉진할 의도인지 모르나, 부하 쪽은 이런 반응을 들으면 앞으로는 어떤 좋은 아이디어도 내놓지 않겠다는 결심과 함께 갑자기 맥이 풀릴지 모른다. 부하로서는 제법 가능한 좋은 안을 제시했으므로 과장이 칭찬해 줄 것을 기대했는데, 이렇게 타기되고 보니 실망이 컸을 것은 물론이다.

부하의 욕구를 전혀 모르고 있는 화법은 부하에게 실망을 안겨 주고 헛되이 부하의 의기만 손상시킬 것이다. 리더란 지금 부하의 욕구가 무엇인가를 정확히 파악, 욕구에 호소하는 화법을 쓰지 않으면 모처럼 말한 것이 효과를 거두지 못할 것이다.

부하의 성격도 다양하므로 리더가 부하에게 말을 걸 때 외향성의 부하이면 거리낌없이 말하는 편이 도리어 위세가 좋고 상대도 이해가 빨라 좋다. 그러나 내성적인 부하이면 자기가 터무니없이 당하는 것은 아닌지, 미움을 사는 것은 아닌지 하고 신경을 쓰고 불평하게 된다. 때문에 상대의 성격을 잘 파악하여 거기에 적용한 화법을 쓰지 않으면 커뮤니케이션이 잘 통하지 않는다.

또 부하의 능력을 잘 알고 여기에 맞는 화법을 쓰지 않으면 저항을 받는다. 능력이 낮은 부하에게 외국어·외래어를 사용, 이치만을 따지면 반발을 사기 쉽다. 반대로 능력 있는 부하에게 정도가 낮은 말을 하면, 과장은 그 정도의 말밖엔 모른다고 불만을 사게 된다. 리더는 부하의 능력을 잘 포착, 그보다 약간 정도가 높은 것을 말해 관심을 끌고 인포메이션이 풍부하고 발상이 흥미 있는 것으로 느끼게 끌어 나가는 화법이 중요하다.

말할 경우, 이유를 싫증나게 늘어놓고 좀처럼 본론이나 결론을 말하지 않는 사람이 있다. 누구나 먼저 결론을 알고 싶은 것이다. 그럼에도 불구하고 서론을 지루하게 말하면 매우 짜증스럽다. 때문에 상대는 조급해지고 이쪽의 얘기를 외면하게 된다. 이렇게 되면 모처럼 말한 것이 소용없게 된다. 상대에게 잘 듣게 하려면 먼저 상대의 흥미나 관심을 힘있게 끄는 것이 중요하다. 그러기 위해 결론을 맨 먼저 내놓는다. 상대는 크나큰 관심을 가지고 어째서 그와 같은 결론이 나왔나 하고 흥미를 느낄 때, 그 이유를 말하면 잘 듣게 된다.

또, 이야기가 지나치게 길면 중도에 클라이맥스를 만든다. 결국 중간에 상대의 흥미를 끌 수 있는 대목을 몇 군데 만들고, 어째서 그럴까 하는 흥미를 불러일으키면서 싫증나지 않게 한다.

그리고 한 개로 단락지어지는 이야기라면 상대가 어느 정도나 이쪽의 말을 이해하는가를 알기 위해 질문해 보는 것이 좋다. 질문을 통해 상대의 이해 정도를 알고 또 이쪽이 한 말을 오해하고 있지나 않는지, 상대는 어떻게 보고 어떻게 생각하는지를 확인하고, 충분히 이해하지 못한 점이 있으면 의견 및 견해의 왜곡 등을 수정한다. 이렇게 하여 끊임없이 상대의 관심을 끌고, 흥미를 갖게 해주고, 견해 차이를 좁혀 나가면 이쪽의 말을 잘 수용시킬 수 있다.

커뮤니케이션은 상대로부터 신뢰받지 못하면 잘 통하지 않는 법이다. 리더가 부단히 에고이스트(egoist) 같은 방법을 쓰든가, 부하에 대해 불공평한 취급을 하면 부하로부터 신뢰받지 못한다. 또 리더는 맡은 임무에 투철하고, 말한 것에 반드시 책임을 지며, 전문가로서의 신뢰성을 지니는 것이 중요하다. 그러면 리더의 말을 신용하고 열심히 듣게 된다. 그러나 부단히 부하의 신뢰를 저버리는 일을 하면서 부하가 자기의 말을 잘 듣지 않는다고 불평하는 리더가 적지 않다. 이런 리더는 항상 자기가 부하로부터 신뢰받고 있는지의 여부를 반성해 볼 필요가 있다.

끝으로 또 하나 중요한 사실을 잊어선 안 된다. 그것은 리더의 입장에서는 단호해야 할 경우가 있다는 것이다. 즉 리더가 갖는 확신을 어떻게든 부하에게 수용시키려 할 때이다. 이때 리더는 확신을 갖고 자기 의견을 부하에게 수용시키는 것이 필요하며, 부하가 반대하더라도 단호하게 자기의 신념을 밀고 나가는 강경성이 중요하다.

④

· · · · · · · · · ·

불통하는 커뮤니케이션

오늘의 시대는 상호의 이해가 매우 어렵게 되어 있는 상황이다. 커뮤니케이션에 의해 상대의 의지와 사고를 확인해 보지 않으면 이해되지 않으나, 대부분 관리자·감독자에게는 아직 커뮤니케이션의 중요성이 잘 인식되어 있지 않다. 미국이나 유럽에서는 많은 인종이 모여 국가를 이루고 있으므로 한 회사에서도 여러 인종이 어울려 일하는 곳이 많다. 때문에 상대가 무엇을 생각하는가를 알려면 상호 커뮤니케이션에 의해 확인할 도리밖에 없다. 이를 위해 커뮤니케이션이 잘 발달되어 있다.

커뮤니케이션은 주고받는 말에 의해 시작된다고 생각하는 사람이 많으나, 사실은 감정을 전달하는 것으로 시작된다. 두 사람이 만난 순간, 어떤 감정이 전달될 때가 바로 커뮤니케이션의 시작이다. 부하가 리더에게 그렇게 좋은 감정을 갖고 있지 않다면 나쁜 감정이 전달되고 만다. 바로 이때 부하의 커뮤니케이션 파이프(pipe)가 휘어진다.

일단 커뮤니케이션 파이프가 휘어지면 리더가 올바른 것을 말해도 착실히 들으려 하지 않는다. 커뮤니케이션을 잘하려면 끊임이 없어야 한다. 계속하여 부하에게 좋은 감정을 갖도록 부하를 이해하기 위해 노력하는 것이 중요하나, 좀처럼 이것이 잘 안 된다. 대부분의 리더는 부하로부터 좋은 감정을 갖도록 노력하지 않으므로 커뮤니케이션이 잘 이루어지지 않는다.

일부 학생들의 토론을 들어 보면, 상대방의 의견을 잘 듣고 이해하려 하지 않고 자기 의견만을 일방적으로 강요하려 든다. 서로가 이렇게 대하면 점차 감정으로 쏠리기 쉬우므로 커뮤니케이션이 잘 이루어질 리가 만무하다. 커뮤니케이션을 잘하려면 상대방의 견해를 잘 포착하여 이에 적응하도록 이야기를 진전시키지 않으면 안 된다.

의견과 견해는 사람에 따라 각기 다른 것이다. 그것은 각자의 지식·체험에 의해 사물을 보는 각도와 의견이 다르기 때문이다. 연애하는 사람은 인생이 보랏빛으로 보이나, 실연하면 인생이 잿빛으로 보인다. 한 사람이 연애를 하든 실연에 빠지든 인생에는 변함이 없는 것이나, 보는 사람의 마음이 보라빛도 되고 잿빛도 될 뿐인 것이다. 요컨대, 본다는 사실은 그 사람의 마음에 어떤 무엇을 대상으로 투영하고 있는 것이다.

인간의 체험이란 사람에 따라 천차만별한 것이므로 사물을 보는 각도나 의견이 다양하기 마련이다. 때문에 말하고자 할 때, 상대는 대체 어떤 의견과 견해를 갖는가 하는 상대방의 처지에 서서 이야기를 진전시켜 나가지 않으면 잘 통하지 않는다. 그러나 실제로는 이것을 잘하는 사람이 드물기 때문에 커뮤니케이션이 잘 안 통한다.

직장에서 흔히 볼 수 있는 예이나, 미스터 김과 미스터 박이 매우 사이가 나쁘다. 그래서 과장이, "자네들은 같은 과에 있으면서 사이가 좋아야 할 게 아닌가?" 하고 설득한다. 그러나 이 같은 설득은 강요하는 것이어서 효과가 없다. 두 사람의 사이가 나쁜 데는 여러 가지 이유가 있을 것이다. 김이 생각하기는, 박의 성격이 비뚤어져 호감이 안 가서 사이가 나빠진 것이라고 한다.

부하를 설득하려면 과장으로서는 두 사람이 어째서 사이가 나쁜가 하는 그 이유를 찾아낼 필요가 있다. 그래서 만약 박이 성질이 비뚤어져 사이가 나빠진 것을 알면, 박이 어째서 성질이 비뚤어지게 되었나의 원인을 알아볼 필요가 있다. 이 같은 개인의 성격상 문제점은 대개 그 사람의 어릴 때의 성장과정에 문제가 있다. 박의 과거에 대해 알아본 결과, 박은 어려서 계모 슬하에서 자라 성질이 비뚤어지게 된 것을 알게 된다.

그러므로 김에게 박의 성격이 비뚤어지게 된 원인을 인포메이션으로 일러 준다. 그러면 김은 박의 성격이 비뚤어진 것이 그러한 동정적인 사정 때문이라고 알게 되면 김은 박에 대한 인식이 바뀌어 더 이상 싫어하지 않고 점차 두 사람의 사이가 좋아져 간다. 언제나 상대방의 의견이나 견해를 바꿀 인포메이션을 주는 것이 중요하다. 상대의 의견이나 견해가 자연스럽게 바뀌면 이쪽의 설득은 성공한 셈이다.

이처럼 설득한다는 것은 상대에게 인포메이션을 주어 상대의 의견이나 견해를 바꾸는 것이다. 이는 매우 중요하다. 그렇게 하면 상대를 강제하는 일 없이 그 의견을 바꿀 수가 있다. 이 같은 방법이 잘 진행되는 것은 행동 과학적 원리에 들어맞기 때문이다. 설득에 의해 상대의 행동을 바꾸려면 상대의 태도를 바꿀 필요가 있다. 태도가 바뀌면 행동이 바뀌기 때문이다. 그러나 태도란 사물을 보는 견해와 감정에 의해 형성된다. 그러므로 상대의 태도를 바꾸려면 상대의 견해나 감정을 바꿀 필요가 있다.

가령, 회사의 나쁜 면만을 보고 있는 부하가 있다. 우리회사는 중소기업이므로 복지시설이 불충분하고 작업조건이 나쁘며 급료도 좋지 않고 장래성도 불확실하다. 이처럼 나쁜 점이 눈에 띄면 나쁜 점만 보인다. 이것을 심리적 맹점이라고 한다. 이것으로 우리 회사를 싫다고 느끼게 된다. 그러다 보면, 회사에 대한 태도가 점차 나빠져 쉬든가, 게으름을 피우는 행동을 취하게 된다.

견해나 감정이 바뀌면 행동마저 바뀌게 된다. 이같이 쉬든가 게으름을 피우는 나쁜 행동을 바꾸려면 태도를 바꿔야 한다. 이 때 태도를 바꾸려면 견해나 감정을 바꿀 필요가 있다. 예로 든 사람은 중소기업의 나쁜 점만을 보고 있는 것이므로 좋은 점을 보이면 좋다. 그러기 위해 좋은 인포메이션을 주면 좋다.

그러면 견해나 감정이 바뀌고 회사에 대한 태도도 호의적으로 변하여 게으름을 피우든가 쉬는 일이 없어지고 성심 성의껏 일하겠다는 행동으로 바뀐다. 이같이 설득을 잘하려면 상대의 견해나 감정을 바꿀 수 있는 인포메이션을 제공하면 좋다. 그러나 대부분의 리더는 다음과 같은 태도를 취한다.

1 자기 의견을 강요한다.
2 상대의 견해를 잘 수용하려 하지 않는다.
3 상대의 견해나 감정을 바꿀 수 있는 인포메이션을 주려고 하지 않는다.

이렇게 되면 좀처럼 설득에 성공하지 못하며, 결국 커뮤니케이션이 잘 이루어지지 않게 된다.

넌 버벌 커뮤니케이션

세일은 파는 사람과 사는 사람의 흥정과 교섭, 즉 인간의 마음과 마음을 잇는 것으로 결정된다. 마음과 마음을 이어 주는 교량 역할을 하는 것이 말이고, 교량을 놓는 방법이 화법이다. 그 다리를 잘 가설하지 않으면 심적인 상호교류는 불가능하다.

호브랜드에 의하면, "커뮤니케이션은 어느 개인이 자극을 주어 상대에게 반응을 일으키고 그 행동을 변화시키는 과정"을 말한다고 한다. 결국 그 방법이 화법이다.

언어상징의 '자극 - 반응 - 행동'의 원리이다.

간단한 예를 들어 본다. 제주 감귤을 먹으면 자극을 받아 시큼하고 달콤한 반응을 일으키고 타액을 분비한다. 이번에는 제주 감귤이라는 언어상징만으로 자극을 주어 본다. 얼굴을 찌푸리고 어딘지 모르게 시큼한 듯한 표정으로 감귤이라고 상대방에게 말해 본다. 청자는 음성의 매체를 통한 언어자극만으로 반응을 일으키고 생각지도 않게 타액을 분비할 것이다. 실물의 감귤이 아니고 언어자극만으로 청자의 마음을 움직일 수 있다면 판매에 임해서도 화법이란 것이 얼마나 큰 구실을 하는가를 잘 알게 된다.

"안 팔린다, 안 팔려." 하고, 애태우는 세일즈맨은 언어상징으로 자극을 주는 방법이 서투른 것이다. 감귤이라고 말해야 할 때 감자라고 말해서는 안 된다. 상품을 사게 할 때는 구매자에게 사고 싶다는 언어자극을 줘야 한다. 다만 지나친 자극은 커뮤니케이션의 교량을 파괴하고, 지나치게 약한 자극은 청자의 마음속에 미치지 못한다. 여가가 바로 어려운 대목이다. 커뮤니케이션의 교량이 잘 가설되느냐 안 되느냐의 여부는 화법의 우열에 달려 있는 것이다.

언어상징의 자극은 음성만의 것이 아니다. 몸 전체로 말하지 않으면 참된 효과를 거두지 못한다. 왜 몸 전체로 말해야 할 것인가? 인간의 심리적인 움직임은 음성만이 아니라 반드시 몸의 움직임으로 외부에 표출된다. 감추려 해도 감추어지지 않는 것이다. 많은 생물을 관찰한 찰스 다윈도 그렇게 말했다.

명판사(名判事)나 명수사관(名搜査官)은 이 사실을 잘 안다. 어떤 우범자라도 감정의 변화는 어느 순간 몸가짐이나, 손과 손가락 놀림이나, 몸의 움직임 어디엔가 나타난다.

말하는 사람의 정서나 감성의 움직임은 자세・제스처・동작・표정에 각양하게 나타나고 그것은 곧바로 음성으로 반영된다. 마음이 유쾌하면 신체 근육은 유연해지고 동작도 경쾌해지며 발성기관도 여유 있게 활동한다. 숨쉬는 것이 자연스럽고 안면 근육이 유연하다. 따라서 음성의 발성이 활기차다. 명랑한 음성은 이 때에 발생하며 어두운 목소리는 반대의 상태에서 나는 소리이다. 명랑한 음성을 내고자 생각하면 자세를 부드럽게 그리고 동작을 개방적으로 하여 웃는 낯을 짓지 않으면 안 된다.

중대사·부탁·교섭·상담하는 장면에서 딱딱해지든가 힘을 주면 어떤 종류의 이야기도 그 형체를 잃게 된다. 청자는 말 자체보다 목소리의 반향·표정·제스처·동작 등, 요컨대 말하는 양상을 보며 듣는 것이다.

회화가 냉정한 이성과 판단만으로 진행된다고 생각하는 것은 잘못이다. 가장 엄정해야 할 법정판결이 검사·변호사·증인의 어떠한 말투 속에서 나오는가를 보면 이것을 잘 알 것이다. 음성에 의한 언어만이 아니라, 화자의 마음을 전하는 언어상징은 표정이며 제스처이기도 하다. 아니, 몸 전체의 움직임이다. 인간은 마음속에 있는 것을 남에게 전달할 때, 육체의 일부 혹은 전체를 써서 표현한다. 이 육체운동의 전부를 보디 랭귀지(body language), 혹은 넌 버벌 커뮤니케이션(non-verbal communication)이라고 한다.

음성언어는 귀에 호소하는 말이요, 음파에 의한 청각에의 자극이다. 보디 랭귀지는 시각에의 자극이다. 귀금속상은 아무 말 없이 어디까지나 그 물품을 귀중히 다루는 것만으로 아무나 갖기 힘든 고급품임을 말하고 있다. 설득이 능한 사람은 음성언어의 표현이 훌륭할 뿐 아니라, 보디 랭귀지를 활용하여 온 몸으로 호소한다. 말을 적게 하면서 사람을 움직이는 것은 그가 온 몸으로 말하는 까닭이다. 그러나 연기과잉은 금물이다.

결국 말이란 들려 줄 뿐만 아니라 보여 주는 것이다. "청자가 받는 인상은 귀로 듣는 말보다 눈으로 보는 편이 9배나 강하다"고 일러온다.

6

설득의 심리학

설득은 어떻다든가, 설명과 설득이 어떻게 다르다는 것을 이론적으로 말하기는 비교적 용이하나, 실제 문제에 당면하면 이치보다 감정에 호소해서 호감을 사야 설득에 성공하는 예가 많다. 합리적인 면뿐만 아니라, 비합리적인 면이 강하다. 인간은 감정의 동물이라는 사실을 뒷받침하는 것인지 모른다.

"상대방 의견은 타당하다……." 라고 머릿속으로는 이해하고 있어도 어딘지 모르게 내키는 기분이 들지 않을 때가 있다.

이와는 반대로, 상대의 설명을 자세히 듣지 않아도 "이 사람은 마음에 든다. 이 사람이 부탁하는 이상 거절할 수 없다." 라고 마음속으로 결정해 버리는 경우가 있다.

이와 같이 그 상품이 필요하냐, 필요하지 않느냐의 합리적인 판단보다 세일즈맨의 사람됨이나 호의에 의해 구매가 결정되는 일이 많다. 때문에 상품에 대한 필요성이나 설명 설득의 화법이 훌륭해야 한다는 것도 물론 중요하나, 그것만으로써는 성공하기 어렵다. 태도와 표정 그리고 화법까지 포함하여도 적극적인 열의, 신념 같은 것, 특히 성실성과 온화한 품성 등의 인간적인 매력이 결정적 요소로 작용한다. 이때는 조리에 맞는 쉬운 화법으로 말을 잘해야 하나, 이것만으로는 통하지 않을 때가 있다는 것이다. 이에는 인간적인 접촉에서 오는 감동이 필수인 것이다.

그렇긴 하나, 우선 세일 화법의 중심이 되는 설명과 설득에 대해 일단 알아둘 필요가 있다. 간단히 말하면 설명이란 상대방에게 무엇을 이해시키는 것이다.

"댁의 귀여운 어린 자녀들의 장래를 위해 지금부터라도 조금씩 학자금을 저금해 두시는 것이 어떻겠습니까? 그 저금 방법에는 이런 것이 있습니다." 하고 설명했을 때, 그 필요를 느끼는 상대라면 "사실 그렇습니다." 하고 그 설명을 이해해 줄 것이 틀림없다. 그러나 이 경우, 상대방이 저금의 필요성을 알아도 그 후에 세일즈맨이 권하는 저금에 가입할 것이냐는 미지수이다.

"저금의 필요성은 알겠습니다만, 지금은 그 저금에 들 생각이 없는데요." 하고 반응할지 모른다. 저금가입의 계약이 이루어지지 않으면 세일즈맨 쪽에서 볼 때, 설명은 했으나 설득을 하지 못한 결과가 된다.

이와는 달리, 설득이란 저금의 필요를 알려 줄 뿐만 아니라 저금에 들겠다는 행동을 일으켜 주는 것이다. 결국 자기와 동일한 의견을 갖게 함은 물론, 상대방으로 하여금 자기의 뜻대로 행동케 하는 것이다. 결국, 자기와 동일한 의견을 갖게 할 뿐 아니라, 상대방이 자기 의도대로 행동하게 한다는 것이다. 세일즈맨의 최종 목표는 자기가 기대하는 상품 판매와 계약 체결이다. 설명까지는 가능하나 설득까지 이끌어 가는 것은 매우 어려운 일이다.

설명만이라면 사실을 제시하고 그것을 정확히 알기 쉽게, 그리고 요령 좋게 말하는 것으로 설명의 목적을 달할 수 있으나, 설득이 되면 알려 주기만으로 그치는 것이 아니다. 또 설명이 이론적으로 정연하면 역으로 심리적 반발을 일으키기 쉽다.

그 상품에 대한 필요도 문제이겠으나, 인간은 감정의 동물이므로 이론적 설명만으로는 상대가 이쪽의 기대대로 행동을 해주지 않을 경우가 많다. 그렇다 하여 오직 겉치레 말이나 기분만 맞춰 주는 것이 옳다는 이야기는 아니다.

그러므로 설득이란 명령이 아님을 지적해 두고 싶다. 선전광고도 그렇지만, 상대를 억지로 납득시키고 행동시키면 설득이라 할 수 없다. 마음속에서 우러나오는 찬성이요, 동감이 아니면 후에 문제가 생기고, 일단 매듭

지어진 상담이 뒤에 백지로 환원되는 경우도 종종 있다.

"그것을 결정한 것은 나다."와 같이 참여의식·자주성·만족감 등이 있다면 뒤에 반대파의 권유로 기분이 바뀌어도 상대는 자기 책임으로 그것을 밀고 나간다.

일방적으로 이론을 말하고 판매에 급급하면 이쪽은 설득한 것이라 해도 상대는 강요당하는 기분이 남아, 뒤에 이것이 나쁜 결과로 나타날 때가 있다. 상대도 함께 생각하고 상대방이 결정케 하는 것이 중요하다. 성급하게 결론을 끌어내는 것은 위험할 뿐이다. 그것은 이미 설득이 아니다.

7

먼저 자기 자신을 믿어라

사람을 설득한다는 것은 상대의 행동에 강한 동기를 부여하고 행동에의 확신을 갖게 하는 것이다. 거기에는 먼저 설득자 자신에게 확신이 있어야 한다. 이쪽에서는 반드시 상대를 위하는 것이라는 확신을 갖고 상품을 권하지 않으면 안 된다.

올바른 판매화법은 확신을 갖고 상대에게 호소하는 기법이다. 가치 있는 것을 판매할 때는 당당하게 확신을 갖고 말해야 한다. 세일즈맨 자신이 마음에 활기를 띠어야 상대의 가슴에 활기를 띠게 할 수 있다. 세일즈맨이 전압을 높이지 않으면 상대방 마음의 전압을 높일 수 없다. 친숙한 나머지, "솔직하게 말씀드리지만 할 수 없어서 세일을 하고 있습니다." 따위로 손님에게 본심을 토로하는 세일즈맨이 있다면, 이 사람은 세일할 자격이 없다. 상대가 믿게 하려면 다음 3개 항목에 유념한다.

1 자기 자신을 믿는다.

자기가 아니면 이 가치 있는 상품이나 제안의 좋은 점을 상대에게 믿게 할 수 없는 것이다. 자기니까 팔 수 있다고 생각하고 자기가 실패하는 일은 절대로 없다고 행동한다. 이 태도는 마치 마법과도 같아, "저 사람이라면 실패는 않는다"고 손님이 믿어 거절하기 거북하게 만드는 것이다.

2 판매 상품이나 제안은 가치 있는 것이라고 믿는다.

상대를 위하는 것이고 기꺼이 살 만한 것이라 믿고 상품에 몰입한다.

3 상대를 믿는다.

이 손님은 반드시 사줄 것이라고 믿고 대한다. "손님은 그것을 사려고 한다"는 생각을 밀고 나가면 상대는 마침내 사지 않고는 못 견디는 것이다.

자신을 믿고, 상품을 믿고, 손님을 믿고, 성공할 것이라고 손님을 대하는 세일즈맨은 반드시 성공한다. 그런 세일즈맨은 "저……잊지 않으셨겠죠." "죄송합니다……대금 좀 주셨으면……." 하는 따위의 허약한 표현을 쓰지 않는다. 상품설명이나 제안설명 중에 "에……대개는…….""만약에……어떨까요…….""또는 ……일지도 모릅니다.""그렇게 생각지 않을까닭도 없죠." 따위의 애매한 표현은 절대로 쓰지 않는다.

손님의 질문을 받아도 반드시 확신에 찬 말로 대답한다. "네, 이렇게 됩니다." "보증합니다." "제게 맡겨 주십쇼." "염려 없습니다." 몇 번씩 손님이 부정해도 되풀이 공격을 가해 손님의 마음을 부정에서 긍정으로 바꿔 나간다.

어떻든 자신이 열의 있게 행동한다. 열의 있는 것처럼 말한다. 그러면 마침내는 자기마음과 몸에 참된 열의가 용솟음치게 되는 것이다. 자신과 열의가 없는 태도로 손님을 접하면 그 태도와 어투가 손님에게 전염되어 손님의 열의마저 식어 버린다. 그리고 그것이 또 이쪽으로 되돌아와 이쪽도 열의와 자신감을 잊어버리게 된다. 가령, 열의가 없어도 열의가 있는 것처럼 활기 넘치게 행동으로 나타낸다. 또렷 또렷이 명랑한 태도로 말한다.

심리학자인 윌리엄 제임스는 이렇게 말했다.

"당신이 활기를 되찾을 수 있는 최선의 방법은 어디까지나 쾌활한 듯이 행동하고 쾌활한 듯이 말하는 것이다."

손님의 마음이 불타지 않으면 구매행동은 일어나지 않는다. 냉장고처럼 차가운 손님의 마음을 연소기처럼 불태워 준다. 그러려면 먼저 이쪽의 마음이 연소기처럼 훨훨 타오르지 않으면 안 된다. 얼마를 팔았다는 이쪽의 매상 숫자는 바로 정열의 바로미터인 것이다.

설득 성공의 요령

손해냐 이득이냐 할 때, 손해라 하면 누구도 응하지 않는다. 득이 있고 이익이 된다는 것을 알면 상대는 그것을 향해 행동을 일으키게 된다. 따라서 설득을 성공시키기 위해 먼저 상대의 이익에 호소하는 것이 필요하다.

"이런 이득이 있다."

"이렇게 편리하다."

따위로 상대의 이익에 호소하여 상대의 판단을 구하는 것이 설득을 성공시키는 첫째의 관건이라 하겠다. 다만 세일의 경우는 그 상품의 어떤 점이 상대에게 이익을 주는 것인가 하는, 세일 포인트가 연구문제로 등장한다.

그 상품을 '응접 세트'로 가정해 본다. 광고문구에는 품질이 우수하다든가, 가격이 저렴하다고 기재해도 값이 싸다는 것이 반드시 상대가 바라는 이익이 되느냐는 알 수 없다. 이때는 차라리 이렇게 설득한다.

"손님이 많은 댁이라면, 응접 세트만은 좋은 것을 택하셔야죠. 갖다 놓으시면 방이 전혀 다르게 밝고 훌륭하게 보일 겁니다. 손님도 손님이지만, 먼저 바깥어른과 자녀들이 무척 기뻐하실 겁니다."

상품 자체의 설명보다 사용할 때의 상황에 세일 포인트를 둔다. 이것으로 상대방 여자 손님의 머릿속에는 손님을 맞이할 때의 기쁨, 주인과 자녀들이 함께 방에 모인 때의 일가 단란한 정경이 머리에 떠오르고, 눈앞에 있는 응접 세트에 관심이 커진다. 앞으로 큰돈이 생기면 어떻든 응접 세트만은 꼭 사도록 남편과 의논할 기분이 든다. 겸하여 덧붙이면, 구매동기와 연결 이익을 강조하면 금상첨화이다. 이익이라 해도 간단히 금전상의 이익을 강조하는 것으로 끝내서는 안 된다.

상대의 이익에 호소하는 것이 설득의 근본이라 해도 판매 목표액을 할당받고 있는 세일즈맨에게는 반드시 이 방법만으로는 목표액을 달성치 못할 때가 많다. 그러므로 이익에 호소해 나가는 일반적 목표 손님 이외에 필요한 때는 울며 부탁해서라도 목표액 달성에 협력해 줄 수 있는 후원자 같은 손님을 확보해 둘 필요가 있다.

"터놓고 실적을 말씀드리면……."

"제 입장은 지금 이렇게 돼 있습니다."

울며 부탁한다기보다 위와 같은 식으로 속마음이나 내부의 사정을 말하여 이것으로 상대의 호의를 획득한다는 것이다. 이때는 인간이 갖는 자존심이나 우월감에 호소하는 것이 좋다.

"이 달은 어떻든 목표액을 달성하라고 회사의 독촉을 받고 있어서 매우 난처한 처지입니다. 그래서 저도 체면을 세워야겠다고 결심, 찾아뵙게 된 것입니다. 아무래도 누구보다 마음이 넓으시기 때문에 제 청을 들어주실 것으로 생각합니다……."

이 같은 부탁을 받으면, 흔히는 세일즈맨의 신용이나 노력에도 달렸겠지만, 대개 상대에 따라 호의를 베풀어주는 일이 많다.

"좋아, 터놓고 실정을 말하는군."

"모처럼 부탁해 오는 이상, 무엇 한 가지쯤 봐 줘야겠는데……."

이러한 의협심에 가까운 기분에 끌려 목표달성에 협력해 주게 된다. 깊이 생각하면, 이 방법도 하나의 설득으로 볼 수 있지 않은가? 사실 이 방법은 자주 쓰이고 있다. 또 처음부터 일반적인 목표 손님과 후원자가 되어 줄 수 있는 유력한 손님으로 나누어 호소하는 방법을 써 나간다.

'품질 우수'라든가 '절대 견고'라 해도 어느 정도를 말하는지 짐작이 가지 않는 경우가 많다. 이 같은 표현은 추상적이기 때문이다. 이때는, "잘만 쓰면 10년은 씁니다."라고 하는 편이 상대를 긍정케 하는 데 도움이 된다. 상품을 사는 상대방 입장에서는 진정 안심해도 좋은가, 신용되는 것인가에 신경이 쓰인다.

파는 쪽의 세일즈맨 역시, "안심하셔도 좋습니다." "믿어 주십시오." 따위로 흔히 말한다. 그러나 이 같은 말은 추상적이므로 그 말 다음에 그것을 납득시킬 수 있는 구체적인 설명을 첨가해야 한다.

가령, 그 제품은 유명 메이커의 제품이라든가, 2년 간의 애프터 서비스가 있다는 따위의 말을 첨가해야 한다. 상대는 이로써 처음 안심하고 신용하는 기분을 갖게 된다. 구체적인 것이 진실성에 연결되는 교량이 된다고 하겠다.

그러므로 구체적으로 설명하고자 하면 아무래도 숫자가 등장하기 마련이다. 숫자에는 확실성이 있을 뿐만 아니라, 구체적인 설명에 큰 도움이 된다.

"소화제 3억 정 돌파!"

모 제약사의 제품 광고인데, 상대의 결단을 재촉하기 위해 숫자의 표현을 쓴 하나의 본보기이다.

설명이나 설득의 말 속에 자기 신상의 예를 드는 것이 알기 쉽고 친근감마저 느끼게 함은 물론, 일층 중요한 신용을 얻는 데 효과가 있다. 그리므로 세일할 때는 신상의 예를 느끼게 함은 물론, 일층 중요한 신용을 얻는 데 효과가 있다. 그러므로 세일할 때는 신상의 예를 몇 개쯤 이야기 속에 포함할 수 있게끔 준비해 둘 필요가 있다.

상대를 설득한다는 것은 무엇을 사게 한다, 어디에 가입하게 한다는 것이 목적이다. 상대가 설명을 듣고 동감하고 납득한다고 해도 과연 실천할 수 있을까 하는 것이 염려되는 단계가 있다. 상대가 주저하는 것의 고려도 당연 설득에 포함해야 한다. 적금이나 보험 혹은 월부와 같이 매월 정기적으로 일정 금액을 지불하는 계약의 경우에 이런 일이 많다. 이 염려에 대해 단지 "염려 없다"든가, "걱정하지 말라"든가 하기보다도 가능한 한, 아래와 같이 실례를 들어 얘기를 해줘야 한다.

"가입을 주저하시는 것이 그만큼 돌다리도 두들겨 보고자 하시는 심정인 것으로 압니다. 대부분의 손님이 모두 처음엔 주저하십니다만, 제가 권해서 가입하신 손님 중엔 아직 도중 해약하신 분이 한 분도 없습니다."

그리고 월수 얼마에 가족수가 얼마이면 어떻다는 통계가 나와 있다든가, 당사 방침도 오늘날과 같은 레저 시대에는 무리한 저축은 권하고 있지 않다든가, 댁과 비슷한 정도로 생각되는 어느 댁에서도 어떻게 실행하고 있다는 등의 실례를 들면 상대는 실행으로 옮길 어느 정도의 결심이 설 수 있는 게 아닐까.

결점까지 말하는 설득

'최고급', '최우수', '절대안전', '최고봉' 등의 표현은 메이커의 광고문에는 전부터 상용되어 왔다. 광고를 통한 판매촉진의 수단이라면 모르되,

세일즈맨이 소매점에 대해 또는 소매점에서 소비자를 향해 실제로 여러 상품을 권할 때는 이 같은 문구를 써서는 안 된다. 그것은 신용을 얻기 어렵기 때문이다. 하물며 상대방과 대면해서 말할 때 추상적인 표현이나 지나치게 과장된 표현이 신용될 수 있을까? 특히 면전에서 대화할 때는 자연스런 어조로 말하는 것이 좋다. 조용하고 차근차근한 화법이 설득력 있음은 물론이다.

세일즈맨 중에도 자기 상품의 특징만을 장황하게 말하는 경향이 있다. 그러므로 상대로부터 불신을 사고 경계를 사게 된다. 상품에 관한 한, 장점뿐만 아니라 결점이 있으면 그것도 말할 필요가 있다. 이것은 도덕상의 면은 물론, 그렇게 하는 편이 긴 안목으로 볼 때 신용을 얻을 수 있기 때문이다. 결점을 말하면 팔리지 않을 것이므로 큰 일이라고 생각할지 모르나, 결점이 있는 반면 장점이 있고, 가격도 싸다고 하면 손님은 결점을 결점대로 알고 상품을 살 것이다. 결점까지 명백히 밝히면 손님은 정직한 태도에 안심하고 상품을 살지 모른다. 그리고 이것이 동기가 되면 손님은 세일즈맨과 점포를 신용하게 되고 효과는 커지게 된다.

우수 세일즈맨이라 하면, 사회상식이 풍부하고 다루고 있는 상품에 따른 지식이 충분하며 어떤 손님을 상대로 하더라도 자신을 갖고 설명할 수 있는 사람을 가리킨다. 그러나 아무리 우수 세일즈맨이라도 모르는 것이 있을 수 있으므로 모르는 것은 모른다고 분명히 말할 수 있는 세일즈맨이 정직하여 신용을 살 수 있다.

그러나 세일즈맨 중에는 모르는 것이 있음을 털어놓기가 싫어 애매한 대답을 할 때가 있다. 자신 없이 말하면 아무래도 상대가 눈치채기 쉽다. 이때, 상실하는 신용은 큰 것이요 치명적이다. 그러므로 잘 알지 못하고 자신할 수 없는 것에 대해서는, "……라고 생각합니다만, 이 점에 대해서는 저도 아는 게 부족하므로 분명한 말씀은 다음 번까지 기다려 주셨으면 고맙겠습니다. 전문가에게 자세히 듣고 저 나름대로 연구해 오겠습니다."

하고 명확한 태도를 취하는 것이 좋다.

미국에서 실시한 "어째서 세일즈맨을 싫어하는가"에 대한 앙케트 조사를 보면 "모르는 것이 없기 때문이다"라는 회답이 상당수에 달했다. 모르는 것이 있어도 끝까지 아는 것처럼 강변하는 세일즈맨을 가리키는 것이다. 때에 따라서 오히려 모르는 게 있는 편이 인간적인 친숙감을 안겨 준다. 또 질문 받은 내용에 따라, "윗사람과 의논해 봐야 분명한 답을 드릴 수 있겠습니다." 식으로 회답을 보류하는 편이 세일즈맨으로서 신뢰도가 높아진다.

일반적으로 세일즈맨은 논쟁을 해서 안 되는 것으로 되어 있다. 상대방이 순진한 젊은이 일 때는 철저히 논쟁하는 편이 후에 사이좋게 되더라는 예도 있으나, 그와 같은 정력 소모는 피하는 것이 득이라는 계산이다. 세일화법에는 '예스 벗(Yes, but)'의 법칙이 있다. 설령 상대가 틀린 것을 말해도 즉각적으로 반대하지는 않는다.

"손님이 반대하시는 것이 무리는 아니겠습니다만……." 하고 일단 긍정하여 상대의 입장을 존중해 준다. 이것이 "예스(Yes)"다. 그리고 나서 "그런데(but)"로 시작하여 상대의 잘못을 바로잡아 나가는 방식이다. 개울을 건널 때, 물살에 거스르지 않고 흐름에 좇으면서 목적지에 도달하는 전법이다. 설득의 방법으로 쓰인다.

판매나 광고에는 암시의 심리학이 응용되는 일이 많다. 상점에서는 특별히 의식하지 않고 있다 해도 손님에게 암시를 주는 것으로 효과를 올리는 수가 있다.

"젊은 분들 사이에는 바로 이 혁대가 가장 잘 팔리고 있습니다."

"금년 봄에는 감색 복지가 유행인 것 같습니다. 이것이 어떠실는지요?"

이러한 식으로 점원의 권유를 받으면 쉽게 구매를 결정하는 손님이 많다.

"가장 잘 팔리고 있습니다."

"금년 봄에는 감색이 유행입니다."

여기서 느낄 수 있는 긍정적인 표현은 소매점의 경우에 국한하지 않고 구매결정에 도움을 주는 세일즈맨의 경우에도 통용된다.

구조나 모양이 거의 같은 A우산(5천 원)과 B우산(3천 원)이 있는데, A를 팔고자 하면, "A와 B가 있는데, A를 드릴까요." 하고 A우산을 집어 보이면 대부분 손님은, "그러죠." 하고 값비싼 A우산을 사간다.

이것이 암시의 작용이다. 다만 지금의 보기에서 A와 B의 값이 각각 5천 원, 3천 원으로 차가 벌어지면, 손님은 잠깐 멈칫하면서, "잠깐만, (어떤 것을 살까 망설이다) B로 합시다." 하고 B우산을 지적, 사가게 될지 모른다.

상대를 착각하게 하는 교활한 방식을 쓰지 않아도 판매에는 여러 가지 암시가 행해진다는 것을 알아둘 필요가 있다.

5. 연기와 연출이 있는 설득

**매일 아침 깨어날 때마다 "눈이 보인다, 귀가 들린다, 몸이 움직인다,
기분이 좋다, 인생은 아름답다!"**

줄 르나르

감사하는 마음이 중요하다. 오늘의 자기가 이렇게 살아 있는 것
은 신의 덕택이다. 아내의 선물이다. 모든 것에 감사한다는 마음
을 잊어서는 안 될 일이다. 그것을 생각할 뿐 아니라, 태도로 나
타내는 것이 중요하다. 감사하는 마음은 행동이다. 자연스러운
형태로 모든 것에 감사한다. 특히 아침은 하루의 출발점이다. 건
강하고 상쾌한 기분으로 하루를 맞게 된 데 먼저 감사한다.

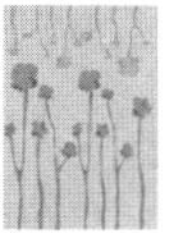

①

연기와 연출의 미

미국 전대통령 아이젠하워는 텔레비전에서 연설할 때, 배우 로버트 몽고메리를 연출고문으로 하여 세밀한 주의와 지도를 받았다. 1960년의 선거에서 젊은 미남 케네디에게 패배한 닉슨 대통령은 새로운 모습으로 뉴스 프로그램에 등장했다. 성조기의 빨간 줄을 배경으로 감회색의 양복, 순백의 와이셔츠, 검정과 상아빛 줄무늬 넥타이의 복장으로 이미지 변화를 기도했다. 닉슨은 1960년 선거의 당시를 이렇게 회상했다.

"나는 말할 내용에 지나치게 시간을 소모하여 외관을 너무 소홀히 생각했다."

말하는 화자는 이야기의 효과를 올리기 위해 훌륭한 연출가 구실을 다하지 않으면 안 된다. 그러므로 베테랑급의 세일즈맨은 넥타이 한 개의 색조와 색상에도 신경을 쓴다. 손님의 복장 기호를 조사한다. 상대에 따라 지나치게 빈틈없는 복장이 경계심을 불러일으킬 경우가 있기 때문이다. 몇 가지의 담배를 호주머니에 넣어 두고 상대방 담배보다 더 좋은 것은 피우지 않는다.

세일즈맨에게는 쇼맨십이 필요하다고 한 엘머 래터맨은 "쇼맨십은 드라마이다. 기억하게 하는 것이다. 아이디어 그 자체가 아니요, 아이디어를 제시하는 방편이다. 동일한 아이디어라도 훌륭한 쇼맨십의 이점을 첨가하는 것으로 흥분에 찬 것이 된다. 쇼맨십이 없으면 아무리 훌륭한 아이디어라도 사장되고 마는 것이다."라고 말했다.

물론, 상인은 자신이 극본을 쓰고 연기하고 연출한다. 그리고 손님을 기쁘게 해주며 판매라는 쇼를 리드해 나간다. 세일즈맨은 작가요, 탤런트요, 연출자이다. 결국 일인 삼역을 하는 셈이다. 그는 줄거리를 어레인지하고 작전을 세워서 연기를 효과적으로 전개한다.

교섭을 잘하는 사람은 절호의 기회를 겨냥한다. 상대를 보고 절호의 기회를 선택하여 시의적절한 인터뷰를 한다. 이야기를 전개하기 위해 일층 유효한 조건을 만든다. 효과를 감소시키는 마이너스의 조건을 줄이고 플러스의 조건으로 바꿔 가는 것이 연출자의 수완이다. 즉, 배경에 우스꽝스런 만화를 그려 놓고 희극에 어울리는 무대를 장치한 다음 "자, 울려 주는 비극을 해 다오."라고 하면 무리일 것이다.

어느 악기 판매점에서는 쇼윈도만을 보고 지나가는 손님의 발걸음을 멈추게 하기 위해 점포에 있는 악기에 큰 황색 리본을 달아 놓았다. 발길을 가게 안으로 돌린 손님에게 점포의 점원은 설명을 한 뒤에 파란 볼펜을 내주었다.

"이거 뭡니까?"

"잠깐 그 리본에 사인 좀 부탁합니다."

"왜요?"

"사인받은 것을 다른 분이 갖고 싶어해도 팔지 않으려고 하기 때문입니다."

손님의 마음을 끄는 교묘한 연출의 하나이다. 멋을 부리는 요령은 때와 장소와 경우에 따라 복장을 갈아입는 것과 같다. 이것도 일종의 연출이다.

"부부가 불화하면 방 치장을 바꿔 보라."는 것도 부부화합을 위한 연출이다. 대담의 환경이나 장면의 조건을 고려에 넣고, 대담에 어울리는 분위기를 만들어 이쪽 이야기를 듣기 쉽게 그리고 받아들이기 쉽게 한다.

가장 좋은 대화장면을 만든다. 청자와 장면을 분석하고 마음과 마음의 연결을 거냥한다. 청자는 어떤 사람인가, 미지의 사람인가 기지의 사람인가, 심적인 관계는 어느 정도의 깊이인가, 화자에게 호감을 갖는가, 무관심한가 아니면 반감을 갖는가, 어떤 타입의 사람인가, 성격이나 행동의 패턴은, 신념이나 사고하는 경향은, 화제에 대해 청자는 어느 정도나 아는가, 찬성이냐 중립이냐 반대냐, 어떤 장면에서 말하는가, 장소는 어디인가, 때는 언제인가, 말하기 좋은 장소인가, 바쁜 때인가, 한가한 때인가, 제3자는 없는가 등의 조건을 계산에 넣고 상대의 입장을 존중하고 상대의 기분에 맞추어 이야기를 꺼내지 않으면 모처럼의 상면·연기·화법이 모두 무용의 것이 되고 만다.

어떤 사람에게, 어느 때, 어느 장소에서, 어떤 방법으로 말하면 좋은가? 장면에 맞춰 청자의 반응을 보고 어휘·화제·어투를 선택해 이야기의 방향을 잡아 나간다. 목표는 어디까지나 설득의 최종효과이다. 다만 이쪽의 연출 속셈을 상대가 간취하게 해서는 안 된다. 판매 성공을 위한 연출의 결정적인 요인은 결국 판매시의 열의와 서비스 정신에 있음을 잠시도 잊어서는 안 될 것이다.

좋은 대사를 골라라

뇌쇄(惱殺)라는 말에는, 여자가 하도 아름다워서 남자를 매혹시키며 그 마음까지도 사로잡는다는 뜻이 있다. 우리가 일상 쓰는 말 가운데도 사람을 뇌쇄시키는 말들이 적지 않다. 세일즈맨의 말에는 이러한 요소가 포함되어야 함은 물론이다.

그 가운데는 전근대적인 어휘들도 적지 않지만, 아직껏 사용되고 있고 또 효과도 높은 것이 많다. 비즈니스의 세계나 혹은 합리주의적으로 사고하는 세계에서는 오히려 구태의연한 말들을 골라 그것을 신선하게 각색하여 매력을 더해 주고 있다.

"나는 쓸쓸하다."

"그대는 나의 첫사랑의 애인과 닮았다."

이 같은 대화 속의 표현은 진지한 연애와는 달리 말의 기교나 농담으로 듣기 쉽다. 그러나 최근에는 남녀간의 대화에서뿐만 아니라, 세일의 세계에서도 쓰여지고 있다. 호감을 사는 어구의 성격과 구조에 대해 알아보자.

먼저 상대의 급소를 찌르는 결정적인 말이어야 한다. 상대가 이쪽의 설득에 응할까 응하지 않을까, 살까 사지 않을까 하고 망설이고 있을 때, 한마디 말로 상대가 설득에 응하는 기분으로 기울게 하고 살 결심이 생기게 하는 것이다. 영화선전 등에는 이 같은 의미로 상대를 뇌쇄시키는 어구의 문안이 흔히 쓰이고 있다.

"사랑에 도취된 청춘/애정의 그윽한 향기/매혹의 감동 명화/끊이지 않는 여성인파"

"서로가 갈구하면서도 결합할 수 없는 비통한 사랑"

때로는 비합리적이라도 인정에 젖고 인정에 순간 취하게 하는 것이 중요한 결정타가 된다.

"공수래 공수거(空手來 空手去)", "인생 일대에……." 따위와 같이 완곡한 표현의 말이 리드미컬하게 상대를 취하게 하기 쉽다. 그러나 뇌쇄적인 어구를 쓸 때는 쫓기는 사람이 구원을 청해 오는 위기일발의 때라든지, 감동적인 분위기의 상황에서 뇌쇄적인 어구가 효과가 있다.

비즈니스나 세일의 세계에서는 뇌쇄적인 어구라 하기보다 세일을 스무드하게 성공으로 이끌기 위해 상대방을 인정해 주고 상대방의 우월감에 호소하는 것이 필요하다. 칭찬하는 말이나 거의 유사하다고 생각된다. 간단하게 칭찬의 말이라 하면 진부한 겉치레말로 여길지 모르나 그것과는 다르다. 마음에 없는 겉치레 말과는 달리, 좋은 의미의 허점이나 빈틈이라고 하는 편이 좋을지 모르겠다.

현대의 비즈니스맨이나 세일즈맨의 세계에서는 상대를 인정해 주는 것이 무엇보다 중요하다. 이것으로 호의 어린 인간관계가 형성되어 나가는 것이다. 특히 비즈니스 세계에서는 상대방 우월감에 호소하는 것이 필요하다.

"역시 아주머니께서는 눈이 높으신 편입니다."

이런 말이 자연스럽게 나왔다고 하면 상대를 기쁘게 할 것이 틀림없다. 뇌쇄 어구의 현대판은 칭찬의 말이지만, 이것은 대체적인 뜻이고 칭찬의 말 속에 있는 상대를 인정한다, 우월감에 호소한다, 상대의 호의에 감사하고, 답례를 말하는 것 등을 칭찬하는 말의 일종으로 보아 좋을 것이다. 뇌쇄적인 어구이든 칭찬의 말이든 간에 좋은 어구를 찾았다고 생각하는 것만으로는 부족하다. 그러므로 뇌쇄 어구와 칭찬의 말이 효과를 거두기 위한 조건을 몇 가지 소개하고자 한다.

① 마음속으로부터 말한다

같은 '감사합니다'라도 건성으로 말하는 것과, 성의를 다하여 말하는 것과는 크나큰 차이가 있기 마련이다. 뇌쇄 어구나 칭찬하는 말의 경우는 성의를 다하여 마음속에서 우러나게 말한다기보다 말하는 순간에 그 말이 입에서 자연히 나오게 한다. 매우 당연한 것 같이 말하는 것은 아니다. 그렇지 않으면 본심에서 하는 말로 받아들이기 어렵기 때문이다.

② 함부로 쓰지 않는다

아무리 상대방을 기쁘게 해주는 인정에 호소하는 좋은 문구라 해도 이것을 자주 쓰는 것은 금물이다. 분별 없이 함부로 쓰면 "흥, 겉치레 말만 번지르르하군." "기분만 맞춰 주는군." 하는 생각을 상대가 갖게 한다. 따라서 결국은 경박한 세일즈맨이라고 경시 당하기 쉽다. 이래서는 안 될 일이다.

③ 진실성에서 오는 의외성

아무리 상대를 칭찬하는 말이라도 누구나 흔히 쓰는 일반 상식적인 틀에 박힌 말이라면 상대의 마음을 움직일 수 없다. 또 본심에서 순간적으로 우러나온 말이란 어딘지 일반과 다른 특이성이 있는 것이다.

④ 농담성이 짙은 표현

진실성과는 모순될지 모르나 평범한 틀에 박힌 표현을 피한다는 뜻으로 지나치게 소탈하고 때로는 농담 섞인 표현으로 효과를 올리는 경우가 있다. 다만 이 경우는 몇 번인가 계속 방문한 결과 사람됨을 서로 이해하고 이해 받은 때라든가, 친숙한 단골손님에 국한한다. 그러므로 뇌쇄적인 어구에 가까운 것이 꼭 칭찬의 말로 한정되지 않는다.

"이렇게 하시는 편이 손님의 이득입니다."

우리는 신문광고에서 흔히 이 같은 캐치 프레이즈를 본다. 세일즈맨도 잘 쓰는 어구라고 생각된다. 상대방의 이해(利害)에 호소한다는 것은, 상대의 주의와 흥미를 끌기 쉬운 것이므로, 이런 의미에서 뇌쇄 어구에 가까운 효과적인 말이라 하겠다.

"지금이 기회입니다. 지금 사두시는 것이 득이라고 생각됩니다만……."

이처럼 독촉하면서 강요하는 듯한 느낌을 주지 않는 화법이 좋다. 그러나 시중에는 상대의 감성을 잘 살펴보지 않는 상인이 많다. 상대의 이해에 호소하는 화법이 어프로치의 방법으로서, 또 설득의 방법으로서 중요하나 뇌쇄적 어구로 부적합할지는 모르겠다.

"그대에게만 하는 말인데……." 하고 속삭이는 듯한 화법도 상대를 기분 좋게 만든다. 우월감에 호소한다는 의미로 역시 뇌쇄적인 어구에 가까운 것이라 볼 수 있다.

판매가 시원치 않은 잡지사에 대해 발행부수를 물어 보는 것은 에티켓에 벗어난다고 하나, 이 경우 "네, 1만 부쯤 됩니다."고 대답할 것을, 만약 "알려지기는 1만 부이지만 실제는 약 7천부쯤 됩니다." 라고 목소리를 낮추어 대답했다고 하면, 상대는 "나에게 용케도 사실을 알려 주는군." 하고 좋은 기분을 갖게 될 것이다.

뇌쇄적인 어구란 단적으로 단호히 말하는 것이 효과적인 것이나, 때와 경우에 따라서 조용히 간접적인 화법을 써도 뇌쇄 어구와 동일한 효과를 발휘할 수 있다.

잘 듣는 사람이 잘 이해한다

부탁·교섭·상담은 모두 대담이란 형식으로 행해진다. 기본적으로 1대 1의 개별 커뮤니케이션이다. 정해진 자리에서 하는 공중 스피치는 다수의 청중이 상대가 되는 것이므로, 아무래도 음미하고 음미한 조심스런 형편이 되기 쉽다. 청중과의 심리적인 거리에는 일정한 한계가 있다. 대담은 바로 눈앞에 상대방이 있다. 상대와의 심리적인 거리를 좁힐 수 있고, 인간적인 접촉속도가 매우 빨라진다. 대담은 화자와 청자의 공동작업이다. 말하는 것과 듣는 것은 표리일체가 되어야 한다. 특히 사태가 긴박한 때에 상대가 노하든가, 비통해 하든가, 흥분한 때는 더더욱 청자의 입장이 된다.

링컨이 변호사로서 성공한 이유를 질문 받고 이렇게 대답한 적이 있다.

"나는 법정에서 변론할 때 그 준비로 내게 주어진 시간의 3분의 2를 상대에 관해, 또 그가 말할 것에 관해 생각한다. 그리고 나머지 3분의 1을 나 자신과 말할 것에 대해 생각한다."

부탁이나, 교섭이나, 상담은 상대를 일방적으로 누르고 굴복시키는 강력한 담판과는 다르다. 무리하게 억지로 이쪽 의견을 밀고 나가서 승리했다 해도 그것은 일시적일 뿐, 후에 어떤 형태로든지 꼭 반격을 받을 것이다. 이쪽이 말하는 내용을 잘 이해시키고 납득시켜 협조적인 분위기의 바탕에서 이쪽 의도대로 상대를 행동시키면 바로 그때 비로소 판매는 100% 성공을 거두게 된다.

이 같은 관점에서 보면 마구 떠들어대는 것이 얼마나 서투른 방식인가를 알게 된다. 마치 수도꼭지를 틀어 놓은 것 같이 말하기의 일방통행만큼 어리석은 화법은 없다. 그러므로 청자의 입장으로 바꾸는 편이 훨씬 현명하다. 상대방에게 꽃다발을 안겨 주면서 이쪽 의견을 제시해 나가는 것이다. 어떤 종류의 교섭에서든 화자나 청자는 쌍방의 이해 득실을 계산하고 대결의 마당에 임하는 것이다. 대립된 쌍방이 상호이익의 일치점을 찾아 나가지 않으면 이야기는 평행선을 긋고 끝내 대화는 결렬되고 만다.

화법의 표현기법이 아무리 훌륭해도 청법의 이해기법이 부족하거나 미숙하면 안 된다. 화법과 청법은 대담이란 궤도를 달리는 차의 두 바퀴이다. 설득의 명인 소크라테스는 아테네 청년을 설득할 때 다음과 같이 말했다.

"먼저 그대들이 무엇인가를 말해 달라. 그것에 따라 나는 판단할 것이다."

키신저는 사람들과 접촉하여 교분을 쌓았고, 사회 저명인사들이 필요로 하는 예절과 점잖은 몸가짐을 익혔다. 예를 들면, 자기 의견을 상대방에게 납득시키고 싶으면 자기 의견보다 먼저 상대방의 의견을 충분히 들어 주는 대화법을 익힌 것이다.

넬슨 록펠러란 여비서 이야기로는 이 같은 키신저의 대화법이 키신저가 협상가로 성공하는 데 큰 몫을 한 것 같다고 술회한 적이 있다.

많이 듣고 적게 말한다. 상대편이 이쪽보다 더 많이 말한다는 것은 그만큼 이쪽의 제안에 관심과 흥미와 열의가 있다는 증거라 생각해도 좋다. 그것이 없다면 상대는 말하지 않았을 것이다. 상대방 스스로 선택하고 스스로 결정한 의사라는 식으로 이끌어 나간다. 가령, 이쪽의 유도로 결정된 것이라 하여도 이쪽은 겉으로 조언자 이상의 입장을 취해서는 안 된다. 강제성을 띤 판매·자만·웅변은 상대의 자존심을 깎는다. 상대의 입장과 처지를 생각하지 않는 교섭은 성공할 수 없다. 판매장면에서는 어디까지나 손님이 주가 된다.

말하는 사람의 입장에서 듣고, 듣는 사람의 입장에서 말해야 한다. 청자의 입장에서는 듣는 태도가 중요하다. 대담중 상대방이 하는 말 한 마디한 마디를 깊이 이해하는 것은 물론, 전체의 이야기 속에서 그 말이 어떤 연관성을 갖는지 이야기 전체의 관계로 그것을 이해하지 않으면 안 된다.

상대는 무엇을 말하려 하는 것인가, 그 목적은 무엇인가, 어째서 그런 것을 말한 것인가, 모순된 점은 없는가, 말하고 싶어하지 않는 점은 없는가, 감춰진 의도는 없는가 등을 순간적으로 포착 응답해 나간다.

따라서 듣는 태도가 신중해야 할 것은 물론이다. 필요 없이 옆을 보든가, 손과 발을 반복적으로 움직이든가, 하품을 하면서 억지로 참든가, 쓸데없이 히죽히죽 웃든가, 소지품을 꺼내서 만지작거리든가 해서는 안 된다.

상대가 하는 이야기에 흥미를 갖고 적극적으로 경청한다. 이쪽이 융통성 없이 굳어 있으면 말하기가 거북하다. 거리낌없이 말할 수 있게 부드러운 자세를 취한다. 듣는다는 기법이 인생에 있어 얼마나 큰 가치를 갖는가를 좀더 깊이 깨달을 필요가 있다.

④

마음을 건드리는 질문

질문은 자극이다. 관심 없어 하는 상대를 이쪽 화제로 끌어들여 잠자는 마음을 깨워 주고 문제의식에 불을 붙인다. 그리고 상대도 한 몫 끼어 생각하게 한다. 정확한 어휘로 질문이 행해지면 그 문제는 절반쯤 해결된 것과 같다. 질문의 자극으로 청자의 마음에 반응이 일어난다. 그도 그 문제를 생각한다. 그리고 응답하는 경우도 있고, 역으로 묻는 사람에게 되묻는 경우도 있다. 이러한 질문·응답의 과정을 통해 공동사고의 마당이 만들어지고 문제해결의 실마리가 풀리는 것이다. 우리의 일상생활에서 자문자답의 형태로 모든 물정을 생각하는 일이 흔히 있다.

가령, 바둑을 둘 때도 "저렇게 가면 이렇게 되고, 이렇게 가면 어떨까? 응……아무래도 안 되겠는 걸." 하고 머릿속에서 소리 없는 소리로 문답을 행한다. 이 같은 문답형식의 커뮤니케이션을 통해 공자·석가·그리스도가 진리를 일깨워 온 것은 다 아는 바와 같다.

질문해도 상대가 대답하지 않으면 이때의 문답은 무용한 것이 되고 만다. 교섭도 상담도 이루어지지 않는다. 유능한 화자는 그의 대화 속에 반드시 질문을 삽입하고 상대를 리드해 나간다. 질문의 기법을 유효 적절히 사용하면 이렇게 하라는 직접화법보다 훨씬 효과적일 것이다. 강한 암시력을 포함하기 때문이다.

가령, '목숨을 무릅쓰라'는 표현보다 '죽는 것이 그렇게도 두려운가?'라고 한 마디의 질문을 던지는 편이 병사에게 분발의 자극이 될지 모른다.

"나, 어젯밤 꿈에 누구를 봤는지 아세요?" 하고 가까운 여인으로부터 질문을 받으면, 남자는 흠씬 사랑에 빠질는지 모른다.

프랭클린이 피뢰침을 발명하고 공중 전기의 공개실험을 행할 때에 그에게 반감을 가진 사람이 핀잔을 주었다.

"도대체 그게 무슨 구실을 한단 말이요?"

프랭클린은 질문을 되던지며 말했다.

"태어난 지 얼마 안된 아기가 무슨 구실을 한단 말이요?"

경험을 많이 쌓은 상담의 베테랑은 프랭클린과 같은 수법으로 질문을 역전시킨다. "이 문제에 대해 어떻게 생각하십니까?" 하고 이쪽에 불리한 문제의 핵심을 캐오면, "그런데, 그 일은 어떻게 됐습니까?" 하고, 역으로 딴 질문을 던져 시치미를 뗀다. 그 일이란 상대에게 말하기 귀찮은 매우 가슴아픈 문제이므로 모처럼의 추궁도 기세가 꺾이고 만다. 대답하고 싶지 않은 회답의 연막이다.

젊은 에디슨이 발명한 기계를 판매할 때 상대방 기업가로부터 "얼마나 받으려고 하나?" 라는 질문을 받고, "글쎄요, 얼마나 주시겠습니까?" 하고, 역으로 질문한 때문에 자기가 예상한 것보다 다액의 보수를 받았다고 한다.

어프로치가 뛰어난 세일즈맨은 면접시간 내주기를 꺼리는 손님에게 다음과 같이 접근할 수 있다.

"25년 간이나 걸려 훌륭한 저택을 마련하셨는데, 그것을 잘 유지하기 위해 단지 25분간 시간을 내주셨으면 하는데 안 된다는 건 어떤 뜻입니까?"

"좋아요, 뭘 말씀하려는 거요?"

"네 그럼 말씀드리겠습니다."

도대체 입을 떼지 않는 사람을 상대로 했을 때, 청자의 입장을 취하려면 이쪽에서 질문을 던지는 것이다. 다만, 질문을 던질 때 다음과 같은 점에 주의한다.

1. 대답하기 쉬운 질문을 한다.
2. 기꺼이 대답할 수 있는 질문을 한다.
3. 대답을 피할 수 없는 질문을 한다.

답을 구하는 질문이므로 먼저 대답하기 쉽게 질문하지 않으면 안 된다. 별로 말이 없는 사람이라도 가벼이 대답하기 쉽게 질문한다. 그러기 위해 순서를 잘 짜고 간결하게 질문한다. 동시에 여러 가지를 질문하지 않는다. 하나의 과녁을 향한 일제 사격과 같은 중복되는 질문은 상대를 혼란시킬 뿐이다.

"그 사람은 젊은 사람입니까? 여자입니까? 예쁜가요?" 하고, 계속적으로 질문을 퍼붓는 것은 어린이들의 방식이다. 한 가지 질문으로 한 가지 대답을 들으면 다음 질문으로 넘어간다는 식으로 상대가 대답할 겨를을 줘야 한다. 간결한 질문이란 구체적이고 짤막한 말로 묻고, 이에 간단히 답할 수 있는 질문이다. '왜', '무엇을', '어디서', '언제', '누가', '어떻게'의 소위 5W 1H식의 질문법은 매우 간명하고 응용범위가 넓다. 질문의 순서를 연구하고 간결한 질문법을 구사하는 것으로 상대의 본심을 찾아내고 여러 가지 문제점을 캐낼 수 있다.

둘째로 유념할 것은 상대가 기꺼이 대답할 수 있는 질문인데, 이것이야말로 청자 입장에서 가장 즐거운 방식이다. 다만, 인간이 어떤 질문을 받고 가장 말하고 싶어하는가를 고려하고 질문을 던진다. 인간은 자만스런 동물이다. 누구나 자만하고 싶은 것을 가지고 있다. 자기만 아는 새로운 뉴스나 인포메이션은 말하고 싶다. 자기만 독점하고 있는 것, 자기만의 특기는 비밀로 하는 것이 안타깝다. 윌리엄 제임스라는 심리학자는 "자기 표현은 인간의 가장 강한 욕구의 하나이다." 라고 말했다. 자만할 수 있는 취미·특기·건강·가족·지위·재산·체험, 그 무엇이든 좋다. 어떤 겸허한 사람이라도 이 같은 것에 관해 질문을 받으면 뜻밖에 입을 열고 싶어지는 것이다.

"이처럼 영업이 번창하는 것은 무엇인가 놀라운 비결이 있는 거 아닙니까?" 라든가, 또는 "어떤 방식으로 뒷바라지를 하셨기에 그처럼 훌륭한 자녀분을 두셨는지요?" 라는 질문에 잠자코 있을 사람은 없을 것이다.

인간은 입을 잠시도 쉬고 싶어하지 않는 동물이다. 자만하더라도 인간은 허약하다. 조금만 약점을 건드리면 울음을 못 참는다. 누구에겐가 동정받고 싶어한다. 불만이 있으면 말하고 싶어한다. 배출구를 찾는 것이다.

상대가 기꺼이 답할 수 있는 질문은 상대에게 어떤 걱정이 있는가를 알아내고 여기에 질문의 화살을 던지는 것이다.

대답하게 하는 또 하나의 질문방법은 대답을 피할 수 없게 하는 질문이다. 인간은 이익과 손해에 민감한 동물이다. 그 물음에 대답하지 않으면 자기에게 불리한 사실이나 불리한 입장을 승인하는 곤란한 처지에 놓인다. 이 같은 경우, 누구나 잠자코 있지 않는다.

무고한 혐의는 견딜 수 없는 것이다. 무고한 죄는 승복할 수 없다. 잠자코 있으면 손해를 본다. 그런 때는 돌 같은 사람도 외쳐대게 된다. "회사공금을 2백만 원이나 축내고 있다는 소문이 도는데 사실이요?" 하는 질문을 받으면 대답하지 않고 있을 이유가 없다.

두꺼비처럼 입을 꾹 다물고 있는 주인이라도 "여기서 파는 상품은 모두 깨끗하지 않은데요." 라는 비난을 받을 때, 입을 계속 다물고 있을 수는 없을 것이다.

"크게 손해를 보셨는데, 그 이유를 알고 계신지요?"

이 같은 질문에 대부분의 사람은 무관심하게 있을 수 없는 것이다. 질문할 때 유념해야 할 사항은, 질문하는 기분이 나타나면 안 된다는 것이다. 또 상대에게 불쾌한 연상을 안겨 주는 질문도 마이너스이다.

"건강이 나쁜 것 아닙니까, 피부색이 매우 안 좋은데요."와 같은, 상대가 감추고 싶은 것과 사사로운 문제에 대한 질문도 금기사항이다. 질문으로 상대가 수치를 느끼게 된다면 모든 일이 허사로 돌아간다.

경이적인 판매실적을 올린 미국 생명보험의 세일즈맨인 프랭크 베드가는, "내가 하는 모든 면접은 주의깊이 생각한 일련의 질문에 의해 구성돼 있다. 면접에 임해서는 적극적인 주장보다 질문하는 편이 훨씬 효과적이다." 라고 말했다.

질문화법을 써서 청자의 입장에 선다면 어떤 이점이 있을까?

1 상대에게 꽃다발을 안겨주면 유쾌하게 생각한다.

즉, 상대방의 말을 성실하게 경청하면 상대는 자존심에 만족을 느낀다. 그러나 화자가 자기 주장을 내세우고 강요하거나, 또 어떤 교훈 같은 것을 말하면 그만큼 청자는 저항을 느끼게 된다.

2 상대의 의견을 진지하게 경청하면 상대도 이쪽의 의견을 존중하게 된다.

듣는 태도가 중요하다. 정성껏 듣고 상대의 의견을 어떻게 이해하고 있나를 보이면 반드시 이쪽의 의견에 대해 존중하는 뜻으로 되돌아온다. 끈기 있게 성의껏 상대의 발언에 귀를 기울이지 않으면 안 된다.

3 논쟁을 피할 수 있고 협조적 분위기를 말들 수 있다.

이쪽의 의견을 정면으로 강요하므로 상대가 반격하는 것이다. 질문을 던지고 상대도 생각하게 하여 상대방의 의견을 듣는 시간을 많이 가지면 논쟁이라는 불유쾌한 정황을 피할 수 있다. 논쟁에서 얻는 승리의 쾌감은 진정한 협조와는 거리가 먼 것이다. 강요하는 느낌이 아니라 질문 암시에 의해 간접으로 이쪽의 생각을 상대에게 알리는 것이 현명한 방법이다.

4 말이 많지 않으므로 빈 속을 드러낼 걱정이 없다.

말많은 사람은 자칫 마각을 드러내놓기 쉽다. 청자의 처지로 입장을 바꾸는 시간이 적기 때문에 혼자 독주하고 말꼬리를 잡히기 쉽다. 아이디어 연구의 미숙함을 언어수식으로 속이려 해도 상대가 그렇게 어리숙하지는 않다. 말많은 사람에 한해서는, 갑자기 충동적으로 재미없는 말을 하면 상대방의 감정을 상하기 쉽다.

⑤ 상대의 반응을 측정할 수 있다.

질문 받은 때의 상대의 대답뿐 아니라 그때 나타나는 표정이나 동작 같은 것에 의해 호오(好惡)의 감정을 살피고, 혹은 문제의 관심도와 이해도를 추측할 수 있다. 손님이 기분 좋게 말할 수 있게 하는 세일즈맨은 질문으로 손님의 욕망이나 구매동기를 찾아낸다.

"무엇을 찾으시는지요? 찾으시는 걸 말씀해 주시죠?"

인간은 자기에게 일층 관심 있는 것을 말하고 싶어한다. 그러나 질문의 남발은 곤란하다. 그리고 세심한 관찰이 필요하다.

⑥ 이야기의 흐름을 진전시키고 방향 설정도 가능하다.

질문으로 이야기를 끌어내는 것은 물론, 도중에서 끊어진 이야기를 이어 주고 방향 제시를 위해서도 큰 구실을 다한다. 질문으로 다시 이야기를 재촉한다.

"아, 그래서요?"

"그런데 저쪽에서는 뭐래요?"

"그 다음을 얘기해 보세요. 그래서 어떻게 됐습니까?"

상대의 이야기가 옆길로 빠질 때도 질문을 던져 이야기를 제자리로 끌어들인다.

"그렇군요, 재미있는데요. 그런데 어떻습니까, 먼저 문제는요?"

질문으로 이야기의 방향을 이쪽이 생각한 대로 바꿔 나간다.

"그렇죠, 그런 때는 곤란하죠. 거기에 대해서는 이런 방법이 있는데요, 어떻게 생각하시는지요?"

질문은 이야기의 방향을 이끄는 배의 키와 같은 것이다.

⑦ 청자가 알고 싶은 것을 체계적으로 알게 되고 그의 의견도 점검할 수 있다.

질문하는 테크닉으로 상대의 생각이나 의견의 윤곽, 중심 아이디어, 의견의 줄거리를 포착할 수 있다.

"손님께서 그 입장이면 어떻게 하시겠습니까?"

"이 점에 관해서는 별로 이의가 없으시겠죠?"

"미심한 점은 없으십니까?"

이와 같은 간단한 질문에서 다시 머리를 짜낸 각종의 질문형을 활용하면 좋다. 상담의 경우, 이렇게 하여 상대의 욕구 포인트를 파악할 수 있고 판매 초점을 맞출 실마리도 잡을 수 있다.

8 반대나 불평의 이유를 찾을 수 있다.

묵살되고 마는 것을 피하고 상대가 품은 반대 이유나 불평의 원인을 질문으로 명확히 밝혀 나간다.

"어느 점이 마음에 안 드시는지요?"

"서비스에 대해 아시고 싶은 점은 없으신지요?"

질문을 계속하는 중에 감춰진 참된 이유를 알게 된다. 이유를 모르면 처리할 방도가 없게 된다.

9 필요한 인포메이션을 수집할 수 있다.

제품에 관한 모든 인포메이션의 원천 가운데 가장 중요한 것은 상인이나 사용자, 소비자의 생생한 경험이다. 이것을 청자로 입장을 바꾸면 얻을 수 있다. 그 같은 인포메이션에서 새로운 판매망이나 신제품 개발의 아이디어를 포착할 수 있다. 능숙하게 질문을 전개하지 못하면 상대의 입에서 나오는 인포메이션의 흐름은 도중에서 끊어지고 만다.

10 문제의 중요성을 상대에게 확인시킨다.

제안이나 아이디어의 강요는 상대의 자발적인 사고력을 둔화시킬 뿐이다. 질문하는 것으로 졸고 있던 상대의 두뇌는 활동을 시작하고 심장은 뜨

겹게 뛴다.

질문을 받으면 문제에 관심을 갖고 중요성을 느낀다. 그리고 그 문제해결의 방법을 스스로 생각해 낸다. 요컨대, 이쪽의 생각을 상대가 말하게 하고 그 생각이 흡사 자신의 것인 양 생각케 한다. 이것이 질문화법의 세련된 테크닉이다.

가령, 이쪽의 제안을 A라고 하자. A라는 제안을 감춰 두고 이것과 정반대되는 제안 B를 내놓고 상대에게 질문한다. 누구나 반대할 결함 투성이의 제안이다.

"B안은 어떤가, 좋다고 생각되지?"

상대는 꼭 반대한다.

"어림없어, B안은 형편없어."

"어째서?"

"이러이러한 까닭이지."

"그럼 그 반대라면 좋겠나? 그렇게 하면 어떻게 될까?"

"이러한 안은 어떨까?"

상대가 생각해낸 안은, 이쪽이 감춰 놓은 A안 그대로이다. 이 같은 방법에서 질문화법의 묘미를 느낄 수 있다.

먼저 인포메이션을 얻어라

기술혁신에 따라 새롭게 면모를 갖춘 새 제품이 차례차례 등장하고 있다. 대량생산으로 품질도 균일성을 띤 유사한 상품이 시장에 범람한다. 소비자의 소득수준이나 교육수준이 향상되면서 생활양식도 크게 변모하고 있다. 고객의 욕구도 고도화되고 대형화 및 다양화되어, 그 구매태도와 선택방법이 급속도로 바뀌고 있다.

품질이나 상표가 우수하다고 하여 책상다리를 하고 앉아서 판매의 매너리즘(mannerism)에 빠져 있는 세일즈맨은 없을까. 변화의 흐름에 적응한 새로운 판매방법을 개발하지 않으면 이미 고객은 떨어져 나간 것과 같다. 판매란 단순히 제품을 파는 것으로 그치는 것이 아니다. 상품을 파는 게 아니라 인포메이션을 판다. 그 결과로 상품이 팔리는 시대가 바로 오늘의 시대인 것이다.

가령, 승용차의 판매에 당해서 견고성과 경제적인 가격보다 차형이 조금이라도 크면 속도·외관·승차기분과 같은 느낌의 매력으로 요점을 옮겨 나간다. 의상에서 내구성보다 색조·품위·디자인·유행성 등의 심리적인 요소가 강해진다.

요컨대, 상품 자체의 물적인 가치보다 그 제품에 부가된 인포메이션의 가치가 구매동기를 흔들어 놓게 된다. 가구도 동일하다. 한가지 한가지를 파는 게 아니고 그것이 세트로 꾸며지고, 집안 전체의 구조에 조화되는 높은 센스의 문화를 파는 것이 된다.

주택의 경우도 물론 마찬가지이다. 고립된 건물 자체만을 파는 것이 아니라, 건물을 에워싸고 있는 환경이나 무드 있는 생활을 파는 것이 된다. 넥타이라 하더라도 넥타이만을 파는 것이 아니고, 양복·와이셔츠·포케치프 등 구색을 갖춘 전체적인 효과를 겨냥하고 개성적인 우수성을 파는 것이 된다.

소비자의 상품 지식은 놀랄 만큼 크게 보급되고 있다. ‘원가 대봉사!’와 같은 선전 문구나 직업적인 동정, 거짓 웃음으로 판매하는 시대는 이미 지나간 지 오래이다. 오늘날에 와서는 상품의 품질이나 성능을 선전하는 것만으로 사람들의 마음을 움직일 수 없다. 제품의 가치를 어떻게 살리느냐와 같은 새로운 사용법의 지혜를 파는 시대인 것이다. 결국, 이쪽에서 제공하는 인포메이션의 가치가 승부의 요체가 된다. 현대의 세일즈맨은 주문 받는 사람이나 제품을 수송하는 사람이 아니라, 상품구입의 결정에 큰 도움이 되는 인포메이션을 제공하는 인포메이션 맨이다. 상품 구매계획의 충고자이며 상담역이 되는 두뇌적인 컨설턴트(consultant)인 것이다.

고객의 입장에서 문제를 이해하고 상대방에게 도움이 되는 인포메이션을 지참하는 것이 세일즈맨이 하는 작업의 일단이다. 형식만의 형편 좋은 화법보다 무엇을 전달하는가의 이야기 내용이 문제인 것이다. 앞으로의 개인 판매에서는 인간과 인간의 접촉만이 아니라 인포메이션의 보급자로서의 능력이 보다 높이 평가되므로, 인포메이션이 풍부하고 설득력이 강한 세일즈맨만이 모든 구매자의 환영을 받게 될 것이다.

그러나 아무리 가치 있는 인포메이션을 제공해도 인포메이션 제시의 방법을 연구하지 않으면 안 된다. 설득력 있는 인포메이션 전달의 요령은 3개 항목을 중심으로 이야기를 구성하는 것이다.

1 **흥미를 불러일으킨다** — 상대방의 관심사와 연결돼 있는가?

2 **이익을 강조한다** — 이쪽의 이야기는 상대에게 중요한 것인가? 어떻게 이익이 되는가? 그 이점이란 무엇인가?

3 **증명한다** — 진정 이익을 가져오는가? 그 근거와 뒷받침은 확실한 것인가? 사실을 드러내 보일 수 있는가?

인포메이션의 전달은 흥미와 이익과 증명의 3개 요소로 구축될 때에 힘 있는 설득효과를 거두는 것이다. 레이더와 같은 날카로운 촉각을 갖는 세일즈맨만이 정보화 사회의 첨병으로서 활동의 신천지를 개척해 나갈 수 있을 것이다. 누구나 연구하지 않으면 전진할 수 없다. 새로운 판매전술을 부단히 연구하여 새롭게 전진할 일이다.

6

· · · · · · · · · ·

동기를 부여하고 자극하라

구매하는 사람의 행동에는 동기가 있다. 욕구와 목표를 연결, 어느 행동을 일으키게, 방향을 정하는 것을 동기부여라고 한다. 손님이 물건을 사는 행동에는 반드시 동기가 있다. 그러므로 동기부여의 단추를 누르면 이쪽이 뜻하는 판매는 손쉬워진다는 것이다. 인간이 행동하게끔 몰아세우는 가장 강한 동기는 기본적인 욕구라고 말하고 있다.

7개 항목을 주의해 보자.

1. **음식욕** — 이것 없이는 살 수 없다.
2. **안락욕** — 괴로운 것은 싫고, 항상 즐겁게 지내고 싶다.
3. **이성애** — 가장 즐거운 것, 이것으로 종족이 보존된다.
4. **생명욕** — 죽는다는 것은 딱 질색이다. 천년만년 살고 지고.
5. **가족애** — 처자식만큼 사랑스러운 것은 없다.
6. **우월욕** — 남보다 훌륭해지고 싶다.
7. **사회적 승인욕** — 인정받고 싶다.

이 같은 욕구에 호소하면 아무리 목석이라도 마음을 움직이지 않을 수 없다. 물론 욕구에는 개인차가 있고, 인간에게는 낮은 동물적인 동기에서 살신성인(殺身成仁)하는 높은 도덕적인 동기까지 있으므로 주의할 필요가 있다.

사람을 능숙하게 다루는 사람은 이때의 단추를 교묘히 누르는 사람이다. 그들은 항상 상대의 관심을 끄는 5가지의 화제를 준비하고 있다. 이 세상에 감동 없는 사람은 하나도 없다. 다음 5가지의 화제에는 사람의 마음을 감동시킬 수 있는 여지가 있다.

　　1　우리 자신

　　2　가정과 가족

　　3　비즈니스

　　4　건강

　　5　오락

　　이것들은 어떻든 인간의 기본적인 욕구에 어필한다. 판매화법이란 욕구가 무엇에 의해 일어나는가를 알고, 그 욕구를 상대방으로 하여금 느끼게 하며, 동기부여의 단추를 눌러주는 것이다. 인간의 심리나 행동은 여러 학자에 의해 조사되고 있다. 최근에는 심층면접법 등에 의해 우리가 의식하지 못하는 깊은 근본적인 욕구를 찾아내려고 노력하고 있으나, 아직껏 마음의 전모는 분명히 모르고 있다.

　　이때 상대의 욕구를 자극하려면 어떻게 해야 하겠는가? 세일즈맨의 작업은 원칙적으로 3가지로 요약된다.

　　1　잠자고 있는 욕구를 흔들어 깨운다. 욕구가 상대의 의식 표면에 분명히 나타나도록 여러 가지 자극이 될 만한 목표를 준비하고 찬스를 만들어 나간다.

　　2　나타난 욕구를 곧 실현할 수 있는 장면을 만든다. 구입하는 장소는 가까울수록 좋다. 쉽고 기분 좋게 최단거리를 걷도록 배려한다.

　　3　욕구를 자극하고 만족할 것이라는 사실을 강조한다. 상대에게 가슴을 설레게 하는 즐거운 꿈을 안겨 준다.

　　간단히 말하면, 이상 3가지의 작업이다. 동기부여 조사에 의하면, 일반인의 구매동기는 이전 경험의 습관적인 반복에서 찾는다는 것이다. 이것은 가벼이 간과할 수 없는 점이다. 개인적인 욕구도 그 동기는 사회적인 것에 의해 좌우되고 있는 것이다. 이 같은 사실을 주시하고 손님의 욕구에 어떻게 어필하고, 구매행동에 동기를 어떻게 부여해 나가느냐가 세일즈맨의 판매화법이다.

자동차 세일즈맨이 모터의 성능에 대해 열심히 설명을 해도 여자 손님은, "모터요? 그게 그거 아녜요?" 하고 부주의한 반응을 보인다.

"아뇨! 다르죠. 같은 모터라도 이 차의 모터는……." 하고 설명하지 않고, 판매에 능한 세일즈맨은 이렇게 말한다.

"아주머니, 차 속을 보십시오. 구석구석이 모두 호화스런 장치 일색입니다."

요컨대, 세일즈맨의 목표를 단도직입적으로 말하면 다음과 같다.

1. 그 상품을 사도록 한다.
2. 경쟁품을 사지 않도록 한다.
3. 몇 번이라도 그 상품을 사도록 한다.
4. 경쟁품의 영향을 받은 사람도 그 영향을 뿌리치고 이 상품을 사도록 한다.

이쪽이 선수를 치지 않으면 라이벌이 그것을 칠 것이다. 재빨리 동기부여의 단추를 누른 사람이 승리한다.

임기응변의 전술

인간의 성격에는 적극적인 것과 소극적인 것, 진보적인 것과 보수적인 것, 감정적인 것과 이성적인 것, 대담한 것과 용렬한 것, 싫증을 잘 내는 것과 끈질긴 것, 성미가 급한 것과 여유 있는 것 등 여러 가지 타입이 있다.

얼굴 생김새가 각기 다르듯이 손님도 십인 십색, 여러 가지 타입이 있어 행동의 형태가 다르다. 다루기 쉬운 손님이 있는가 하면 다루기 힘든 손님도 있다. 이쪽의 기호에 맞는 사람이 있는가 하면 전혀 파악되지 않는 손님도 있다. 어떤 타입의 손님이라도 상대의 타입에 맞는 설득작전을 연구하지 않으면 안 된다.

여성상위라든가, 여성해방 등의 말이 유행하는 시대인 요즈음, 여성의 발언권은 점차 강화돼 가고 있다. 남성의 상품구매에도 그 결정에는 여성이 큰 영향을 미치고 있다. 소비자운동을 전개하고 있는 부인 고객층을 무시하고는 앞으로의 시장개척이 불가능할 것이다. 여성 특유의 심리가 있다. 동일 상인의 판매화법에 대한 반응방식도 남성과는 판이한 점이 있다. 이 같은 점을 모르고 판매에 임하면 실패하고 만다.

여성이 상품을 구입할 때, 상인의 자극에 대해 일반적으로 어떤 반응과 구매태도를 보이는가? 남성과는 다음과 같은 점이 다르다.

1. 남성 손님은 논리적으로 생각하나 여성 손님은 직감적으로 판단한다. 이유보다는 직감으로 좋고 나쁜 것을 결정한다. 방위본능에서 오는 제 6 감으로 예리하게 거짓을 간파한다. 여성 손님을 예사로 봐서는 안 된다.

2. 남성은 상품 자체의 품질 · 성능을 이성적으로 비판하나, 여성은 포장 등의 외형과 암시적인 무드에 약하다.

3. 여성은 세일즈맨의 설명을 객관적으로 들으려 하지 않는다. 무엇이든 자기 자신에 결부시켜 받아들이는 경향이다. 일반론으로 수용하지 않고 자기 경우를 말한다고 느낀다. 상품과 자기를 연결 지어 이미지를 형성하고 공상을 즐긴다.

4. 남성은 세일즈맨의 설명이나 판매법에 주목하나, 여성의 마음은 주로 세일즈맨 그 사람에게 쏠린다. 용모 · 복장 · 손님을 대하는 접객의 태도에

쏠린다.

$\boxed{5}$ 여성은 남성에 비해 인색하고 타산적인 것처럼 보이는 반면, 허영심이 강하다. 이 같은 모순된 양면을 남성보다 많이 지니고 있다.

여성의 구매심리를 조사한 단톤은 다음과 같이 말한다.

"사실이나 숫자보다 이점에 이끌린다. 이것만이 여성 손님이 듣고자 하는 점이다. 자기가 물건을 사기 위해서만 아니라, 남에게 자기가 산 물건을 설명하기 위해서이다."

단톤은 주택 세일즈맨이 주택 현장으로 부인 손님을 안내해 설명하는 예를 들고, 남성 손님에게는 사실을 중시하고 이치에 맞게 설명하나, 여성 손님에게는 다른 방법으로 호소하지 않으면 안 된다.

$\boxed{1}$ 외벽이 연와조이다.

$\boxed{2}$ 목욕탕 바닥이 고급의 타일이다.

$\boxed{3}$ 냉난방 조절장치가 있다.

$\boxed{4}$ 전망이 좋다.

$\boxed{5}$ 교외풍의 스타일이다.

이 같은 사실을 나열하기보다 여성이 사고 싶어지게 만들 수 있는 이점을 들라고 한다.

$\boxed{1}$ 집을 팔 때도 유리하다.

$\boxed{2}$ 유지비가 싸다.

$\boxed{3}$ 즐거운 살림 기분이 들 것이다.

$\boxed{4}$ 집 값이 비싼 편은 아니다.

$\boxed{5}$ 중산층 이상의 스타일이다.

남녀를 불문하고 가장 다루기 어려운 것은 편벽되고 비굴한 타입의 고객이다. 동(東)이라고 말하면 서(西)라고 말하고 서라고 말하면 동이라고 말한다. 말꼬리를 물어 트집을 잡고 귀찮은 핀잔 공세를 퍼붓는다. 반드시 꼭 한 번은 거절하고 물건값을 꼭 깎는다. 아무래도 다루기 어려운 까다로운 손님이지만, 일단 호감을 사면 이런 타입의 손님은 끈질기게 꾸준한 단골이 될 수 있다. 일단 단골이 되면 변하지 않는다. 이 같은 손님에게는 거슬리지 않을 일이다. 모르는 것은 솔직히 모른다 하고 지나치게 술책을 농하지 않는 편이 좋다. 어린이 다루듯 동심으로 대해 준다.

그러나 인간은 복잡한 생물이다. 어떤 틀에 넣고 판단한다든가, 선입감이나 색안경을 걸치고 상대를 바라보아서는 안 된다. 결국 한 마디로 말하면, 제아무리 어려운 손님이라도 선의로 해석하고 손님을 믿는다. 믿는 것으로 곤란한 상담도 호전시킬 수 있다.

세일 지도자 엘머 레터맨은 말하기를, "소홀히 다룬 손님은 두 번 다시 계약하지 않는다. 다만, 사라질 뿐이다." 라고 말한다.

욕구의 역학

인간만큼 불가사의한 생물도 없을 것이다. 그의 마음은 갈대처럼 표표하여 끌기 어렵고, 그의 행동은 전혀 예측을 불허한다. 생각하면 세상에 이 정도 관심을 갖지 않는 사람은 자기라는 인간을 팔 자격이 없는 사람이라고 해도 좋다. 물품을 구입하는 것은 한 가지 인간의 행동이므로, 상대의 행동을 몰아세우는 것이 무엇인가를 이해하지 않으면 과학적인 판매는 한낱 구두선에 불과하게 된다.

  인간이 어느 행동을 시작할 때, 그것은 행동을 몰아세우는 어떤 욕구가 마음에 싹튼 까닭이다. 욕구가 일면 마음속에 긴장이 생긴다. 이 긴장감은 어떻게 해서든 본래의 평정상태로 되돌아가려고 한다. 인간의 행동은 마음의 긴장감을 해소시키고 안정상태로 되돌아가기 위한 것이라 할 수 있다. 욕구에 의해 몰아세워진 마음의 파도는 행동에 의해 욕구가 충족될 때에 조용히 가라앉는다.

  따라서, 인간의 마음은 좋은 것에 끌리고 싫은 것을 피하고자 한다는 사실을 기억할 필요가 있다. 마음이 끌리는 것은 플러스의 유인성을 갖기 때문이고 반발을 느끼게 하는 것은 마이너스의 유인성을 갖기 때문이다. 이 플러스와 마이너스의 유인성에 의한 욕구 상호간의 역학관계에 의해 그때의 행동이 지배된다. 따라서 그 사람의 행동 방식은 욕구의 강도나, 유인성이 이끄는 방향 및 욕구 간의 상호작용에 의해 각각 달라진다.

  사겠다는 플러스와 사지 않겠다는 마이너스의 두 욕구, 즉 플러스 마이너스의 강도가 동일하여 어느 한쪽으로 움직이지 않는 경우가 있다. 이 같은 상태를 갈등상태라고 한다. 무엇을 사고자 할 때, 마음이 천 갈래 만 갈래로 갈리는 현상도 이 같은 상태를 가리킨다. 강한 욕구가 있어도 장벽이 가로놓이고, 아무리 노력해도 장벽을 뛰어 넘을 수 없을 때는 점차 장벽 자체가 마이너스의 유인성을 띠게 된다.

  이 같은 상태를 욕구 불만이라고 한다. 욕구불만은 무의식적으로 입 밖으로 튀어나오고 몸짓이나 동작으로 나타난다. 능숙한 설득자는 그것을 그대로 지나치지 않는다.

  구매자는 "이런 집에 룸 쿨러는 좀 격에 안 어울리겠는데요……." 하고 반대한다. 그렇게 말하면서도 그의 시선은 무의식적으로 카탈로그로 향한다. 그는 내심 물건을 탐내고 있는 것이다. 사기 어려운 장애를 의식하고, 조급한 느낌을 세일즈맨에게 화풀이하고 있는 것이다. 세일즈맨이 손을 뻗쳐 지혜를 일러 주는 것은 바로 이때이어야 한다. 손님의 욕구불만을 제거해 준다. 매입방법을 말해 준다. 마이너스의 유인성을 약화시키고 곧 마음의 갈등상태에서 벗어나게 해주지 않으면 안 된다. 그리고 구매행동을 단행하게 하고, 만족과 안정을 상대에게 준다. 이것이 세일즈맨과 모든 설득자의 작업이다.

세일즈맨의 최종목표는 손님에게 구매행동을 일으켜 주는 것이다. 그 중에는 대뜸 물건을 사는 손님이 있으나, 많은 손님은 구매행동을 단행하기까지 마음속으로 계속 여러 가지 반응을 일으킨다. 그러므로 세일즈맨의 기법은 상대의 마음에 어떤 반응을 일으키고, 어떻게 심리를 유도해 나가느냐 하는 데 있다.

구매자의 마음은 다음과 같은 심리과정을 거쳐 구매행동으로 옮겨진다.

1. 주의 — 무엇일까?
2. 흥미 — 재미있구나.
3. 욕망 — 갖고 싶다.
4. 신용 — 속임수는 아니다.
5. 결심 — 그래 사자.
6. 행동 — 구입한다.
7. 만족 — 잘 샀다.

이 같은 마음의 흐름을 거쳐 물건을 산다고 하면, 세일즈맨은 각 단계에 맞는 자극을 어떻게 줄 것인가를 생각지 않으면 안 된다. 이것은 부탁·교섭·상담의 모든 경우에 해당한다. 판매화법이란 어떻게 하면 상대의 주의를 끌고 흥미를 포착, 욕망을 일으키며, 신용을 얻고, 결심시켜 구매케 하고, 만족감을 갖게 하는가를 심리유도하는 기법이다.

처음부터 필요하여 상품을 사려는 사람에게는 자동판매기로 충분하다. 세일즈맨의 작업은 좋은 상품이 있는데, 이를 몰라서 사려고 하지 않는 사람들에게 사게끔 도와 주는 것이다. 매스 커뮤니케이션의 획일적인 광고 효과는 1, 2, 3단계까지가 보통이다. 세일즈맨의 작업은 7단계까지의 모든 심리조작이 필요하다. 그러므로 상대의 관심을 끌고 상대에게 소용됨을 종용, 그것을 사실과 보증으로 증명, 손님의 결심을 굳히기 위한 화법 연구를 세일즈맨이 태만하게 해서는 안 된다. 특히 최초의 이야기 시작과 함께 최후의 끝맺음 말은 부탁의 경우이든, 교섭 및 상담의 경우이든 결정적인 가치를 지니고 있다. 그러나 여기서 잊어서 안 될 것은 외부의 언어자극만으로 상대의 마음이 이쪽 의도대로 즉각적인 반응을 보여 주지 않는다는 점이다. 전쟁영화를 보고 눈물을 흘렸다 하여도 눈물은 같되, 감상적인 울음, 감격의 울음, 분한 울음, 유감의 울음으로 각각 나뉜다.

인간의 행동을 밑바닥에서 지배하는 것은, 그 사람이 그때 그것을 어떻게 보고 어떻게 판단하여 어떻게 받아들이느냐 하는 심리적인 환경, 곧 심리적인 조건이다. 그러므로 이러한 그때 그때의 심리적인 조건을 계산에 넣는 호소가 아니면 상대에게 즉각적인 반응을 일으키지 못할 경우가 많다.

손님의 욕망은 무엇인가

"팔리지 않는 것은 팔지 않기 때문이다"라는 명언이 있다. 사실 그대로 이다. 결국 손님이 사지 않는 것은 이쪽에서 사게끔 하지 못하기 때문이다. 물론, 상인은 열심히 팔려고 해도 손님이 사지 않는 걸 어떻게 하느냐고 반론하는 사람이 있을지 모른다. 아무리 노력해도 손님이 사주지 않는다고 말하나, 사고 싶은 기분을 갖게 하지 못하면 몇 백 회 손님을 방문해도 그 판매가 성공할 까닭이 없다. 물론, 세일즈맨의 머릿속에는 상품지식이 그득하고 부드러운 말씨와 잘 세련된 화법으로 상품 설명을 한다. 그러나 상대는 사고 싶은 생각이 들지 않으면 절대로 사지 않는 것이다. 탐나는 생각이 없으면 절대로 돈지갑을 열지 않는다. 지금 우리가 매고 있는 넥타이만 하여도 우리가 탐냈기 때문에 사서 맨 것이다.

인간은 세상물정을 알아보고 수없이 "무엇을 어떻게 하고 싶다"는 말을 되풀이한다. 무엇을 하고 싶다는 욕망이 사람의 일생을 좌우해 나간다.

"이 제품은 이러저러한 까닭으로 품질, 성능이 참으로 우수합니다. 하나 사 보시죠."

대부분의 세일즈맨은 이런 식의 소박한 세일즈 토크로 열심히 손님에게 호소한다.

"응, 그대는 설명을 참 잘하는군. 얘기를 듣고 보니 그 제품이 좋은 것은 알겠어."

제품이 우수하다는 이유를 아는 것으로 상대가 즉각 돈지갑을 꺼낼 것인가? 많은 애연가는 담배의 폐해를 알고 있다. 그래도 끊지 못한다. 알아도 끊지 못하는 것은 진정으로 끊어야 하겠다는 욕망이 일지 않기 때문이다. 이유의 설명만으로 인간의 심금이 울린다고 생각하는 것은 큰 잘못이다. 이유를 대주어도 손님 스스로 찾아내야 하는 것이다. 감정은 다르다. 손님은 자기 감정을 스스로 자극하지 못한다. 세일즈맨이 자극해야 한다.

먼저 탐나게 해야 한다. 크게 '탐난다, 꼭 사고 싶다'는 기분이 들게 해준다. 인간은 그것이 좋다 하여 탐내는 것은 아니다. 탐난다고 생각함으로써 그것이 놀랍도록 좋게 보이는 것이다. 탐나는 생각이 강력하면 돈을 차용해서라도 사고 싶은 것이다. 물건에만 끌리면 다소의 결함쯤은 보이질 않는 것이다.

"그런 상품은 왜 샀어?"

"아냐, 이건 말이지, 우연치 않게 발견한 것인데, 이러저러한 특색이 있다구."

성공한 미국 일류 세일즈맨 아더 모트레는 이렇게 말했다.

"손님에게 탐나게 해주지 못하면 누구도 상품을 팔 수 없다."

세상의 모든 소비자가 자발적으로 백화점이나 슈퍼마켓으로 뛰어다니며 쇼핑하는 것은 아니다. 모든 계약자가 보험회사로 달려가 자발적으로 보험에 가입하는 것은 아니다. 세일즈맨의 열의에 대해 '아니오'라고 할 수 없게 된 결과이다.

어떻게 하면 손님의 욕망을 불러일으킬 것인가? 손님의 마음을 크게 움직일 수 있는 언어 표현을 찾아낸다. 다수의 세일즈맨이 실패하는 것은 그들이 설명하고자 하는 열망을 손님이 듣고자 하는 열망으로 연결할 수 없었기 때문이다.

뉴 모드의 양복 스타일을 팔려면 현재의 양복 스타일을 볼품 없는 것으로 보일 것이요, 신형 텔레비전의 아름다움을 말하려면 구형 텔레비전을 시대에 뒤지는 것으로 보일 것이요, 새로 디자인한 가구의 매력을 보이려면 현재 스타일의 가구를 구식으로 보일 일이다. 어떻든 손님이 현재 갖고 있는 물품에 불만을 안겨 준다. 이쪽에서 권하는 물품이 충분한 만족감을 준다는 것을 설명하면 욕망에 사로잡힌 상대가 적극성을 띨 것은 분명하다. 결국 세일즈맨십은 사람이 필요로 하는 것을 탐나게 하도록 설득하는 능력이다. 때로는 지금 당장 필요로 하지 않는 것이라 해도 마찬가지이다.

6. 암시의 효과와 잡담의 가치

“아첨하는 교묘한 말과 보기 좋게 꾸미는 얼굴빛에는 인(仁)이 드물다.”
(巧言令色鮮矣仁)

『論 語』

겉으로만 꾸미는 사람을 경계하라는 말이다. 무릇 '仁'이란 마음
의 온전한 덕이라, 만일 말과 얼굴빛을 겉으로만 꾸미면 본심의
덕은 잃은 것이 되고, 본심의 덕을 잃으면 악한 일을 하기가 쉽
다. 세일즈맨에게는 교언영색적인 것이 필요할 때도 있으나, 그
뒷받침인 성의가 결여되어서는 안 된다는 것으로 이해하면 좋을
것이다. 첫인상은 매우 좋으나, 접촉하는 중에 점차 싫어지는 사
람이 있고, 첫인상은 좋지 않아도 접촉할수록 좋아지는 사람이
있다. 큰 일을 할 수 있는 세일즈맨은 반드시 후자의 경우라 해도
좋을 것이다.

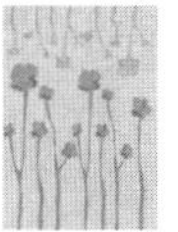

(1)

· · · · · · · · · ·

암시의 효과

사람을 움직이는 데는 직접공격보다 간접공격의 편이 마찰이 적어서 좋으나, 간접공격보다 효과가 큰 것은 뭐니뭐니해도 암시화법이다.

인간은 많든 적든 암시에 걸리기 쉬운 경향을 띠고 있다. 암시에 걸리기 쉬운 정도는 성인보다는 소년이, 소년보다는 아이가 더하다. 특히 부모의 자식에 대한 권위적인 암시력은 강하다. 또 일반적으로 여성은 남성보다, 무지한 사람은 교양인보다 암시에 걸리기 쉽다고 한다.

암시작용을 이용한 화법은 다음과 같이 둘로 나누어 생각할 수 있다.

① 소극적 암시화법

침묵에 의한 암시이다. 화법이 능한 사람은 포즈의 효과를 살리고 있다. 그들은 의식적으로 침묵한다. 침묵하는 것으로 의사와 감정을 표현하는 것이다. 한 가지 포인트를 강조하려 할 때, 큰 목소리로 과장되게 떠드는 것만이 능사는 아닐 것이다. 때로는 침묵하는 편이 훨씬 포인트를 강조하는 효과가 있다. 사람을 꾸짖을 때, 칭찬할 때, 타일러 바르게 가르칠 때는 침묵하는 편이 좋을 경우가 있다. 또 질문을 받고 침묵하고 있을 때는 의

문이나 거부나 반항을 의미할 경우가 있다. 침묵은 소리 없는 암시의 화법
이다.

② 적극적 암시화법

직함이나 큰 숫자 같은 것은 그 자체에 암시력을 갖는다.

"아무개 박사가 이렇게 말하고 있다."

"아무 사장도 찬성이다."

암시에 약한 것이 인간이므로 명함에 직함을 범람케 하는 경향이 없지
않다.

"그 동안 약 1천 개 가량 팔았습니다. 이제 겨우 4개밖엔 안 남았습니
다."

숫자가 어떤 암시적인 마력을 갖고 있는 것인가? A상점에서는 9,500원
짜리를 8,500원에 할인하고 B상점에서는 10,500원짜리를 9,500원으로 할
인했는데, 어느 쪽의 할인이 더 싸냐고 질문해 보면 대부분은 B점포의 것
이 싸다고 대답한다.

광고인은 암시에 가득 찬 뇌쇄적인 문구를 창안하는 데 지능을 짜고 있
고, 판매에 능한 세일즈맨은 언어의 적극적인 암시력을 고도로 활용한다.

"이것은 우수한 상품입니다. 하나 사시죠." 라고 하는 것은 소박한 직접
공격이다.

"파리 여성은 모두 이것을 애용하고 있습니다." 라고 하면 사달라고 하
지 않더라도 여성의 마음은 움직인다.

최근, 의상계에서 해외 유명 메이커의 상표사용을 계약 판매하는 것만
보더라도 알 수 있다. 외국 상표를 쓰는 것으로 손님을 모아들인다. 외래
물품에 편향하는 심리에 편승한 암시전술일 것이다.

암시화법에 의한 간접공격에는 확실히 강한 설득력이 있다. 같은 것을

설명하더라도 결점보다는 장점 쪽을 강하게 암시하는 화법을 써 본다.

"대단한 미인이지만 약간 키가 작군."라고 하는 것과, "약간 키는 작지만 대단한 미인인데."라고 하는 것과는 받아들이는 느낌에 현저한 차이가 생긴다.

"약간 가격은 비싸도 매우 귀중한 물품이구먼."이라고 하는 것과, "매우 귀중한 물품이지만 약간 가격이 비싸구먼."이라고 하는 것도 동일한 사실을 말하는 것이지만, 말의 순서나 음성표현에 따라 암시의 효력은 다양하게 나타난다.

베테랑의 세일즈맨은 이 같은 암시화법을 쓴다. 주유소에서는 운전사에게 "몇 개론이죠?" 하고 묻지 않고, "만 탱크로 하죠?" 하고 묻는다. 대개의 대답은 오케이다. 이것은 미국의 경우이다.

레스토랑에서는 "계란을 드릴까요?" 하고 묻지 않고, "프라이를 해드릴까요, 날로 드릴까요?" 하고 묻는다.

가령, 설렁탕집에서도 "특별로 하실까요, 보통으로 하실까요?" 하고 묻기보다는, "설렁탕은 모두 특별이시죠?" 하고 물을 수 있는 것이다. 대부분의 손님은 상인이 말하는 대로 하기 때문에 흥미 있다.

암시화법의 요령

암시화법에서 중요한 점은 이쪽에 마이너스가 되는 부정적인 암시어를 쓰지 않고 플러스가 되는 긍정적인 암시어를 쓰는 것이다.

"아마도 그렇게 생각하지는 않으셨겠죠." 라고 하기보다는, "이미 잘 아시리라 믿습니다만……"이라고 하는 편이 좋다. 상대는 이미 아는 것으로 착각할 수 있다.

"오늘은 약주 자시지 말고 일찍 들어오세요." 라고 하기보다는, "오늘은 곧장 들어오세요." 라고 하는 편이 좋다. 술과 같은 암시를 줌으로써 잊고 있던 욕망을 자극하는 것이 된다.

"제 얘기에 거짓말이 없다는 것은 인정해 주시리라 생각합니다만……." 하고 말하는 것도 서투르다. 어딘지 모르게 거짓처럼 들린다.

"이 물건은 한 달간 부패하지 않습니다." 라고 하기보다는, "이 물건은 한 달은 새것으로 보입니다." 라고 하는 편이 효과적이다.

'사지 않겠습니까', '마음에 안 드십니까', '싸다고 생각되지 않으십니까'와 같은 부정암시를 포함한 질문을 받으면, '사지 않겠다', '마음에 들지 않는다', '싸지 않다'고 말하는 인상이 의식 속에 투사되고 만다. 무의식중에 부정적인 대답이 나오기 쉽다.

처음에 부정하면 부정어는 부정어를 불러일으키고 연쇄반응으로 마침내 살 기분이 가시고 만다. '꼭 마음에 드시죠', '잘 어울리십니다', '어떤 손님이든 기뻐하십니다'와 같은 긍정어를 써서 긍정적인 응답을 듣도록 이끌어 나간다. 상대가, '과연 그렇군' 하고 무의식중에 말하게끔 하면 이쪽에서 결정적인 질문을 던질 때도 생각지 않게 '그렇지' 하고 대답하기가 쉬운 것이다.

어느 양품점의 넥타이 판매대에서 점원이 여성손님을 응대하고 있다. 손님은 22세 정도의 아가씨이다. 살 생각은 충분히 있는데 어떤 모양을 고를까 하고 망설이고 있다. 잘못 응대하면 놓칠 가능성이 있다. 능한 점원은 긍정적인 암시화법으로 손님을 유도해 나간다.

"선물하실 거죠?"

"네……."

"25, 6세의 남자분이시죠?"

"네……그래요……."

“세련된 무늬를 좋아하시겠죠?”

“네, 그렇죠.”

“이 무늬면 꼭 마음에 드실 거예요. 이건 금년의 유행색입니다.”

이렇게 말하면서 두세 가지를 보인다. 손님은 잠깐 망설인다.

“이 무늬면 꼭 마음에 드시죠?”

“그래요.”

“이것은 멋지죠?”

“네.”

“그럼 이걸로 하시죠.”

“그럼, 그러죠.”

이와는 반대로 부정암시로 말하면 어떻게 될까?

“이런 것은 안될까요?”

“그렇게 좋지 않은데요.”

“화려한 건 안되나요?”

“너무 화려해도 곤란해요.”

“수수한 건 안되겠습니까?”

“수수한 건 더 안되죠.”

“이건 수수하지도 또 화려하지도 않은 좋은 무늬라고 생각되지 않습니까?”

“좋은 무늬인데, 좀 오래된 느낌이군요.”

“자신이 없는데요. 진열장 속의 것을 보시죠 마음에 드시는 것 없으세요?”

“그런데요, 꼭 마음에 드는 무늬가 없는데요. 그럼, 실례하겠습니다.”

이런 식의 대화라면 손님은 떠나게 된다. ‘네, 네’ 하고 계속 대답해 놓은 이상, 손님은 긍정적인 태도에서 돌연 부정적인 태도로 바뀌기가 어렵다. 즉 ‘아니오’ 라고는 좀처럼 말할 수 없는 것이다.

암시화법을 쓰는 상인은 반드시 판다는 긍정적인 자기 암시를 자기 자신에게 한다. 긍정적인 자기 암시는 뜻밖의 힘을 발휘한다. 화자의 마음에 신념이 넘쳐, 그의 정신이 판매에 집중 긴장하면 신체 모든 기관의 활동은 그 일점으로 몰려 에네르기가 연소한다. 그것은 그의 몸에서 눈에 보이지 않는 파동으로 방사되어 상대의 마음을 움직이고 만다.

눈빛으로 말하라

　말하지 않더라도 제스처나 눈짓으로 남에게 자기 의사를 전달할 수 있다. 미국의 심리학자 메란비안의 조사로는, "사람에게 한 가지 사실을 전하는 것은 15%의 말, 30%의 음성, 55%의 얼굴"이라고 말하고 있다. 얼굴은 맨 먼저 눈에 띄고 말하는 입도 얼굴에 있다. 희로애락의 감정은 일순간 안면에 나타났다 스러진다. 표정이 풍부한 사람은 매력적이다. 그러므로 무표정한 판매는 있을 수 없다.

　대뇌 생리학에 의하면, 안면과 손을 움직이는 대뇌피질의 운동영역이 다른 신체 부위에 비해 유난히 넓다. 때문에 미묘한 움직임이 가능하다고 한다. 입만으로 마음의 뜻을 충분히 표현할 수 있는 것은 아니다. 말하는 언어기호는 사회적으로 공통의 기호이므로 편리한 것임에 틀림없으나, 감정적 표현에는 매우 불완전한 것이다. 때로는 상위한 감정의 움직임이 동일 유형의 언어 속에 포함되는 일이 있어 오해를 낳기가 쉽다. 다소 언어 표현이 난폭해도 이따금 실언을 해도 표정에 의해 마이너스를 만회할 수 있다. 독설을 토하고도 미움을 사지 않는 것은 화자의 멍청한 표정의 애교 때문이다.

　가령, 성의를 내도 얼굴에 밝은 기운이 없으면 사람은 이쪽 주변에 몰리지 않는다. 인간은 해바라기 꽃처럼 밝은 쪽으로 얼굴을 향한다. 웃는 얼굴이 모든 사람에게 요구되는 표정이나, 직업적인 틀에 박힌 억지 웃음은 바람직하지 못하다. 하루 종일 웃는 사람도 방심할 수 없다. 진정으로 웃는 게 아닌 증거이다. 웃었다 정색했다, 갈대처럼 변화무쌍한 사람도 경계를 받는다. 웃는 얼굴에 여운이 없어 부자연스럽기 때문이다.

백만 달러의 미소로써 판매에 임한 미국 생명보험 세일즈맨의 제일인자인 프랭크 베드가는 손님이 있는 방문을 노크하기 전에 손님에게 감사하지 않으면 안 된다고 생각하고 소리 없이 웃는다. 그리고 웃는 얼굴의 여파가 미처 가시기 전에 손님의 방안으로 들어섰다고 한다. 마음속으로부터의 미소를 배운다.

유머 작가 마크 트웨인은 "미소가 없어지면 뒤에 남는 것은 주름뿐이다."라고 말한다.

넌 버벌 커뮤니케이션(non-verbal communication)인 보디 랭귀지(body language)에서도 가장 중요한 것은 눈이다. 눈은 입만큼 말을 한다. 아무리 얼굴에 웃음을 띠어도 눈 표정이 나쁘면 아무 소용이 없다. 쾌적의 자극을 받으면 눈의 동공이 무의식적으로 확대된다는 것을 증명한 학자마저 있다. 미국 시카고대학에서 잠자는 사람을 전기로 실험한 바에 의하면, 꿈꿀 때는 눈이 상하 좌우로 움직이고, 꿈꾸지 않을 때는 움직이지 않으며, 잠자고 있어도 눈은 움직인다고 한다. 눈이 얼마나 강하게 마음의 움직임과 연결되고 있는가를 알 수 있다.

눈은 감정의 중심이다. 배우가 연기하는 중에 눈의 연기라는 것이 있다고 한다. 즉, 눈으로 복잡한 심리묘사를 한다. 대담할 때, 입가에 띠는 웃음만이 아니라 눈빛마저 웃음을 띠어야 한다. 이것이 어려운 것은 아니다. 마음씨가 곱고 따뜻하면 저절로 눈빛에 어리기 마련이다.

남의 이야기를 들을 때는 반드시 상대를 바라본다. 시선의 방향, 즉 시선을 어디에 두느냐가 중요하다. 어느 무용평론가는 춤의 생명은 눈에 있다고 한다. 무용은 신체의 유동적인 선의 아름다움이다. 그런데 그 아름다움을 살리는 것이 바로 얼굴의 표정이요, 그 표정의 핵이 바로 무용수의 눈이란 뜻이다. 야구선수에게도 볼을 선별할 줄 아는 눈이 중요하다. 상대방의 이야기를 들을 때 시선을 흐트러뜨리지 않고 화자의 얼굴로 집중한다 해도 쏘아붙이듯 해서는 안 된다.

적당하고 자연스런 눈 깜박임은 상대에게 편안함을 준다. 이야기의 중요한 대목에서 꼭 상대의 눈동자를 본다. 상대의 눈동자를 보는 것은 정신을 산만히 하지 않고 있음을 알리며, 듣고 있다는 확증을 주는 것이 된다. 상대가 가리키는 대로 시선을 옮긴다는 것은 확실한 반응을 보이는 것이므로 상대에게 신용을 안겨 준다.

무엇을 호소할 때도 이야기의 주요 대목에서 상대의 눈동자를 본다. 판매용 자료를 사용해 설명할 때는 그 자료와 상대의 얼굴을 번갈아 보면서 이야기를 전개해야 하며, 보다 강조할 대목에서는 특히 상대의 눈을 보고 "여기죠, 바로 이 점입니다." 하고 강조한다. 상대방의 얼굴을 제대로 보지 않고 이야기를 전개하는 것만큼 실례되는 일은 없다. 외면을 하고 말을 하면 상대의 반응을 확인할 길도 없는 것이다.

상대는 어떤 사람인가

사회 조직은 모두 성격이 다른 인간의 집합체이다. 이것을 분류하면 다음과 같이 각각의 타입으로 나눌 수 있다.

1 겉치레의 말과 마음 떠보기를 싫어하는 형

2 감정적이고 내향성이 강한 형

3 남의 예의범절을 좋아하는 형식주의형

4 빈틈없으나 신뢰할 수 없는 형

5 형식에 무관심한 야인형

6 안전성과 중용을 찾는 형

7 남의 조언을 좋아하는 소탈한 성격의 형

8 호쾌하여 세세한 일에 구애되지 않는 형

9 기분전환이 빠르나 듬직하지 못한 형

10 독창주의로 남의 이야기를 듣지 않는 형

11 신중하고 책임감이 강한 형

12 첫인상은 나쁘지만 진실성 있는 형

13 고생 때문에 성격이 굽은 형

14 사람의 이야기를 듣지 않는 형

15 마음이 여리고 착한 형

16 자기만을 내세우는 독단형

17 어린이처럼 버릇없는 형

18 성을 잘 내는 형

19 낙천적이고 개방적인 형

20 부드럽게 응대하고 거슬림이 없는 형

또, 인간의 타입을 심리학적으로 분류하면 다음과 같다.

1 흑담질(黑膽質)

책임감이 강하다. 그러나 신경질이 있고 음성적이다. 하찮은 것을 언제까지나 염두에 둔다. 혈액형은 A형.

2 **다혈질**(多血質)

단순하고 경박하다. 낙관적이고 명랑하다. 감격을 잘한다. 사교성이 있
으나 싫증을 잘 내고 약속을 잘 지키지 않는 사람이 많다. 혈액형은 B형.

3 **담즙질**(膽汁質)

명예심이나 자존심이 강하다. 열정적이고 활동적이나 성미가 급하고 끈
기 없는 경우가 많다. 혈액형은 O형.

4 **점액질**(粘液質)

재능이 뛰어난 사람은 없으나, 끈기가 있으므로 믿음직한 사람이 많다.
둔한 감을 주지만 인내력 있는 사람이 많다. 혈액형은 AB형.

우리의 일상생활에서 비즈니스 화법의 상대는 위에 든 어느 형의 하나
일 것이다. 그리고 어느 형의 사람이 좋다고 말할 수 없다. 가령, 형식주의
자로 남의 예의바른 행동을 좋아하는 관료형의 사람은 접촉하기 힘든 느
낌이 드나, 이 같은 사람에게 조리에 닿는 말을 하면 그 얘기를 잘 알아듣
는 사람이 많다.

남의 조언을 좋아하는 소탈한 사람이라도 비즈니스 화법에서 좋은 대상
이라 할 수 없다. 이 같은 사람은 오늘 A란 사람의 얘기에 귀를 기울이고
납득한 듯한 얼굴을 해도, 내일 B란 사람의 얘기에 열심히 귀를 기울여 양
쪽 얘기가 모두 장점을 지니면, 어느 때가 되든 결단을 내리지 못한다.

또한 부드럽게 응대하고 거슬림이 없는 사람은 이야기를 해도 아무 반
응이 없어 믿음직한 감이 없으나, 끈기 있게 작용을 가하면 어느 겨를엔가
납득하고 마는 사람도 많다. 이런 상대에 대해 우리도 또 부드럽게 응대하
여 거슬리지 않고 끈기 있게 예의 바르게 말하는 것이 포인트가 된다.

어떻든 사람의 성격이나 기분은 천차만별이다. 또한 동일인이라도 아침

과 저녁, 기분 좋은 때와 기분 나쁜 때가 달라진다. 이 같이 생각하면 임기
응변식의 천변만화가 예상되니, 지나친 고정관념을 갖고 임할 필요는 없
다는 것이다. 사전에 상대의 성격 판단을 충분히 연구해 둘 필요가 있다.

우리 일상생활에서 자기 성격에 맞지 않는 사람을 감정적으로 싫어하는
것은 잘못이다. 오히려 성격이 맞지 않는 사람에게 적극적으로 작용하는
것이 바람직하다. 이때, 사람에게 작용하는 순서가 문제로 된다. 선전심리
학을 응용한 비즈니스 화법에서는 이것을 다음과 같은 순서로 짜고 있다.

1. 상대는 어떤 인간인가? 상대의 성격, 그 밖의 생활환경 등을 알아 낸다.
2. 상대의 사람됨·성격 등을 알았으면, 상대에게서 일층 접촉하기 쉬운 점
   을 찾아내 그 부분을 취해 나간다.
3. 상대방의 마음 한구석을 끌 수 있으면 그것을 교두보로 상대의 마음을 더
   욱 사로잡아 나간다.

이것이 남의 마음을 움직이는 순서이다. 초대면의 화법이라도 명함의
교환, 날씨 이야기, 출신지, 스포츠 이야기만으로 일단락 짓는 것은 너무
평범하다. 연이나 자기 목적을 단도직입적으로 꺼내는 것은 지나치게 평
범하다. 첫 만남의 화법에서는 오직 상대방 성격의 심층을 살피고, 성격
판단 등을 다시 한번 구체적으로 생각하며, 일단 용건을 간단히 말해 두는
것이 중요하다.

이때는 다음의 세 가지 점을 주의해야 한다.

1. 강제하는 느낌을 주지 않는다.
2. 간명하게 말하고, 상대가 생각할 여유를 갖게 한다.
3. 상대의 면목이나 체면을 존중한다.

첫째의 경우는 적극성과 박력을 중시해야 하나, 어떻든 첫 만남이므로 강제하는 것 같은 불유쾌한 감을 주는 일은 피한다. 적극성이나 박력은 어떻든 다음 기회에 충분히 발휘할 수 있는 것이므로 첫 만남에서 서두를 필요는 없다. 때와 경우에 따라서 발 밑을 보이면 불리한 결과가 올 때가 있다.

둘째는, 첫 만남에서 결론을 서두르면 상대도 거절하기 쉽다. 고려할 여지를 충분히 주고 일단락 지으면 다음 방문을 자연스럽고 당당하며 자연스럽게 할 수 있다. 더 없이 분명한 '네'나 '아니오'의 해답을 첫 만남의 상대에게 구해서는 결코 안 된다. 두세 번의 면회 기회를 가져야 상대방 마음의 빈틈을 충분히 발견하게 되고, 또 거기에 인정도 통하게 된다.

"생각해 보십시오." 하고 말할 게 아니라, 이야기 3분의 1이나 2분의 1쯤에서 자리를 물러나는 것이다.

셋째는, 상대의 가정사정·사내사정 등을 충분히 고려하고 상대의 면목이나 체면을 존중해 주지 않으면 안 된다.

회의중인 사람에게 억지 면회를 청하든가, 필요 이상으로 시간을 오래 끄는 것도 상대의 면목이나 체면을 손상시키는 일이다. 한 마디로 말하면 괴로움을 끼쳐서는 안 된다는 것이다. 가령, 백화점이나 은행·공장에 근무하는 사람들에게는 집무 시간중 회사일 이외의 용건으로 면회할 수 없는 경우가 대부분이다.

그런 상대에게 개인적 상담이나 용건으로 초대면의 면회를 강요하든가, 오래 이야기를 끌든가 하면 상대가 불쾌해 한다. 초대면의 상대에게는 충분한 마음 쓰임이 필요하다. 서로 기분과 마음이 통하면 별로 문제되지 않는 사항도 첫 만남에서는 귀찮은 사람이라는 느낌을 주기 쉽다.

말하자면, 첫 만남이란 마치 신제품 판매라든가 점포를 새로 개업하는 경우와 같다. 점포를 개업할 때는 어디까지나 화려하게, 그리고 개성 있는 상품, 품격 있는 점포로 상대에게 인상지어 줘야 한다. 신제품의 판매선전에 있어서나, 사람들에게 알리는 개업선전에 있어서나 최초의 이미지가 성공·실패의 갈림길이 된다. 우리가 처음 만나는 사람과 면회하고 말의 머리를 꺼내는 것도 동일한 이치이다.

"저 사람을 알게 되고 저 사람의 얘기를 들어 여러 가지 배운 점이 많다. 참으로 즐거웠다."라고 상대가 느낄 수 있는 방문자이어야 한다. 그러자면 먼저 상대방의 형편을 충분히 조사하고, 상대를 분석하고, 우리 자신을 상대에게 알리는 것이 선결문제이다.

(5)

주의의 심리학

생활기술인 비즈니스 화법도 손님의 심리과정에 맞추어 전개하지 않으면 안 되고, 또 손님의 심리가 이 기본선에 따라 움직이도록 이끄는 것이 필요하다. 그런데, 그 제1 보는 먼저 상대의 주의를 끄는 데서 시작된다. 이것이 성공되지 않으면 계속 이어지는 이야기는 전혀 불필요한 것이 되고 만다. 그도 그럴 것이, 대상인 상대의 마음이 전혀 다른 데 있다면 어떻게 할 방편이 없기 때문이다.

그러므로 인간의 주의를 심리학에서는, "한 가지 사실에 의식을 집중하는 것이다." 라고 정의하고 있다.

사무실에서 일하고 있다. 전화벨이 운다. 누구에게서 온 어떤 전화일까? 지금까지 하고 있던 일은 잊어버리고 전화기에 의식을 집중한다. 이것이 주의이다.

그래서 다음에는 어떻게 하면 심리학적으로 상대의 주의를 끌 수 있는가 하는 것을 생각한다. 이것은 그때의 상대방 마음의 움직임이나 바깥 사정 등으로 간단히 말할 수 없으나, 주의를 끄는 데는 두 가지 조건이 필요하다. 하나는 객관적 조건인 외부사정이요, 또 하나는 주관적 조건인 그 사람의 과거 경험에 의존한다.

객관적 조건을 좀더 자세히 말하면 자극이 강한 것, 자극이 큰 것, 자극에 변화가 있는 것이다. 주관적 조건은 자기 생활에 관계 있는 사실, 자기 목적과 공통하는 사실, 그리고 자기도 경험한 일이 있는 사실이다.

한편, 광고심리학자 스코트는 다음 6개 항을 인간의 주의를 끄는 조건으로 제시하고 있다.

① 주의를 끄는 힘은 그 대상이 불러일으키는 감정의 강약에 의한다.

작은 음성보다 큰 음성이 사람의 주의를 끌고, 정지하고 있는 것보다 움직이고 있는 것이 주의를 끄는 것 같은 경우이다.

② 주의를 끄는 힘은 이와 관련되는 다른 주의의 유무에 따라 다르다.

생활기술 등의 경우, 한 가지 목적에 대해 주의를 주면서 다른 똑같은 것을 요구한다면 상대의 주의력에 변동을 일으키고, 주의력이 산만해지는 경우이다.

③ 주의를 끄는 힘은 주위에 있는 다른 사물과의 대조로 생긴다.

상담 등의 경우, 소형 라디오에 주의를 모으려면 보통의 대형 라디오를 한군데 벌려 놓고 설명하는 편이 주의력을 강화시킨다는 것이다.

④ 주의를 끄는 힘은 이해의 정도에 따라 다르다.

난삽한 설명보다는 알기 쉬운 말이 좋다. 가능하면 그림 같은 것을 보이면서 평이하게 설명하는 편이 상대의 주의를 강하게 끈다.

5　주의의 가치는 자극 받는 감정 여하에 따른다.

호감을 표시하는 말이나 태도는 상대에게 쾌감을 주고 주의를 끄는 매력이 있다.

6　주의의 가치는 반복에 따른다.

되풀이 설명하면 그만큼 주의의 가치가 증가한다.

결론적으로 말하여, 남의 주의를 끌려면 도시의 밤하늘에 명멸하는 네온사인과 같이 상대에게 자극을 주는 화법이어야 한다.

이렇게 하여 상대의 심리를 먼저 이쪽에 집중시키고, 그 다음 상대의 심리과정에 맞게 화법을 전개시키는 것이 비즈니스 화법의 특이한 점이다.

이렇게 보면, 주의를 끄는 것이 비교적 용이해 보인다. 그러나 자칫 잊기 쉬운 것은, 그것을 어떻게 발전시켜 상대에게 최후의 결단을 내리게 하느냐는 점이다. 이 점을 잊는다면 판매기술로서의 비즈니스 화법이라고 할 수 없을 것이다.

비즈니스 화법은 상대에게 저항을 느끼지 않게 하고 자유자재로 상대를 조종하는 것이다. 그러려면 인간의 마음결을 충분히 이해하고 이에 거슬리지 않도록 할 것이 필요하다. 어디까지나 우리 화법의 발전과 상대의 마음결이 동일 방향으로 같은 속도로 나가지 않으면 안 된다.

가령 상점의 경우, 쇼 윈도에 진열해 놓은 머플러를 손님이 보고 있다. 마침내 흥미를 느낀 듯이 그 손님이 가게 안으로 들어온다. 이때, 대부분의 점원은 "어서 오십시오. 무엇을 드릴까요." 하고 다가선다. 그러나 상대는 압박감을 느끼며 구매의욕이나 결단마저 생기지 않게 된다. 이렇게 하면 실패이다. 하지만 인간의 구매심리의 흐름을 충분히 이해하는 주인이나 점원은 그렇게 어리석은 행동은 하지 않는다. 손님이 압박감을 느끼지 않게끔 모르는 체 한다. 그러나 손님이 흥미를 느낀 듯한 표정이나, 결단을 내리려는 듯한 표정을 보일 때는 비로소 비즈니스 화법을 전개한다.

"머플러를 사시려구요? 올해는 머플러가 좋은 게 나오고 있습니다. 그 중에서도 원색에 가까운 것이 잘 팔리고 있습니다." 하고 말을 걸며, 상대의 관심을 좀더 적극적으로 불러일으킨다. 이렇게 하여 몇 가지 물품을 보이면, "이게 어떨까요?" 하고, 손님은 반드시 한 가지 머플러를 집어 들고 동의를 구한다. 이때, 여러 가지 조언을 주고 손님의 신뢰를 얻는다. 이렇게 하는 것이 손님에게 욕망을 느끼게 하고 결단을 재촉하는 방법이다.

실패와 성공에 대한 비즈니스 화법의 차이는 무엇인가? 아무래도 실패는 주의에서 결단까지 손님의 마음결을 무시한 데서 오는 것이다.

요컨대, 실패는 손님이 쇼윈도의 머플러에 주의가 끌려 가게 안으로 들어왔어도 손님의 마음결을 거슬렀기 때문에 결단까지의 심리과정으로 발전시키지 못한 예이고, 성공은 손님에게 저항이나 압박감을 주지 않고 스무드하게 결단까지 이끈 예가 된다. 결국, 손님의 주의를 끄는 것만으로 상품은 팔리지 않는다.

비즈니스 화법의 전개는 항상 손님의 구매심리 과정이 '주의 - 흥미 - 신뢰 - 결단'의 과정이므로, 어느 단계까지 진척되고 있나를 주의깊이 관찰하고 이에 페이스를 맞추는 일이 중요하다.

이것은 상담이나 세일의 경우뿐만 아니라, 자기 자신을 알리는 생활기술로서의 비즈니스 화법도 전혀 동일하다. 이것을 선전심리학에서는 주의를 발전시킨다는 말로 표현하고 있으나, 생활기술로서의 비즈니스 화법의 경우도 주의를 어떻게 최종 목표까지 발전시킬 수 있는가를 유념하여 이야기를 진전시키는 것이 중요하다.

⑥

인간심리의 약점

인간은 누구나 아픈 데가 있기 마련이다. 말하자면 심리적인 약점이다. 심리적인 약점을 잡히면 아무리 강한 인간이라도 순순히 항복하게 된다.

인간은 여러 가지 욕망으로 행동하고 있으나, 이 욕망이 실은 심리적 약점인 것이다. 동일한 욕구라도 강하고 약한 욕구 수준은 사람에 따라 다르다. 돈을 저축하는 데 있어서도 누구는 1천만 원을 저축해야 만족하고, 누구는 10만 원이라도 만족한다. 또 누구는 1억 원이라도 만족하지 않는다. 그 욕구가 어째서 충족되지 않는가? 결국 얼마만큼의 욕구불만이 있는가는 사람에 따라 천태만상이다. 그와 같은 욕구불만의 맹점을 심리적 약점이라 보는 것이다.

그러므로 욕구가 충족되지 않을 때, 가령 자기현시욕(自己顯示欲)이 충족되지 않는 사람에게는 자만하게 하면 갑자기 그의 눈초리가 내려가게 된다. 상대는 칭찬받고자 하므로 그 점을 이용하면 되는 것이다.

"감각이 다르시군요. 감각은 아무래도 인품이죠."

인간 행동의 태반을 결정하는 것은 감정적 동기이지만, 다음 두 가지 동기는 특히 강하다.

1　**공포심** — 이에 호소하는 상품이 보험이라든가, 신탁 또는 신병을 치료하는 약과 같은 것이다.

2　**허영심** — 이에 호소하는 상품이 화장품·의류·금은보석·액세서리 같은 것이다. 어떤 것이든 인간의 약점을 찌르는 것뿐이다.

손님에게 대한 공격 포인트를 파악했으면, 다음은 상대에게 매치(match)

하는 뇌쇄적인 문구를 던지는 것뿐이다. 완구류를 팔 때는 '귀여운 아기의 재능교육을 위해'라는 말을 사용하여 모성애에 호소하는 것이 첩경이다.

고급 양복감을 팔 때는 허영심에 호소하는 것이 첩경이다. "이 양복감으로 맞추시면 어떻게 보아도 회장 타입이죠." 라고 하든가, 또는 "손님 같은 분이 이것을 갖지 않고 계시다는 건 아무래도 이해되지 않습니다. 손님의 권위에 관계되는 것인데 말씀입니다." 라고 하는 것은 명예심에 호소하는 것이다.

"이것은 좀처럼 구하기 힘듭니다." 라고 하는 것은 독점욕에 호소하는 것이다.

"이것은 손님 같은 지위에 계신 분에게만 권해드리고 있습니다." 라고 하는 것은 우월감에 호소하는 것이다.

인간은 약한 존재이다. 이 같이 약점만 조금 건드리면 분별 없이 마음을 빼앗기고 만다. 그런데 이 약점을 잘못 파악하면 아무리 설명을 잘해도 상대는 이쪽의 생각대로 행동을 일으키지 않는다. 결국 사지 않게 된다.

가령, 배부른 손님에게 "이 전골은 특별히 조리한 것입니다."라고 권해봤자 별로 신통하게 받아들이지 않으며, 술 못하는 사람에게 아무리 좋은 술을 권해 봐도 허사이다.

예쁘게 잘 생기고 사치스러운 아가씨에게, "이것은 오래 지니실 수 있습니다." 라고 해봤자 썩 마음이 내키지 않을 것이다.

타산에 밝은 상대에게는, "지금 사두지 않으시면 뻔히 알면서 손해 보십니다." 라고 하든가, 또는 "한 1년쯤 되면 몇 배나 되는지 아십니까?" 라고 말하지 않으면 거들떠보지도 않는다.

오늘날과 같은 대량 소비시대에는 소비자의 기호도 복잡해지고 개성화하여 다종다양하므로, 상인의 뇌쇄적 문구의 효과도 손님의 기호와 욕구에 매치시키지 않으면 허사가 된다. 설득에 능한 접객업소의 주인은 어느 심리적 순간을 겨냥하고 시의적절하게 뇌쇄적인 문구를 던진다. 접객업소의 호스테스 등은 이 점에 전문적이다.

"저에게는 당신뿐이에요……."

7

. . . .

자존심을 살려라

우리의 자존심에는 여러 가지 종류가 있다.

1. 나를 남이 훌륭하다고 생각하게 하고 싶다.
2. 상사는 나의 능력을 남모르게 인정하고 있다.
3. 동료·상사·부하·이웃이 나를 주목하고 있다.
4. 평면 텔레비전과 최신형 세탁기를 갖고 있다.
5. 용모·체격·경제력·경력 등이 남보다 뛰어나다.
6. 작업능률이 남보다 2배 이상이다.
7. 교양도 있고 독서량도 남보다 많다.
8. 스포츠에 능통하다.
9. 이성으로부터도 인정받고 있다.
10. 취미가 풍부하다.

이 외에도 비즈니스맨의 자존심을 열거하려면 한이 없다. 때문에 생활 기술의 비즈니스 화법은 상대의 자존심을 상하게 하면 실패로 끝난다. 누구나 자기만을 생각하고 있으므로 상대의 자존심을 상하게 하지 않고 상대의 자존심을 인정해 주는 화법을 전개해야 상대가 나를 따르게 된다.

가령, "당신은 남보다 2배 이상 일을 할 수 있구만……." 하고 말해 주면, 그 사람은 더더욱 힘을 내 일할 것이고, "최신형 세탁기 같은 것을 젊은 샐러리맨이 갖고 있는 경우는 거의 없을 걸……." 하고 말해 주면, 그보다 더한 것을 사려는 기분이 강하게 솟구칠 것이다.

그러나 비즈니스맨의 자존심에 또 다른 각도의 것이 있다.

　1　 남에게 인정받고 싶다.
　2　 나의 중요성을 인정받고 싶다.
　3　 나의 필요성과 작업능력을 남이 알아줬으면 한다.

이와 같은 자부심의 욕구와 자존심의 욕구가 그것이다. 선전심리학에서 보면, 비즈니스 화법에서는 이 상대방의 자부심의 욕구와 자존심의 욕구에 호소하는 것이 가장 효과적이다. 그러므로 '인정해 준다', '인식해 준다', '알아 준다'와 같은 방향으로 우리의 이야기를 전개하면, 결국 이것이 상대의 자존심에 호소하는 화법이 되는 것이다.

인간이 갖고 있는 몇몇 욕구는 그 사람의 힘이나 노력이나 본능으로 충족할 수 있다. 그러나 자존심이란 욕구만은 자기 힘이나 노력만으로는 자기 것으로 할 수 없다. 어디까지나 제3자가 인정해 주고 알아주지 않으면 충족이 불가능한 것이다. 결국, 제3자의 존재가 필요하게 된다. 그러므로 상대의 마음을 움직이는 화법에는 우리가 그 제3자가 되어 상대를 인정해 주고 칭찬해 주는 것이 필요하게 된다. 이것으로 상대는 만족하고 우리의 의지에 의해 움직인다는 설득이 가능해진다.

문제는 대체 상대의 어떤 부분을 인정하고, 그것을 어떤 말로 표현하면 상대가 만족할 것이냐 하는 점이다.

　1　 **상대의 존재성** — 능력 · 지위 · 명예 · 아이디어 · 사업
　2　 **상대의 생활환경** — 부인과 자녀, 학력 · 이력 · 친척 · 지인

3 상대의 소유물 ─ 재산·수집품·창작물·애완동물·복장

이상과 같이 크게 세 종류로 구분해 보면 명확해진다. 그 하나를 수단으로 강력히 활용하는 것도 좋고, 세 가지를 겸용하는 것도 한 방편이 된다. 결국, 상대방 자존심의 핵심을 강력히 터치하는 것이 가장 효과적이다.

상대의 어디를 어떻게 칭찬하는가를 구체적인 화법으로 말하면 다음과 같다.

① 상대의 존재성

"요즈음 골프는 많이 느셨더군요. 그런 얘기를 여러 번 들었습니다."

"머지 않아 부장으로 승진하실 것으로 생각합니다만……."

"당신이 아니면 할 수 없는 일입니다."

"놀라운 생각입니다."

"회사의 진로를 쥐고 있는 중요한 자리이군요."

② 상대의 생활환경

"부인이 미인인 데 놀랐습니다."

"장군처럼 생긴 귀여운 아기군요."

"저희하고는 학력이 다르지 않습니까."

"그 학교가 야구는 전통적으로 강하더군요."

"이력이 다채로우십니다."

"한 직장에 20년 이상 근무하기란 매우 어려운 일이죠."

"아무개가 친척이시라고요."

"아무개도 잘 아시죠? 저도 그분에게는 신세를 많이 지고 있습니다."

③ 상대의 소유물

"고급 주택이군요. 뜰에서 바라보이는 전망이 매우 좋습니다.

"승용차도 외제를 갖고 계시고, 정말 부럽습니다."

"좋은 그림을 갖고 계십니다."

"이런 거 수집하시기가 어려우셨겠는데요……."

"이렇게 아름다운 장미를 잘도 키우셨네요……."

"창작 중인 그림을 한 번 보고 싶은데요……."

"매를 기르는 건 보기 드문 취미입니다."

"귀여운 강아지군요, 진돗개인가 본데요?"

"그 넥타이는 색이 우아합니다."

"차고 계신 시계는 처음 보는데, 좀 보여 주시겠습니까?"

이 같은 화제가 상대를 칭찬하고 기쁘게 하며, 심리적으로 취약한 점을 터치하고 있는 것이다. 그러나 이것은 한 가지 예에 불과하다. 상대의 상황에 따라 얼마든지 적당한 화제를 꺼낼 수 있다. 새로운 창의적인 화제와 칭찬의 말을 찾아내는 것이 필요하다. 십인십색(十人十色)이므로 그 사람을 칭찬하기보다 상대의 허를 찌르는 것 같은 새로운 재료를 찾아내는 것이 상대의 자존심을 강하게 자극하는 계기가 된다.

"죄송합니다. 부장님, 돈 만원만 꿔주실 수 없겠습니까?"

평소에 대하기 거북한 상사에 대해 하는 이 같은 말이 때와 경우에 따라서는 허를 찌르는 화법으로 의외의 효과를 발휘할 경우가 많다.

"저 친구 나를 의지하고 있군."

"딱한 사정을 부탁해 오는 친구이구먼."

"나도 사원간엔 친형 같은 감을 주고 있는 모양이군."

덕분에 그 대하기 거북한 상사는 크게 자존심을 세운다.

칭찬하는 말만이 상대의 자존심을 높이고 상대의 존재를 인정하는 화법이 아닌 것을 알지 않으면 안 된다. '만원 차용' 부탁을 받고 자존심으로 변하여 칭찬의 말처럼 착각까지 일으킬 수 있는 것이다. 그렇다 하여 5천원 정도도 가지고 있을지 의심되는 상대에게 이 같은 말을 건네는 것은 위험하다. 만약 상대가 갖고 있지 않으면 모욕도 느껴 자존심을 상하는 결과가 될지 모른다.

사람에 따라 말 잘하는 사람과 말 잘 듣는 사람이 있다. 실제는 말 잘하는 것보다 말 잘 듣는 편이 기술적으로 어렵고, 나아가 인내를 필요로 한다. 상대의 자존심을 높이고, 상대를 인정하며, 상대를 기쁘고 즐겁게 해주는 것은 말을 잘 들어 줘야 하는 어려운 기술을 필요로 한다.

그것은 상대에게 충분히 말을 시키고 우리는 청자의 입장을 지키는 것이다. '그렇습니까', '그것은 또 어째서……'와 같은 응대말을 보내며 상대가 생각한 만큼 말하게 한다. 이것도 상대를 인정하고 기쁘게 해주는 수단으로 빼어난 방법이다. 세상에는 말 잘하는 사람은 많으나, 말을 잘 듣는 사람은 드물다. 그러므로 말 잘 듣는 사람의 입장을 취하는 것이 필요하다. 선전심리학으로 말하면 '말 없는 무언'의 선전이 되는 셈이다.

그러나 주의하지 않으면 안 될 것은, 만약 상대가 자기 자랑을 잘하는 떠버리일 경우이다. 이 같은 사람의 청자가 되는 것은 언제까지 있어도 끝이 나지 않는다. 상대의 자존심을 이용하고 조종한다는 것은 퍽 어려운 일이다. 적당한 기회에 적당한 화제를 타임리(timely)하게 포착하여 때를 놓치지 않고 주도권을 되찾을 일이다. 말 잘 듣기는 얘기를 싫어하는 사람에게 충분히 말하게 하는 가장 좋은 경우가 된다.

동료나 상사와 더불어 상담하지 않고 어떤 과업을 민첩하게 처리하는 것은 그들의 자존심을 상하게 하고 무시한다는 점에서 불리한 경우가 많다.

"이 정도의 과업은 상담까지 할 필요가 없다." 라고 생각되는 과업일망정, 그들의 자존심을 높이고 과업을 스무드하게 전개하기 위해 그들을 가능한 한 기쁘게 해주는 것이 중요하다. 특히 상사 등은 부하가 작성한 서류에 결재하는 것만으로는 따돌림당하는 기분이 들어 문구 수정의 인색을 보이고 싶은 것이다. 이 같은 상사의 심리도 역시 자기를 인정받지 못하는 외로움 때문이요, 인정받고자 하는 레지스탕스인 것이다.

그러므로 "저는 이렇게 생각해 봤습니다만, 아무래도 불안합니다. 부장님, 아이디어를 말씀해 주십시오." 하고 비즈니스 화법을 쓰면, 상사는 자기 존재가 부하에게 인정받는 기분이 들어, "응, 나도 그것으로 부족한 기분이 드는군. 그 밖의 방법을 좀 생각해 봐야겠는데……." 라고 말할 것이다.

이쯤 되면 결재도 스무드하게 날 것이고, 인색함도 드러내 보이지 않을 것이다. 이것도 또 자존심 이용의 비즈니스 화법이 되는 것이다. 자존심 이용의 비즈니스 화법은 상담(商談) 등의 경우에도 크게 이용되지 않으면 안 된다.

"이미 알고 계실 줄 압니다만, 새로운 제품입니다."

"댁에서는 벌써 사셨겠지만, 한 번 여쭤 보는 것입니다."

이 같은 말도 손님의 신경에는 미묘하게 기분 좋은 화법으로 울리는 것이다.

"매우 훌륭한 주택입니다. 새로운 건축기법으로 지어진 것 같은데요." 하고 말할 수도 있다. 물론 뜰에서 강아지나 어린이가 놀고 있으면 빈틈 없이 상대가 불쾌하게 느끼지 않을 정도로 그 존재성도 인정해 줄 필요가 있다.

이 같은 자존심 이용의 비즈니스 화법은 그 이용범위가 넓고 효용도 크다. 다만 생활기술로서의 비즈니스 화법은 모든 겉치레 말의 알랑거림이나 '억지 춘향'을 느끼게 해서는 결코 안 된다. 겉치레 말과는 혼동하지 않도록 어디까지나 상대의 존재를 인정하고 있다는 인간의 자존심을 높이는 데 그 포인트를 집중시켜야 한다.

⑧

칭찬을 아끼지 말라

이야기에 신경을 쓰기 싫고 들을 기분이 아니어서 무료할 때, 청자는 옆을 보든가, 하품을 하든가, 면봉으로 귀를 후비든가 하여 여러 가지 반응을 보인다. 상대가 이야기를 듣도록 그 받아들이는 태세를 이쪽에서 만들어 주지 않으면 어떤 열렬한 말도 마이동풍이나 공염불에 지나지 않는다.

"손님의 마음을 당기라. 손님의 마음이야말로 판매의 근원이다." 라는 명언이 있다. 마음의 문은 호의를 느꼈을 때 저절로 열린다. 청자에게 호감을 사지 않으면 이쪽의 말은 허사가 되고 만다. 손님으로부터 늘 불평을 듣는 세일즈맨을 본다. 그것은 비즈니스의 실수나 부주의보다 주로 사람 됨이 싫은 데서 오는 경우가 많다. 호감을 산다는 것은 신용의 바탕이 된다. 호의는 인간관계를 돈독히 하고 커뮤니케이션의 통로를 여는 실마리가 되는 것이다.

유쾌한 언어자극, 즉 칭찬의 말에는 상상할 수 없으리만큼 큰 힘이 있다. 칭찬의 말은 상대의 마음을 따뜻이 해주고 대화에 활기를 띠어 주며, 우호적인 무드를 만든다. 남의 호감을 사고 남의 기대를 한 몸에 지닐 수 있는 방법은 칭찬의 말로 적절히 상대를 기쁘게 하고 즐겁게 해주는 것이다.

예전부터 손님을 다루는 요령은 상대방을 보통이 아닌 특별인사로 모시는 것이라고 일러 오지만, 다음의 화법이 상대의 마음에 어떤 반응을 일으킬지 상상해 본다.

"당신이기 때문에……."

"당신에게만 상의하는 것인데……."

"당신처럼 지위가 높은 사람은……."

"당신처럼 아름다운 사람에게는……."

“당신이 아니면 이 가치를 모른다⋯⋯.”

“당신처럼 질문으로 자세히 알아보는 분은 거의 없다⋯⋯.”

다른 처소에서 음식을 잘 들은 후, “감사하다”는 말뿐 아니라 “아아, 맛있게 먹었다”고 말해야 하는 것은 상식이다. 이렇게 말할 수 있는 사람은 자신을 설득력 있는 인품으로 향상할 수 있는 사람이다. 감사의 말과 칭찬의 말은 우정의 인연을 일층 강화할 것이다.

자기의 상품을 사준 사람에게 “사주셔서 감사합니다”하는 말뿐 아니라, “이것을 고르신 손님의 안목은 높으신 겁니다.” 하고 찬사를 이끼지 않는 상인은 손님에게 친근감을 안겨 줄 것이다.

“말씀하신 것은 정말 타당합니다. 저도 동감입니다.” 하고 상대의 의견을 칭찬해 주고, “이렇게 판단할 수 있는 분이면 반드시 이 아이디어의 가치를 아실 것으로 믿습니다.” 하고 이쪽 의견을 내놓는 제안자는 호감을 살 수 있다.

누구나 칭찬받고 나쁘게 생각할 사람은 없다. 셰익스피어의 『줄리어스 시저』에 다음의 문구가 나온다.

“인간을 사로잡으려면 치켜세우는 것이 첫째이다. 그러므로 당신이 치켜세우는 일을 싫어한다고 말하면, 저 사람은 옳은 말씀이라고 대답한다. 이야말로 가장 큰 칭찬을 받고 있는 것이다.”

그러나 지나친 겉치레 말만큼 싫은 것은 없다. 경박한 세일즈맨은 상품을 팔지 않고 겉치레 말만 일삼음으로써 그를 싫어하는 사람이 많아진다. 세상사람이 겉치레 말을 싫어하는 것은 사실과 다른 말이거나, 작은 사실을 크게 과장하는 일종의 장식 말이기 때문이다. 그런 겉치레 말에 놀아나는 바보가 되고 싶지 않은 것이다. 그 말이 본심에서 하는 것인가, 희롱하는 것은 아닌가, 어떤 속셈은 없는가 하는 생각이 들기 쉽다.

칭찬할 때의 태도·음조·표정 같은 것이 중요하다. 특히 진실한 사람의 칭찬에는 감동과 존경의 실감이 포함되지 않으면 안 된다. 험담은 즐겁다. 험담에는 실감이 있다. 칭찬할 때는 그렇지 못하다. 칭찬의 대상은 상대 그 자체뿐 아니라 상대의 자아를 확장하는 것, 곧 상대의 가족·기호·주택·직장·출신지·출신교 등을 끌어내서 간접적으로 칭찬하는 편이 한층 더 효과를 올린다. 전혀 칭찬할 점이 없는 사람은 없다.

인간에게는 하나나 둘쯤 반드시 장점이 있기 마련이다. 도대체 아무 쓸모 없는 것 같은 사람이라도 색안경을 벗고 정직한 기분으로 상대를 보면 어딘가에서 훌륭한 점이 발견된다. 자기의 존재가치를 정당하게 인정받은 사람은 일층 자존심에 만족하고 이쪽 이야기에 귀를 기울이게 된다. 실감이 간직된 칭찬의 효용은 헤아릴 수 없이 많다. 칭찬을 할 때는 다음을 유의해야 한다.

❶ 구체적으로 칭찬한다

흔히 입버릇처럼 막연히 ‘훌륭하다’든가 ‘근사하다’든가 ‘멋지다’고 말하는 사람이 있는데, 이 같은 추상적인 칭찬은 공허하다. 구체적으로 분명하게 이쪽이 인정하는 장점, 미점을 칭찬한다.

❷ 눈에 잘 띄지 않는 미점을 칭찬한다

큰 미점을 찾아내 칭찬하기보다 작은 미점을 찾아서 칭찬하는 편이 좋다. 특히 아무도 칭찬하지 않고, 본인이 남모르게 인정받고 싶어하는 점을 칭찬한다. 모든 사람이 칭찬하는 것을 되받아 똑같은 말로 칭찬하는 것만큼 지혜롭지 못한 것은 없다.

“훌륭한 체격입니다. 스포츠 선수 이상입니다.” 라고 칭찬 받은 뒤에 다른 사람이 나타나 역시 마찬가지로, “훌륭한 체격입니다. 스포츠 선수 이상입니다.” 라고 한다면 당사자는 이런 말에 몹시 싫증을 느낀다.

“좀 다른 점을 칭찬해 주시오. 이 밖에도 좋은 점이 많으니…….” 하고 말하고 싶어질 것이다.

❸ 특정 부분을 칭찬한다

전체를 칭찬하지 않고 특정의 부분을 칭찬한다. 이것은 여성을 칭찬할 때의 정석으로 되어 있다.

“그대의 귀는 귀여운 조개 같군.”

“그대의 눈동자 속에는 별이 빛나고 있군.”

외국영화의 애정 장면에는 이러한 칭찬의 말이 자주 등장한다. 여성은 칭찬을 좋아한다. 철옹성 같은 여성이라도 특정 부분을 칭찬받으면 약해진다. 전체를 칭찬해 주면 도리어 상대의 자존심이 상하기 쉽다. 완벽한 미인이란 이 지상에 하나도 없다는 사실을 누구보다 잘 아는 것이 여성 자신이기 때문이다.

❹ 과장된 칭찬은 하지 않는다

영화 광고와 같은 과장된 문구의 칭찬은 금물이다. 과장된 최대의 표현을 쓰면 청자는 자기를 바보로 취급하는 기분을 느낀다. 최대급 인간은 흔하지 않기 때문이다. 그렇다 하여 흔히 있는 평범하고 의례적인 말만 늘어놓으면 별로 환영받지 못한다. 상대는 역시 의례적이고 형식적인 말로밖에 받아들이지 않는다.

“매력 있는 음성입니다…….” 라고 하기보다는, “아무래도 직업을 잘못 선택한 것 같은데……아나운서가 됐으면 좋았을 걸…….”

“수예품이 보통 아닌데요…….” 라고 하기보다는, “다른 부인에게도 만드는 방법을 가르치고 계신지요?” 라고 말하는 편이 훨씬 듣기가 좋다.

러시아의 문호 체홉이 고리끼의 작품을 칭찬하는 편지에는 다음과 같은 구절이 있다.

"저는 그것을 쓴 사람이 제가 아닌 것에 강한 질투를 느꼈습니다."

⑤ 직접적으로 칭찬하지 않는다

괴테가 시집을 출판한 때, 친구의 부인들이 찾아와 괴테를 비난했다.

"너무 하십니다……."

어리둥절한 괴테에게 부인들이 말했다.

"그렇게 훌륭한 책을 내셨는데 저희들에게 알려 주지도 않으시고……."

"아니죠……그건……."

괴테는 즐거운 변명을 말하지 않을 수 없었다.

상대의 허점을 찌르는 칭찬을 생각한다. 칭찬 같지 않은 칭찬, 헐뜯는 것 같은데 실은 칭찬하는 말, 직선적이 아닌 우회적인 칭찬이 바람직하다.

잡담의 가치

세일즈맨의 목적은 상품을 파는 데 있으므로 상품설명이나 그것을 사게 하기 위한 설명·권유의 이야기가 매우 중요하다. 그러나 세일과 직접 관련이 없는 세간사(世間事)나 잡담이 상담 못지 않게 중요하다고 하면 의외라고 생각할지 모른다. 어디까지나 상품이 중심이라 해도 그것을 파는 사람도 인간이요, 사는 사람도 인간이다. 그런데 이 인간이 감정의 동물이란 사실을 잊어서는 안 된다.

세일즈맨의 사람됨은 상품의 설명을 하고 있을 때보다도 아무렇지 않은 듯한 세간사나 잡담을 하고 있을 때에 가장 잘 나타나는 것이다. 이따금 친근감이 아닌, 그 반대의 싫은 인간으로 느껴지는 수도 있을 것이다. 이쯤 되면, 제 아무리 좋은 상품을 내놓아도 우선 상품을 팔 수 없게 된다.

어떻든 잡담으로 득을 얻지 못하면 세일즈맨은 실격이다. 그러므로 일견 쓸데없는 것처럼 보이는 잡담이라도 쓸데없는 게 아니라는 것을 알게 된다. 잡담의 구실을 구체적으로 생각하면 다음과 같다.

[1] 친근감, 특히 첫 만남의 경우, 상대의 경계심을 푸는 데 필요하다.

[2] 자기의 사람됨을 알리고 앞으로의 교섭이나 거래의 형편을 좋게 하는 데 효과가 있다.

[3] 상대방 기분을 유순하게 풀어놓아 상담을 원만히 진행하고 끝맺는 데 효과가 있다.

[4] 재미있고 남다른 데가 있는 사람으로 흥미를 갖게 하고 자기를 강하게 인상지어 주는 효과가 있다.

상품을 팔기 위해 손님을 방문할 때, 혹은 그 밖의 어떤 일로 남과 면담할 때, 이야기 나누는 과정에서 잡담을 끌어들이는 것이 좋은 경우가 다음 세 단계라고 생각한다.

❶ 먼저 방문인사를 할 때

보통 때도 사람을 만나면 안부나 일기에 관한 인사를 나눈다. 그러나 짧은 인사말만으로는 아직 목적의 본론으로 들어가기가 이르다. 상담의 도입부에서는 약간의 잡담도 유용하다. 다만 첫 만남의 경우나, 입이 좀 무거운 듯한 상대에 대해서는 케이스 바이 케이스(case by case)로 처리할 일이다.

상대가 침묵으로 일관할 때는 오히려 질문형식의 화법으로 바꾸는 편이 좋다. 상대가 자기도 모르게 대답할 수 있게 이끄는 화법이다.

② 상담이 순조롭지 못할 때

상담이 스무드하게 이루어질 것 같으면 단숨에 밀고 나가 종결짓는 것이 좋겠으나, 이야기가 오래 계속될 것 같거나 복잡한 양상을 띠어 순조롭지 못할 경우, 도중에서 잠깐 쉬어 기분을 전환한 다음 다시 이야기를 꺼내는 편이 훨씬 능률적이다. 때로는 상대방의 취미를 물어 보는 것도 좋고, 또는 자기가 보고 들은 여성복장의 짤막한 비평도 좋을 것이다.

다만, 상담이 진행되는 도중 이처럼 잠깐 쉬어 화제에서 벗어나는 일이 의식적이고 계획적이라 생각되지 않게 자연스런 태도로 행해야 하는 것이 중요하다. 따라서, '어떻습니까?' 하는 투의 거의 정해진 어구를 쓰지 않는 편이 좋다. 그렇지 않으면 상대가 경계심을 갖기 쉽다.

③ 상담이 끝났을 때

성공리에 상담을 끝냈다든가, 아니면 다음 다시 한 번 만날 것을 약속하고 일단 이야기를 끝냈다면 이제까지 서둘러 상담을 진행시켜 온 터라, 양쪽 모두 일시적 안도감을 느낄 것이 틀림없다. 이야기가 일단락 되었다고 하여 즉각 자리를 뜰 수 있으나 대개 잇대어 얼마간 잡담을 하고 뒷맛을 개운하게 남기면서 자리를 뜨는 것이 상례이다.

상담이 끝난 뒤의 잡담이란 일종의 친근성을 띠는 것으로 영업에 관계없는 이야기일 경우가 보통이지만, 상품에 관한 취급상 주의나 애프터 서비스에 대해 여기서 덧붙이는 것이 좋다. 산 사람을 안심시키기 위해서나 다음 방문을 쉽게 하기 위해서도 필요하다.

그러나 정말 잡담이 필요하고, 그 말하기를 어렵게 느낄 때는 구매결정
에 이르는 상담과정이 아니요, 구매를 결정케 하기 위한 사전 방문시나 혹
은 좀더 사가게 하기 위한 방편으로 상대방 손님의 자택을 방문한 때와
같은 경우가 아닐까.

이 경우 화제가 풍부하고 적절치 않으면 여유가 없게 되고 이쪽의 허점
을 드러내 놓기가 쉽다. '믿음직스럽지 못한 세일즈맨이다', '매력 없는 인
간이다.' 라는 인상을 주면 모든 것이 수포로 돌아간다.

7. 성공으로 이끄는 여러 가지 화법

"적을 알고 자신을 알면 백 번 싸워도 위태롭지 않다."
(知彼知己 百戰不殆)

『孫 子』

상대가 있는 게임은 항상 상대의 반응을 보면서 이쪽의 상수를 결정한다. 이런 행위가 계속되는 것은 게임만이 아니라 전쟁에서도, 세일이나 비즈니스에서도 동일하다. 특히 세일에는 게임원리의 적용이 매우 빈번하다. 이처럼 상대가 있는 상황에 처하면 중요한 것이 먼저 상대를 아는 것이다. 손님의 인품·취미·경력 등을 미리 알고 있으면 적절한 화법을 구사할 수 있다. 한편, 자기의 능력과 실력도 잘 분별할 줄 알아야 한다. 그래야만 상대에 대처할 수 있는 방법이 나오지 않겠는가. 이것은 전략의 원리인 동시에 세일의 원리이기도 하다.

①

논쟁을 피하라

예전부터 논쟁에 이기고 판매에 이겼다는 선례는 없다. 판매화법은 논쟁을 벌여 상대를 설복시키는 것이 아니라, 감정적인 만족을 주는 호의 위주의 설득이어야 한다. 그러면, 논쟁과 설득은 어느 점이 다른가? 논쟁의 목적은 논리나 사실에 의한 논증이다.

"당신은 흑(黑)이라 하는데 그것은 틀린 생각이다. 내가 말하는 것은 줄거리가 논리적으로 서 있다. 절대로 백(白)이 정당하다. 어째서 백이 정당하냐 하면, 그 근거가 되는 이유가 있고, 이를 뒷받침하는 사실이 있기 때문이다. 그러면, 어느 쪽이 정당한지 토론해 보자."

흑과 백이라는 상반된 위치에서 출발, 어디까지나 흑, 백을 말하고 다툰다. 한쪽이 손들지 않는 한 영구히 평행선을 긋는다. 그러나 설득의 목표는 다르다. 이기고 지는 승부가 아니라, 행동에의 유도이다.

"당신은 흑이라 말하는데, 분명 그렇게 보는 관점이 있겠고……." 하고, 상대와 어깨를 나란히 하고 동일 지점에 서서 출발한다. 상대는 저쪽으로 걷겠다 하고 이쪽 말을 안 듣는다. 이쪽에서 저쪽으로 접근하여 함께 걸으며 언젠가는 이쪽으로 유도한다. 이쪽으로 이행시키려면 많든 적든 마찰이 따르기 마련이다. 되도록 마찰을 피하며 리드해 나가는 것이 설득자의 설득방법이다.

직접적으로 공격을 가하는 것은 급소를 찌르는 화법이다. 꾸짖을 때 욕을 하면 상대는 반발한다. 그것이 아니지 하는 자각이 들어도 충심으로 복종하려 하지 않는다. 도리어 역으로 한을 품을 수 있다. 간접화법은 감정의 만족을 주고, 상대의 저항을 부드럽게 완화시키며, 필요 이상의 마찰을 피하는 방법이다. 시냇물을 가로질러 저쪽으로 건너갈 때, 능하게 수영하는 사람은 곧바로 저편 강 언덕을 향해 가는 직선 코스를 택하지 않고, 시냇물이 흐르는 물살의 저항을 피해 가며 물의 흐름에 따라서 비스듬한 방향으로 수영해 간다. 설득도 이와 동일한 요령이라고 생각한다.

판매의 장면에서는 손님의 마음결에 어긋나지 않게 되도록 논쟁을 피하고, 상대에게 꽃다발을 안겨 주며 상대의 체면을 세워 나간다. 손님이 이쪽에 반대되는 의견을 제시할 때는 다음과 같은 방식으로 말하면 최소한 정면충돌은 피할 수 있을 것이다.

[1] 상대 의견의 일부분과 일치시킨다.

"바로 지금 말씀하신 그 점입니다. 지금 말씀하신 점은 정말 옳습니다. 저도 동감입니다만, 그러나……." 하고 이쪽의 의견을 제시한다. 상대의 의견을 끝까지 끈기 있게 듣고, 작은 부분이나마 이쪽 의견과 일치하는 점을 찾아내는 방법이다.

[2] 상대의 생각과 동일하다는 행동이나 동작을 보이고 이쪽의 생각을 말해 나간다.

"네, 잘 알겠습니다만, 아니죠, 제 생각과 같습니다. 저도 말이죠, 지금껏 손님과 동일하게 생각해 왔습니다만, 그런데 말씀이죠……." 하고 이쪽의 의견을 말해 나간다

3 대부분의 의견이 그의 의견과 일치하고 있음을 인정해 준다.

"그렇습니다. 손님께서 말씀하시는 것은 대개 일반적인 경향입니다. 어떤 손님도 일단은 그런 말씀을 하십니다. 결국, 여러 부분이 모두 같은 의견이신 거죠. 당연한 말씀이시죠. 헌데 말씀입니다……." 하고 이쪽의 의견을 전개해 나간다.

4 상대를 공격하기 전에 먼저 상대를 칭찬하는 데 인색하지 않는다.

"잘 생각하신 거죠. 훌륭한 의견이십니다. 그러한 의견을 가지셨다는 것은 평소 간단없이 이 문제에 대해 연구하셨기 때문이겠죠. 오늘은 많은 것을 가르쳐 주셨습니다. 그런데, 이 점은 어떻게 생각하시는지 의견을 들려 주실 수 있겠는지요?" 하고 이쪽 의견으로 끌어간다.

어떻든 처음부터 상대 의견을 공박해서는 안 된다. 여기서 논쟁이 싹트기 쉬운 것이다.

저항을 없애라

"비가 와야 땅이 굳어진다"는 말이 있다. 폭풍이 지나면 하늘이 갠다. 부탁이나 상담이나 교섭에 나서서 거친 반대태도나 거부반응에 부닥칠 때가 있을 것이다. 그것을 허리 굽혀 제거해야 판매 성공의 갠 하늘이 펼쳐진다. 고자세로 싸우듯 하는 사람, 저자세로 부주의한 사람, 냉랭하고 무뚝뚝한 사람, 남의 말꼬리를 잡아 질문공세를 펴는 사람 등, 이 같은 사람의 반대 태도나 거절 문구를 두려워하면 부탁·교섭·판매는 영구히 불가능하게 된다.

인간이란 손님 입장이 되면 아무리 가치 있는 것을 흥정해도 일단 사지 않겠다고 거부해 보는 동물이라고 각오하고 나서면 거의 틀림없다는 생각이 지배적이다. 왜냐하면, 우리들 마음의 문은 열려진 채 있는 것이 아니기 때문이다. 상대에 따라 열리고 닫혀진다. 즉, 늘 유동적이다.

"자, 우리 잘 좀 지내봅시다." 하고 마음을 열고 상대에게 친숙하게 접근, 악수하고 싶은 작용과, 또 하나는 "아냐, 알 수 없어. 주의해야 할거야." 하고, 마음의 문을 닫고 자기를 방위하고 상대를 경계할 뿐 아니라 상대로부터 피하고자 하는 작용이 있다.

애인이나 아내에게는 마음의 문을 열어도 상사나 부하에게는 마음을 닫을지 모른다. 친구에게는 마음의 문을 열어도 무엇을 부탁하러 오든가, 판매를 위해 오는 사람이면 마음을 닫아 버릴지 모른다. 결국, 상대에 대해 마음의 문을 열어 놓은 상태가 상품을 구매할 때요, 닫혀진 상태가 반대로 거부할 때이다. "손님의 마음은 낙하산과 같은 것이다. 제때에 펼쳐지지 않으면 아무 소용이 없는 것"이라고 말한 사람이 있다.

마음의 문을 닫는다는 것은 상대에 대한 저항에서 오는 현상이다. 이 심리적 저항이 반대나 거절이라는 태도로 나타나는 것이다. 대체로 다음 5가지의 저항을 생각할 수 있다.

1 호의를 느낄 수 없어서 저항한다.

이쪽에 호의를 느낄 수 없으므로 찬성할 기분이 안 든다. 마음의 문을 꼭 닫고 만다. 싫다는 저항은 남이 싫어하는 것을 말할 때 일어나기 쉽다.

2 경계를 위해 저항한다.

이쪽 의견에 대해 불안을 느낀다. 말주변에 속아넘어가는 것은 아닌가? 속임수에 걸려드는 것은 아닌가? 이것을 사면 누가 비웃지는 않을 것인가? 등과 같은 불안에서 싹튼 경계로 자기 방위의 본능에서 이쪽을 가까이 하려 하지 않는다.

　③　이쪽의 간섭 때문에 저항한다.

누구나 남에게 간섭받기를 싫어한다.

"좀 귀찮은데……, 바쁜 중에 갑자기 찾아오다니……, 무슨 용건인지 모르겠으나 지금은 바쁘단 말이야……."

　④　이해되지 않기 때문에 저항한다.

이쪽에서 파는 상품의 가격에 이해가 안 간다. 혹은 상품에 대한 편견과 오해에서 오는 저항 등, 극단적인 경우에는 분개와 같은 형태로 나타난다.

"난 그런 얘기 듣는 사람이 아니오, 가보시오."

　⑤　욕구 부족 때문에 저항한다.

욕심이 없다. 욕구가 부족하므로 이쪽의 의견이나 제안에 전혀 흥미와 관심을 보이지 않는다. 즉, 무관심이란 형태로 저항한다. 때로는 빨리 물러가게 하기 위해 비열한 수단을 쓰기도 한다.

이와 같이 손님은 마음속으로 여러 가지 저항의 자세를 취하므로, 세일 즈맨은 이들 5가지의 저항을 없애 나가지 않으면 안 된다. 그러면 어떻게 하면 가능할까?

　①　호감을 사지 못하는 데서 오는 저항이므로 나쁜 인상, 불쾌한 이미지를
　　　제거하지 않으면 안 된다.

대담중인 이쪽 태도에 불친절, 냉정함, 거치른 표현, 불확실성, 건방진 점 등의 요소가 있는 것은 아닌가? 좋고 싫은 감정은 의외로 이쪽이 미처 생각 못한 미세한 점에서 발생한다. 손님이 가장 싫어하는 것은 세일즈맨

의 이기주의이다.

2　경계를 위해 저항하는 것이므로 불안의 싹을 즉각 제거한다.

무엇이 어째서 불안한 것인가? 파는 사람인가? 파는 상품인가? 아니면 세간의 평판인가? 어떻든 선수를 쳐서 능동적으로 상대를 안심시키고 불신을 제거하지 않으면 안 된다. 경계심만 높이면 점차 더 힘들게 된다. 종기는 더 커지기 전에 도려내야 한다.

선수를 쳐서, "이 점에 불안을 느끼시는 거죠, 당연하십니다. 그러나 그럴 염려는 없습니다." "손님께서는 그렇지 않으리라 생각합니다만, 염려스러워 말씀드리면 흔히 세간에서는 이 상품에 대해 잘못된 의견을 말씀하는 분이 있습니다."

3　간섭받기 때문에 귀찮아하는 것인데, 아무리 귀찮아해도 면담하지 못하면 처리할 방법이 없다.

상대의 흥미를 끄는 면접 방법을 연구한다. 흥미와 관심의 최대 요소는 이익이다. 상대에게 이익이 되는 것을 끌어낸다. 아무리 귀찮아도 돈버는 얘기라면 누구라도 이쪽에 주목한다.

4　이해되지 않기 때문에 갖는 저항이므로 판매 상품의 가치를 이해시키지 않으면 안 된다.

오해나 곡해의 원인이 무엇인지 그것을 즉각 파악한다. 이쪽의 화법이 불완전하고 인포메이션의 제공이 부족한 것은 아닌지를 생각해 본다.

5　욕구의 부족인데, 욕구를 불러일으킬 도리밖엔 없다.

상대에게 이쪽 상품이 얼마나 필요한 것인가를 납득시킨다. 필요성에 호소하면 욕구는 자연스럽게 자극된다. 누구나 필요치 않은 것은 탐내지 않는다.

③

말머리의 화법

비즈니스 화법에서 말머리를 장식하는 말의 중요성은 소설·영화·드라마·좌담회 등에 못지 않게 중요하다. 결국, 본론으로 들어가는 프롤로그가 말머리의 말이지만, 상대의 마음을 끌 수 있는 최초의 말을 전개하지 않으면 안 된다.

① '어떻게'라는 말

"어떻게 기능할 수 있는가?"

"어떻게 많은 사람이 좋아하는가?"

"어떻게 합리적인 것인가?"

'어떻게'라는 말은 비교의 뜻을 갖는다. 때문에 상대에게 구체성을 느끼게 해준다. 이것은 누구에게나 용이하게 이해될 수 있는 간단한 것이다.

② 뉴 스

선전광고에서 가장 널리 사용되는 것이 '뉴스'이다. 결국, 무엇을 알려준다는 뜻인데, 이것은 많은 사람에게 흥미와 호기심을 느끼게 해준다. 비즈니스 화법에서도 이 말머리의 말로 '뉴스'는 널리 활용된다. 특히 가정에 매여 있는 부인이나 종일 사무실에 매여 있는 비즈니스맨에게는 큰 효과가 있다.

"당신에게만 알리는 것인데요……."

"아직 누구도 모르고 있습니다……."

사람의 심리란 것은 알리는 것에 큰 흥미를 갖는 것이다. 때문에 누구
나 귀를 기울일 것은 확실하다. 인간 심리의 이 같은 약점에 호소하는 것
이 바로 뉴스 화법인 것이다.

③ '새롭다'는 말

"새롭게 판매되고 있다."
"새로운 발명이다."
"새로운 아이디어이다."
'새롭다'는 말은 화제에 신선감을 더해 준다. 새로운 것을 제일 먼저 보
는 기쁨이다. 새것의 소유자가 되고 싶은 욕구가 있다. 결국, '새롭다'는
표현에 대해 사람들은 눈을 반짝이며 화제에 주의를 집중한다.

④ '어떻게 하면'의 말

"어떻게 하면 좋은가?"
"어떻게 하면 지불이 용이한가?"
"어떻게 하면 계약이 안심되는가?"
"어떻게 하면 유리한가."
'어떻게 하면'이라는 말머리는 누구나 느끼는 불안의 심리에 대한 해답
이다. 여기서 비로소 비즈니스 화법은 본론으로 들어가게 된다. 또, 다수
의 사람은 자기 욕구를 어떻게 하면 충족할 수 있는가의 화제에는 크나큰
흥미를 느낀다. 때문에 그것을 가르쳐 주는 얘기에 귀를 기울이는 것은 너
무 당연하다. 물론, '어떻게 하면'이라는 말은 말머리 이외에도 되도록 많
이 쓰는 것이 유리하다. 잡지기사 등에도 '어떻게 하면'이란 표제는 다른
표제보다 많은 독자의 주의력을 집중시킬 수 있으리라고 본다.

⑤ 금전에 관한 것

"월급 2백만 원"

"매달 2만 원씩 분할지불"

"경비절감의 방법"

"돈벌이"

금전에 관계되는 말은 인간의 본능적 욕구를 흔들어 깨우는 데 충분하다. 이것만으로 말의 머리는 가장 효과적이다. 특히 비즈니스 화법·상담·계약 등의 경우에는 '경비절감'이란 말이 가장 매력을 끈다. 또, 일상생활의 기술인 비즈니스 화법에서도 돈버는 이야기 등에는 누구나 귀를 기울이게 되는 것이 인지상정이다.

⑥ '놀랍다'는 말

"정말 놀랍습니다."

"놀라운 성능입니다."

"모두 놀라서 입도 다물지 못했습니다."

말의 머리에 필요한 것은 자극성이다. '경이적'이라는 광고표제에 접하면, 누구나 "뭐?" 하고 쳐다보는 것이 또한 상정이다. 영화광고 등에는 자극적인 놀라운 표현이 잘 사용되기 때문에 누구나 마음이 움직이는 것은 사실이다.

⑦ '이'라는 말

"이 연구에는 자신이 있습니다."

"이 연구를 10년 간 계속했습니다."

“이 신형이 지금 가장 잘 팔리고 있는 형입니다.”

‘이것’이라는 말을 머리로 삼는 화법에는 2가지 효용이 있다고 생각한다. 그 하나는 말을 특정한 것으로 한정하는 것이요. 또 하나는 우리의 말하기 목적에 상대의 주의력을 집중시킬 수 있다는 효용이다.

⑧ ‘웃은 사람이 있다’는 말

“아이디어가 기발하다고 모두 웃었다.”

“이 상품의 성능을 내가 말할 때 처음엔 모두 웃었으나……”

“누구누구는 웃음을 참지 못했다.”

등과 같이 ‘웃다’는 말에는 일종의 친숙감과 호기심을 느낀다. 또, 융통성 있는 기분을 상대에게 느끼게 해준다. 뜻밖에 상대도 웃으며 눈을 반짝이고 다음 얘기를 기다리는 기분을 갖게 한다.

⑨ 충고의 말

“주의말씀을 드립니다만……”

“노파심으로 말하면……”

“양해말씀을 드립니다만……”

‘충고의 말’이란 것은 그 이야기를 들으면 어떤 도움이 된다는 암시를 상대에게 준다.

대상으로 하는 사람을 비즈니스 화법으로 이끌어 나가려면 판매화법 4분의 3, 충고 화법 4분의 1로 말해야 한다는 사람마저 있다. ‘충고’라는 머리의 말은 상대에게 아무것도 요구하지 않는다. 무료의 충고를 제공하는 것이므로 당연 매력 있는 말이다.

⑩ '어떤'이라는 말

'어떤'이란 말을 문장부호로 표시하면 의문부호이다.

"당신에게는 이런 증상이 있지 않습니까?"

"당신은 이 같은 편리한 물품을 갖고 싶지 않으십니까?"

"어느 것이 가장 유리하겠습니까?"

이 같은 머리의 말은 두 가지 이점이 있다. 첫째, 재미있고 대상으로 하는 상대에 관한 강한 흥미에 호소할 수 있는 것이다. 둘째, 인간이면 누구나 느끼는 광범위한 의문에 적응하는 화제를 쉽게 찾아낼 수 있다는 효용이다.

이상 열거한 법칙은 비즈니스 화법에서의 머리를 꺼내는 10가지 방법이다. 어느 한 가지를 써도 머리를 꺼내는 화법으로는 유효하나, 때와 경우에 따라 몇 가지를 혼용해도 좋을 것이다.

결말의 화법

비즈니스 설득에서 도입이 중요하듯이 결말도 매우 중요하다. 결말의 화법에서 정석으로 되어 있는 것을 몇 가지 들어 보자.

① 하나씩 동의를 얻는 화법

그 제품의 세일즈 포인트를 하나씩 드러내 보이고 손님의 동의를 얻어 나간다. 형태·채광 등, 주택을 파는 세일즈맨은 먼저 주택 일부분의 좋은 점을 인정받는 것부터 시작해 들어간다.

"아주머니, 이 욕실은 잘 돼 있죠? 이 정도면 호텔 이상입니다."

"그렇군요, 좋은데요."

"그리고, 바로 옆방을 봐주십시오."

"……."

"채광이 무척 좋지요?"

"정말 밝군요."

이처럼 하나씩 일부분부터 동의를 얻어 나간다.

② 시기를 강조하는 화법

"지금이 절호의 찬스입니다."

이것은 흔히 쓰이는 문구이다. 살 경우의 이익을 강조하고 즉각적인 결단을 촉구하는 화법이다.

"이번 기회를 놓치면 손해입니다."

이 문구는 사지 않을 경우의 불이익을 강조한다. 손님이란 이익을 얻는 것보다 손해보는 것을 두려워한다.

③ 구체적 실례를 드는 화법

모든 이치를 다 알아도 경험이 없을 때는 누구나 불안해하므로 그 제품을 써본 사람의 실례를 들고, 상대방 머릿속에 그 효과의 이미지를 심어 준다.

④ 감정에 호소하는 화법

감정에 호소하면 손쉽게 함락되는 경우가 이따금 있다. 인정에 호소하든가, 또는 공포심을 자극하여 결단을 촉구한다.

"오늘은 선생님만 믿고 찾아왔습니다. 다른 데는 아무데도 안 갑니다. 회사에는 사주신 것으로 보고했기 때문에……꼭 제 얼굴 좀 세워 주십시오" 하고 인정에 호소하든가, 경우에 따라서는 쇼킹한 말을 써서 공포심을 자극한다.

공포심은 사람을 행동시키는 강한 동기가 된다. 그것은 자기 보존의 욕구와 직접 연결되어 있기 때문이다.

"선생님께서는 크게 손해를 보시는 겁니다. 지금까지의 방법으로는 매우 위험합니다. 그렇기 때문에……."

경쟁심을 불붙이는 방법도 있다.

"아무개 아드님도 이것을 써서 월등히 좋은 성적을 올리고 있습니다. 지금 결정하지 않으면……."

⑤ 결정적인 형식의 화법

"만약 이것을 사시면……." 하는 식으로 말하지 않고, 곧 살 것으로 결정짓고 "이것이면 꼭 만족하실 겁니다. 그럼, 이걸로 하시죠." 하고, 즉각 결정화법을 쓴다.

"그럼, 이걸로 하시죠. 대단히 감사합니다."

이미 산 것으로 결정하고 감사의 인사까지 말한다.

상대방의 마음이 결정되면 이쪽에서 방심하기 쉬우나, 판매가 완료될 때까지는 손님의 마음이 가을 하늘처럼 또 언제 변할지 모른다. 인생은 모두 뒤끝이 중요하다. "별 도리 없이 먹혔군……." 하는 느낌을 손님에게 주어서는 안 된다. "정말 잘 사셨습니다. 과연 안목이 높으십니다." 하고 상대방의 구입에 기쁨을 주고, 다음 상봉시의 호의 어린 약속을 확보해 두는 것은 세일즈맨으로서의 당연한 마음가짐이다.

"이 사람의 상품을 사서 좋았어." 하는 뒷맛이 좋은 만족감, 이것이 손

님을 배웅하는 최대의 서비스이다. 이것만이 한 사람의 손님을 천 사람의
손님으로 확대해 나가는 한 가지 비결이다.

5

묘사의 화법

웰스는 그의 공상과학소설 중에서 독자를 아득히 먼 미래로 안내하기
위해 타임 머신을 발명했다. 주인공은 이 기계를 타고 이윽고 미래의 세계
에 당도한다. 웰스는 독자에게 그 시대 사람들의 모습을 언어로 그려 보여
준 것이다. 무엇을 팔려고 하는 사람은 자기의 상품이나 아이디어에 관해
말할 때, 자기의 타임 머신을 타고 미래를 여행한 후 현재의 시점으로 되
돌아와, 자기가 보고 온 것을 언어로 묘사해 주듯 해야 한다. 그 상품을
사용하고 그 아이디어를 실행하면 어떻게 되는가를 일러 주는 것이다. 이
것을 묘사의 화법이라고 할 수 있다.

그러나 화자 자신이 아름답다고 생각하지 않으면, 그리고 머릿속으로
아름다운 형태를 묘사할 수 없다면, 청자에게 아름다운 이미지를 심어 줄
수는 없다. 먼저 화자 자신이 매력 있는 이미지를 머릿속으로 묘사하고 그
이미지를 언어의 색채 필름으로 담는다. 그리고 청자의 머릿속 스크린에
화법의 영사기를 가동하여 영사하는 것이다. 화자의 필름은 아름다운 이
미지가 되어 청자의 머릿속 스크린에 차례대로 펼쳐진다.

난방기구를 판매하는 능숙한 세일즈맨은 상품의 좋은 점을 거침없이 강한
어조로 말하지는 않는다. 그는 알고 있다. 사람은 그것이 좋기 때문에 탐내는
것이 아니라, 탐내기 때문에 좋게 느끼는 것이라고 사람은 탐내는 욕구충동
없이는 아무리 좋은 것이라도 사지 않는다는 사실을 알고 있는 것이다.

그는 신출 세일즈맨처럼, "냉기가 도는 방에서 아침 일찍 일어나기는 매우 불유쾌하죠." 하는 식으로 틀에 박힌 문구는 말하지 않는다. 난방기구 없는 방이 어떻게 찬 것인가를 청자의 머릿속 스크린에 영사해 줄 뿐이다. 상대는 손님을 그 영화 장면의 주인공으로 해서 영사한다.

"자명종 시계가 울죠. 이불을 차고 일어나면 냉기가 도는 방은 춥기가 이를 데 업죠. 급히 화장실로 갑니다. 춥기는 더 합니다. 덜덜 떨리죠."

청자는 언어의 그림 속에 추위에 떠는 자기 모습을 볼 수 있다. 이 화법이 현재진행형으로 말해지고 있는 점에 주목할 일이다.

스테레오를 판매하는 세일즈맨은 이렇게 말한다.

"새 스테레오를 서재 저쪽에 놓습니다. 소파에 앉아 담배를 피워 물고 눈을 감습니다. 교향악단의 연주가 흐릅니다. 댁에 계신지 음악 감상실에 앉아 계신지 모르게 됩니다."

승용차를 파는 세일즈맨은 이렇게 말한다.

"손님께서 저녁 6시에 차를 직장 앞에서 타십니다. 그러면 6시 15분엔 벌써 댁의 앞에 멈춰 서게 됩니다."

그들은 '아름다운 음색', '시속 80마일' 등의 평범한 말을 쓰지 않고, 다만 생생한 미래도를 묘사할 뿐이다.

성공한 세일즈맨은 모든 설득자가 그렇듯이 침묵으로 판매에 임하는 것은 아니다. 그들은 다만 꿈을 그려 주는 말을 쓸 뿐이다. 그것이 모두였다. 그들이 말하기 시작하면 상품이나 아이디어는 즉시 훌륭하게 되고, 손님은 사고 싶은 기분으로 들뜨게 되므로, 불가사의하다 하겠다. 먼저 화법을 개선한다. 손때묻은 판매방식의 세일즈 토크에는 생기가 없다. 틀에 박힌 형식의 판매화법에서 즉각 벗어난다. 신선한 이미지를 새겨 줄 수 있는 묘사 화법으로 바꾼다.

묘사화법에서 주의하지 않으면 안 될 점은 다음과 같다.

❶ 구체적인 묘사

'비프 스테이크'라고만 하면 청자의 머릿속에는 막연히 쇠고기 한 조각이 떠오를 뿐이다. 어떤 색, 어떤 두께, 어떤 크기, 어떤 냄새, 연하기는 어떻고, 맛은 어떤가 등을 구체적으로 말하지 않으면 맛있는 이미지는 떠오르지 않는다. '편리하고 쓸모가 많다'고 하는 것만으로는 잘 이해가 안 간다. 어떻게 편리하고 어떻게 도움이 되는가를 구체적으로 말하지 않으면 안 된다. 사람의 행동을 묘사할 때도 '누가, 언제, 어디서, 누구와, 어떻게, 무엇을' 하는 식으로 구체성을 띠고 말해야 한다.

❷ 감각에 호소하는 묘사

'아프다'고 하는 것만으로는 잘 모른다. 어떻게 아픈가, 지끈지끈 아픈가, 뜨끔뜨끔 아픈가? 막연히 '춥다' 라고 하기보다는 '어깨가 움츠러진다'고 하는 편이 알기 쉽다.

어느 연인의 양장 스타일을 '청초한 스타일'이라 하기보다는 '순백의 블라우스가 눈에 스친다'고 색채어(色彩語)로 말하는 편이 일층 선명하다. 의태어(擬態語)나 의성어(擬聲語)를 쓰는 것도 효과적이다. 만화나 회화에는 굉장히 많은 감각어가 범람하고 있다.

❸ 비교와 대조

'멍석 만한 달', '달보다 먼 거리', '한 줄로 늘어놓으면 지구를 두 바퀴 도는 길이' 등과 같이 청자가 아는 것과 비교하든가 대조적으로 말하면 이미지는 분명히 새겨진다.

④ 비유의 활용

겨울에 빙판길을 서서히 움직여 가는 자동차를 '가재 걸음으로 가더라' 라고 묘사한다. 빌리 그레이엄 목사가 무종교의 청중을 향해 이렇게 설교 했다.

"낙하산병이 비행기에서 낙하하는 순간, 그는 죽음을 향해 돌진하는 것 과 같다. 그러나 의식을 새롭혀 낙하산을 펴고 이에 의지하면 생명의 구원 을 받는 것 같이, 여러분도 이 순간부터 하나님을 믿어 영혼의 영원한 구 제를 받지 않겠는가?"

⑤ 예화의 활용

청자에게 가까운 예화는 그만큼 효과적이다. 이 같은 유비(類比)는 생생 한 연상을 불러 일으켜 준다.

⑥

· · · · · · · · ·

욕구의 화법

① 가치의 보증

미국의 광고학자 스미스 박사는 모티베이션 리서치(Motivation Research)라는 저서 속에서, "여행가방의 제조업자가 사람들에게 어느 형의 안심감을 불러 일으켜 줘야 한다는 점을 알면 매상은 크게 올릴 수 있다."고 지적하고 있다.

이것은 비즈니스 화법에서 크게 활용된다. 고객 가치의 입증을 그에게 하기 위해 저명인사, 유명인사의 지지 등을 화제 속에 포함하고 강조할 일이다.

② 자기 만족감

상대에게 자기 만족을 준다는 것이 어느 의미로는 안심감이나 가치감을 주는 것과 공통된다. 비즈니스 화법은 대상고객에게 충분한 자기 만족을 주고 최후의 결단을 내리게 하는 것이 가장 뛰어난 방법이다.

"돈이 부족하므로 가격이 싼 것을 살 밖에 도리가 없다."

"이 사람 요구의 반도 들어 주지 못하면 면목이 없다."

이와 같이 상대가 느끼게 하는 것은 비즈니스 화법으로는 수준 이하에 속한다. 대상고객에게 결코 비굴감이나 굴욕감을 주어서는 안 된다. 비즈니스 화법에서는, 가령 상담이나 세일 등의 경우에 손님이 아무리 소액의 상품을 사가도 왕자가 된 기분을 맛보게 하는 언사를 준비하지 않으면 안 된다.

"상품은 충분히 제값을 지니고 있습니다."

"가격은 좀 깎아 드리면 싼값이지만, 물품만은 절대 우량품입니다."

"그 정도 사 가시면 양은 충분하다고 생각됩니다."

이와 같은 표현이다.

자기 만족의 또 다른 메커니즘에 대해 반스 패카드는 말하기를 " '엑스포지션 프레스(The Exposition Press)'는 연간 2백 종의 책을 내고 있다. 사장인 에드워드 아란은 '우리 회사는 불멸을 제공한다'고 말하면서 저자의 글과 이름을 불멸의 자형으로 인쇄할 뿐 아니라 저자를 중심으로 한 파티, 각 서점에서의 사인·세일·신문평론·방송 인터뷰를 기획한다고 하였다. 아란은 '저자들로 하여금 제작해 받는 저서를 실감나게 말해 줌으로써 자기 책의 출판비를 마련할 때 스스로 자기 차를 파는 사람, 집을 저당 잡히는 사람이 나온다고 한다.'는 정도로 자기 만족에 열중하는 형편을 말하고 있다."

"왕자의 기분을 갖게 하고, 최후의 결단을 내리게 한다."

"왕자의 기분에 잠기도록 하기 위해 다소 무리하더라도 다액의 돈을 투자하게 한다."

인간의 자기 만족을 충분히 충족시키는 것에 따른 효용은 이 두 가지 점이다. 우리 생활기술에서도 상대에게, "내가 도와준 것이다." "내가 협력자가 돼 준 까닭이다." 등과 같은 만족감을 주도록 이야기를 전개하여 자기 목적을 달성하는 것이 자기를 알리는 능한 화법이다.

❸ 애정의 분위기 조성

우리의 목적이나 요구를 의도대로 발전시키기 위해 상대의 마음에 애정과 친애의 정이 솟구칠 수 있는 분위기를 만드는 것이 중요하다. 특히 육아기(育兒期)를 막 넘긴 중년 이상의 부인은 이 감정이 솟아나지 않으면 결코 요구나 부탁에 응하지 않는다는 심리가 강하다고 한다.

미국의 피아니스트인 리브레스의 프로모터는 중년부인인 그의 팬에게 그가 강력히 어필하도록 하기 위해 그의 감정동원의 효과적 연출을 충고했다고 한다. 그는 먼저 텔레비전의 화면에 "넘치는 미소로써 나타나……." 연주중에도 결코 "순진한 미소를 잃지 않는……." 것이었다.

미소는 기백만의 말이나 화법보다 상대의 애정을 솟게 하는 효과적인 연출임은 말할 것도 없다. 애정을 솟게 하는 비즈니스 화법은 말보다 오히려 우리 자신의 표정이 크게 영향을 미친다.

❹ 향수에 호소

남성·여성의 구별 없이 대부분의 사람은 어느 나이를 지나면 특히 강한 향수에 젖는다. 비즈니스 화법을 스무드하게 전개하기 위해, 상대에 대해 이 같은 향수에 호소하는 것도 잊어서는 안 된다. 과거는 누구나 아름답게 느낀다. 상담 등의 경우, 회사나 상품의 역사를 특히 강조해서 말하는 것이 필요하다.

"창업 50년"

"예전부터 있어 온 어떤 상품을 크게 개량한 것이다."

이 같은 말이 손님의 향수를 강하게 불러일으키는 경우가 많은 것이다. 또, 이런 역사가 없는 회사나 상품의 상담, 혹은 자기 자신을 알리는 데 다른 각도에서 상대의 향수를 일으키는 사람도 있다.

"잠깐 화제는 바뀝니다만, 예전엔 어떠했습니까?" 하고 상대에게 말을 건넨다. 대부분의 사람은, "그렇죠, 옛날엔 이랬었죠……." 하고 회고담을 시작한다.

비즈니스 화법은 자기가 혼자 말하는 것이 아니다. 상대에게 충분히 말하게 하고, 사고 싶은 의욕을 자극하고 친숙감을 불러일으키는 것이 비즈니스 화법의 훌륭한 테크닉이다.

미국의 저명한 판매법 권위자 로스는 『현대의 판매법』에서 다음과 같이 말하고 있다.

"손님이 지루한 이야기를 해도 조금이나마 싫은 얼굴을 보여선 안 된다. 오히려 이 세상에 이렇게 재미있는 이야기는 없다는 듯한 얼굴표정을 짓는다. 점잖게 끝까지 들어준다. 좀더 말해 달라고 부탁한다. 그리고 '재미있는 이야기이군요. 좀더 이야기해 주지 않겠습니까. 시간이 가는 줄도 몰랐습니다. 실로 놀라운 경험을 하셨습니다.' 하고 말한다. 이렇게 하여 상대의 이야기를 적극적으로 들어주면, 곧 반대로 상대는 이쪽의 이야기를 들어 줄 것 같은 태도로 나올 것이다."

이같이 상대에게 충분히 말하게 하는 데는 옛 이야기나 지난 이야기가 효과적이고, 이에 의해 상대가 자기 이야기로 향수에 취해 버리면 이미 이쪽의 목적은 거의 달성한 셈이 된다. 향수를 주고받는 것이 어느 연령층에게는 물품을 사도록 결단을 내리게 하는 가장 빠른 지름길의 화법이다.

상품이나 대인관계를 포함해 손님이 좋다고 판단하는 것은 '마음결'의 문제이다. 향수는 인간이면 누구나 마음으로 그리는 대표적이고 기본적인 심리이다. 이 같은 잠재의식적인 요구나 동경이나 욕구가 충족되지 않는 한, 우리의 화법으로써 상대를 조종하기란 불가능한 일이다.

PR의 화법

최근 우리는 PR(Public Relations)이란 말에 전혀 생소한 느낌을 갖지 않고 있다.

"상사에게 PR하지 않은 탓이지……."

"저 친구는 자기 PR에 능해서 출세가 빨라……."

"그 여인에 대한 자기 PR이 적중한 모양이군."

우리는 흡사 PR시대에 살고 있는 느낌이다. 그러면 대체 PR의 정의는 무엇인가. 이것은 매우 어려운 문제이나 대체로 다음과 같이 정의할 수 있다.

1. PR이란 경영관리자가 고객·종업원·공중 일반의 호의와 이해를 얻고자 하는 계속적인 활동으로서 그것을 안으로는 자기 분석과 교정에 의해, 겉으로는 모든 표현수단에 의해 실천해 나가는 방식이다.

2. PR이란 개인이나 제도가 개개인이나 집단 사이에 신뢰 및 호의를 구축하기 위해 먼저 그 방침·서비스·행위를 설명하여 선의의 이해와 평가를 확보하고자 하는 노력이다.

③ PR이란 개인이나 사업체가 공중의 신뢰를 얻기 위해 보다 바람직한 이미지를 형성해 나가는 기법이다.

이상을 요약하면, 자기 사업에 궁극적으로 이익을 가져오게 하는 것이 목적이다. 요컨대, 잃고 얻으라는 득과 실의 역순(逆順)이다. 언제든 친절히 처신하여 상대에게 호의의 대상이 되고 만약의 경우를 위해 늘 대비해 둔다. 부단의 준비활동이라 생각하면 PR의 정의도 쉽게 알 수 있다.

보통의 영업광고나 생활기술로서의 비즈니스 화법이 자기 회사의 제품이나 자기를 알리는 직접수단이라면, PR은 그 뒤의 보이지 않는 힘이라 할 수 있다. 때문에 PR은 표면적이어서는 안 된다. 빗물이 자연스럽게 땅에 스며들어 마침내는 그것이 지하수의 원천이 되어 샘이 솟아나듯 작용하는 것이 본래의 면모이다.

선전광고나 자기를 알리는 비즈니스 화법은 무엇을 호소하는 것임을 누구나 분명히 알게된다. 그러나 PR은, "이 이야기는 이러이러한 목적이 있고, 또 당신의 호의를 얻기 위해 호소하고 있는 것이다." 라고 명백히 표현하지 않는 점이 특징이기도 하다.

본래 PR은 미국에서 노동공세의 예봉(銳鋒)을 약화시키기 위해 발달된 것이다. 근대 메커니즘은 기업체의 인간관계를 기계적인 것으로 만드는 경향이 있다. 이 때문에 경영자와 종업원 간에 의사소통이 소원해지고 오해가 발생하기 쉽게 되는 것이다. 이 오해를 풀기 위한 수단이 PR이다. 예를 들면, 사보·후생시설·복지관계의 정비 등이 그 한 가지 현상이다. 그리고 주주에 대한 PR은 영업보고서 등으로 알기 쉽고 활발하게 실시한다.

또, 일반에 대해서는 미국의 예로 보아, 담배회사가 불조심 선전에 힘을 기울이고 자동차판매회사가 교통안전운동에 협력하고 있다. 벨 전화회사에서는 교외의 아름다운 주택지구에 있는 자재창고를 인근의 주택과 동일하게 건조하고 있다. 집 주위에는 잔디를 심고, 들에는 나무를 심으며, 지

붕 위에는 텔레비전 안테나마저 세워 놓고 있다. 결국, 이 일련의 조치는 부근의 자연경관과 분위기에 조화시켜 주민의 나쁜 감정을 사전에 차단하기 위한 PR적인 대책 마련인 것이다.

PR이 잘 행해지면 기업에 대해서도 상품에 대해서도, 또 개인에 대해서도 세간이나 주변에서 잘 이해해 주고 호의를 갖게 된다. 물론, 이것만이 우리의 생활기술 전부라 말할 수 없으나, 최소한 이 같은 PR이 쌓이면 상품판매의 선전광고도, 생활기술에서의 비즈니스 화법도 만일의 경우에 대비한 강력한 뒷받침이 되는 것은 사실이다. 이것이 중요한 것이다. 이해도 충분치 않고 호의의 관계도 아닌 사람이 당면의 자기 목적을 달성하기 위해 선전하고 비즈니스 화법을 전개해도 상대는 순순히 납득하지 않는 것이 당연한 일이다.

만약, 우리가 자기를 알리기 위해 경쟁자의 이름을 대고 "그 사람은 저보다 능력이 부족합니다." 라고 말하고, 또 자기 회사 제품을 팔기 위해 경쟁사의 상품을 끌어들여, "그 제품은 값도 비싸고 의장도 좋지 않으며 성능도 나쁩니다. 이에 비하면 저의 회사 제품은……" 등으로 말했다면, 상대는 어떤 기분을 가질 것이냐는 것이다. 필경 다음과 같은 느낌을 가질 것이다.

첫째, 좋지 않은 사람이라고 경멸한다.

둘째, 경쟁자나 경쟁상품의 이름을 되새긴다.

셋째, 전적으로 그렇게 생각지 않는다. 그 경쟁자나 경쟁상품에도 따로의 특징이 있고, 따로의 우수한 점이 있다고 반발한다.

경쟁자나 경쟁상품을 비교의 기준으로 삼을 만큼 확립된 평가의 인상을 상대에게 주고 만다. 이것은 깊은 사려가 없는 비즈니스 화법이다.

PR은 분위기를 만드는 것이다. 그러기 위해서는 친근한 분위기, 신뢰의 분위기, 호의적인 분위기를 조성하는 말과 태도가 되풀이되지 않으면 안 된다. 이 같은 의미에서 자기를 위한 주위의 호의 어린 분위기를 만들기 위해 경쟁상대를 험담했다고 하면 결코 이롭지 않을 것이다. 보다는 칭찬의 말이 제3자에게는 좋은 분위기를 만들어 준다.

"그 사람은 일에 열심입니다. 저도 지지 않게 일하고 있습니다."

이 같은 화법이 생활에서의 자기 PR이 된다. 어떻든 주의하지 않으면 안 될 것이 경쟁상대나 경쟁상품을 헐뜯어서는 결코 자기를 위한 좋은 분위기를 만들 수 없음을 잊지 말아야 한다는 점이다.

우리가 하는 선의의 언어표현이 연출적 성격으로 강하게 인식되면 좋은 분위기를 만드는 PR화법이라고 할 수 없다.

"부인이 편찮으시다는데……좀 어떠십니까?"

"날씨가 추워졌습니다. 건강은 좋으신지요?"

이같이 아무렇지 않은 듯한 말이 우리의 일상생활에 있어서는 PR 구실을 한다.

"오늘 아침 지하철은 만원이었는데, 용케 타셨군요."

"소나기가 굉장했는데, 별로 젖지 않으셨군요."

이것은 상대를 걱정하는 말이다. 이 같은 말에도 따뜻한 인정의 교류가 감춰져 있다. 이것이 또 PR적인 분위기를 만드는 원동력이 된다. 결국, 주위에 퍼진 우리의 선의의 말이 그대로 PR화법이 된다. 그러므로, 자기에게 유리한 분위기를 만들도록 항상 염두에 둔다.

PR화법은 생활에서의 자기 선전 화법이어서는 안 되나, 자기를 말하는 것은 필요하다. 그러나, 그것은 어디까지나 아무렇지 않은 듯 자연스레 말하는 것이 포인트이다. 결코 자기 선전의 기미를 느끼게 해서는 안 된다.

"미심쩍어서 이 서류를 벌써 말들어 놓았습니다."

"어젯밤 집에서 좀 조사해 봤습니다."

직장에서의 이 같은 말에는 자기 선전의 기미가 엿보이지 않고, 상대 또는 상사, 거래처에 대해 자기가 부단히 신경을 쓰고 있다는 의도가 충분히 상대에게 느껴진다.

"집사람도 좋게 생각하고 있습니다."

"집사람도 무척 걱정하고 있습니다."

이 같은 말도 상대에 대해 자기 집안에서는 가정적으로 당신에 관한 것을 화제로 삼고 모든 식구가 신경을 쓰고 있음을 알게 모르게 드러내는 것이므로, 역시 자기를 말하는 것이 된다.

PR의 목적은 많은 사람에게서 호의를 얻는 것이다. 그리고 그것이 발전하여 번영으로까지 이끄는 것이 PR 본래의 목적이다. 때문에 PR 화법의 포인트도 모름지기 그것과 동일 취지에 따라 전개되지 않으면 안 된다는 것이다. 팔기 위한 직접적인 비즈니스 화법은 아니더라도 비즈니스 화법을 스무드하게 전개하기 위한 준비 화법이다. 이 준비 화법에 의해 자기에 대한 호의·신뢰·우정을 쌓아 나간다.

때문에 PR 화법의 포인트는, "당신에 관한 것을 언제나 마음에 간직하여 당신의 이익이 되도록 나는 나의 행동에 신경을 쓰고 있다."는 분위기가 말하는 구석구석에 나타나 있지 않으면 안 된다.

PR선전의 전개에는 찬스를 이용하는 것이 유리하다. 우리의 생활기술에서의 PR 화법도 대상으로 삼은 상대의 사생활·행동·사업 등을 항상 주의깊이 관찰하고, 때와 경우에 따라 찬스를 포착하여 어디까지나 그것을 효과적인 PR 화법으로 활용하는 것이 중요하다.

직장의 일상생활에서도 지각한 사람에 대해, "교통사고인지 모르고, 어디가 아파서 못 나오나 생각했소." 하고 말하면, 상대는 감사와 호의 어린 기분을 갖는다. 이것도 상대의 지각이라는 찬스의 이용이다.

세일즈맨이면, "수해가 대단한데 여기는 어떤가 하고 걱정이 돼서 들렀습니다." 라고 하면, 이것은 우연히 닥친 수해라는 하나의 찬스를 이용한 것이 된다.

PR의 포인트는 어디까지나 찬스를 이용, 자기에 관한 것을 말하기보다 찬스를 이용, 상대에 관한 것을 신경 쓰고 있다는 분위기를 말로 표현하는 것이다. 이것이 호의로 변해 돌아오는 것을 기다리지 않으면 안 된다. 생활기술인 PR 화법은 대상인 상대에게 누구보다 먼저 우선적으로 전개할 것이 필요하다.

ฮ

숫자를 쓰는 화법

숫자는 불가사의한 힘을 갖고 있다. 특히 그것이 현대적 감각을 가진 사람을 상대로 할 때는 가장 강력한 힘을 발휘한다. 결국, 권위에 대한 복종심리와 같은 것을 숫자는 지니고 있다. 때문에 선전광고의 경우에도 가능한 한 숫자로 성능이나 효용을 표시하려는 노력을 기울이고 있다.

예를 들면, 어느 종합 비타민의 광고에 쓰인 성분표만 해도 그것을 광고로 볼 때, 누구나 21종류나 되는 성분이 함유된 강력 비타민제임을 강하게 느끼게 된다. 그러나, 실제는 어떤 종합 비타민제도 대체로 동일 성분으로 구성되어 있는 것이다. 단지 소구력의 초점을 성분표라는 숫자로 뽑아 놓은 것이므로 특별하고 강력한 비타민제라는 느낌을 숫자의 마력에 의해 인상받는 것이다.

또, 이런 것이 있다.

"한 번에 한 알씩 하루 두세 번 복용하시면 됩니다."

결국, 한 번에 한 알씩 하루 두세 번이란 숫자가 우리에게 강한 소구력을 불러일으킨다.

어느 고속버스의 광고문에 '서울에서 불과 80분'이란 것이 있다. 이것은 1시간 20분을 뜻한다. 그러나 1시간 20분이라 하는 것과는 그 숫자에 대한 느낌이 다르다. 80분이라 말한 편이 어딘가 스피드가 빠른 감이 든다.

이처럼 숫자는 정확성·이론성·과학성 등의 이미지 외에 스피드성이라는 감정도 사실 포함하고 있는 것이다.

또, '만원입니다' 하고 말하고 싶은 것을 9,800원이라고 하면 상대에게 주는 이미지는 매우 싼값이라는 느낌이 들고 정확한 가격이라는 인상을 받는데, 실상 그 차이는 불과 2백원인 것이다.

약품 등의 광고에 '순도 98.3퍼센트'라고 말하면 정확성이 있고, 또 매우 순도가 높은 느낌을 받는다. 실제로 100퍼센트보다 98.3퍼센트가 낮은 순도이나, 숫자를 구체적으로 나타내 보이는 것으로써 그것은 생생한 감정을 가져 온다.

우리의 비즈니스 화법도 온전히 이와 동일하다. 개략적인 숫자로 상대를 설득하려 해도 좀처럼 상대는 숫자의 마력에 걸려들지 않는다. 그러나, 구체적인 숫자 화법을 전개하면 정확성의 인상은 훨씬 강력해 지고, 숫자의 마력은 생생하게 상대에게 접근한다. 이것이 숫자를 잘 다루는 테크닉이요, 이것으로 숫자에 감정이 생겨난다.

생명보험의 세일즈맨 등이 끈덕지게 계산방식을 설명해 나가면 대체 결론은 어떻게 되느냐고 묻고 싶은데, 중요한 결론보다 그 과정만을 복잡하게 말하는 화법에 때로 우리가 당황한다. 이것은 능한 비즈니스 화법이라 말할 수 없다. 숫자 화법은 정확성과 함께 또 하나 다른 효용이 있음을 잊어서는 안 된다.

그것은 스피드라는 효용이다. 누구이든 분주하게 일하는 것이 현대이다. 상대의 이야기를 여유를 갖고 들어줘야 하나, 차례대로 짜여진 스케줄에 쫓겨 그것이 불가능한 것이 현대인인 것이다.

숫자 화법은 장황히 설명해야 할 것을 숫자에 의해 깨끗이 설명하는 것이다. 단적이고 구체적으로, 단시간 내에 이야기를 결론짓기 위해 이용한다는 또 다른 목적이 있음을 잊어서는 안 된다.

숫자는 또 반복에 의해 효과를 더한다. 예를 들면, "작년 1년 간의 우리 사의 생산량은 약 3천만 톤이다."라고 하는 설명은 너무 간명하므로, 3천만 톤이란 숫자가 상대의 마음에 강하게 새겨지지 않는다.

그러나 "작년 1년 간 우리사의 생산량은 대체 얼마쯤이라고 생각하십니까? 1천만 톤이라고 생각하십니까? 어림도 없습니다. 2천만 톤을 가볍게 돌파하고 2천 9백만 톤이라는 놀라운 생산량을 기록했습니다. 2천 9백만 톤이라고 하면 A회사와 B회사의 둘을 합친 생산량에 거의 육박하는 숫자입니다." 라고 하면, 거의 같은 3천만 톤의 생산량도 훨씬 강력한 인상을 상대에게 준다.

이것을 숫자 응용의 반복화법이라고도 한다. 결국, 생산량·성능·제품 등이 타사의 것보다 훌륭하다는 것을 숫자로 상대에게 알리고 싶은 때는 이 숫자의 반복 화법을 크게 이용할 필요가 있다.

비즈니스 화법에서는 머리를 쓰는 데 따라 얼마든지 숫자 화법을 이용할 수 있다. "서류작성을 다했습니다" 하는 상사에 대한 보고도, "서류는 카피와 함께 3부를 작성했습니다. 카피 하나는 5페이지로 돼 있습니다." 라고 보고하면, 이것은 훌륭한 비즈니스 화법이다. 상대에게 주는 인상이 선명할 것은 물론이다. "지각했습니다" 하는 사과도, "15분 지각했습니다." 라고 사과하면, 예의범절이 바르고 행동이 분명한 느낌을 준다.

숫자화법은 지나치게 냉정하고 인상도 냉랭하므로 자칫 오해받을 소지가 없지 않으나, 눈이 도는 듯한 현대에서는 보다 설득력이 강하고 시대에 부합되는 화법이라 생각된다.

전화할 때의 화법

전화의 비즈니스 화법이란, 말하자면 잡음과 소음 속에서 트랜지스터 라디오의 레시버를 귀에 꽂고 있는 것과 같은 것이다. 듣는 상대로서는 소음 속의 여러 소리와 레시버의 소리가 혼합돼 안심할 수 없고, 마음이 놓이지 않는 감을 피할 길이 없다. 편리한 문명의 이기임에 틀림없으나, 집에서 고성능 라디오를 듣는 안심감 같은 것은 느낄 수 없다. 그러나 그렇다 하여 전화의 비즈니스 화법을 부정하는 것은 아니다. 트랜지스터의 대유행과 같이 전화는 점점 크게 보급 활용되고 있어 비즈니스에서 주요 구실을 다하고 있다. 전화로 '실례합니다'와 같은 겉치레 말은 이제 불필요한 것으로 돌리고 싶다.

전화로 문제를 타협하는 것은 새삼스런 설명이 필요 없다. 항상 의론의 대상이 되는 것은 전화로 개인적인 부탁이나 세일, 초대면의 면접 등을 어떻게 처리할 것이냐의 여부가 문제인 것이다. 이 문제 해결에는 텔레비전·라디오의 CM 효과를 생각해 보면 손쉽게 이해할 수 있다. 라디오 CM을 전화 화법이라 생각하고 텔레비전 CF를 면접 화법이라 생각하면, 텔레비전 CF가 눈과 귀로 소구하는 것이므로 인정의 교류도 발생하고 효과적인 것이라는 데 달리 이의가 있을 수 없다.

전화로는 면회 일시를 물어 보고, 비즈니스 화법이나 세일 화법은 직접 면회해서 말한다는 과정은, 물론 일반적이고 가장 상식적인 수단이다. 그러나 이것으로는 전화의 효용이 반감되고 스피드성이란 점에서는 합리적인 비즈니스 수단이라 말할 수 없다.

최근, 특히 텔레비전과 라디오라는 매스미디어를 어떻게 효과적으로 선전 매체로서 사용하느냐는 과제가 선전심리학에서 구명되기 시작했다. 그 결과, 텔레비전 CF는 직접 판매선전으로, 라디오 CM은 인상광고·PR선전에 이용하는 것이 가장 효과적인 활용방법이란 결론을 도출했다.

결국, 텔레비전 CF는 눈과 귀에 호소해 소비자의 구매심리를 직접 동원한다. 이에 비해 라디오는 집중선전이나 반복선전이란 수단으로 이용해 상품명을 기억케 하는 인상광고, 혹은 직접적인 판매의도를 갖지 않는 PR선

전에 이용된다고 밝히고 이것이 두 가지 강력 매스 미디어에 대한 선전심
리학적인 관점에서 본 가장 효과적인 이용법이란 결론을 얻기에 이르렀다.

이 방법을 비즈니스 화법에 응용하면 전화화법의 용법은 다음의 용도
로 이용할 수 있다.

1. 면접 타합
2. 상대방 근황의 캐치
3. 업무 보고
4. 자기 근황의 보고
5. 연락
6. 간단한 업무 타합

상대에게 자기를 강하게 인상지어 주는 것과, 보고·연락 등을 치밀하
게 행하여 PR의 의미를 강조한다는 면으로 이용하는 것이 효과적인 전화
화법일 것이다.

결국, 중요하고 결정적인 비즈니스 화법의 중간에서 양쪽을 연결키 위
한 미디어로 구사하는 것이 전화 화법의 결점을 커버하는 어디까지나 효
과적인 이용법이 된다는 것이다.

전화는 상대의 용모와 표정 그리고 자세를 볼 수 없으므로, 어느 정도
어지간한 태도로 어지간한 것을 말해도 상대는 잘 모르든가 곧 잊어버린
다는 것을 염려하지 않으면 안 된다. 이 기계는 꽤 정확하고 정직하게 그
와 같은 태도를 상대에게 전해 준다. 또 전화로 어떤 이야기나 어떤 부탁
을 말해도 실례는 아니다. 그러므로 실례라는 소극적 태도를 버리고 크게
이용하는 것이 새로운 비즈니스의 모럴이다.

다만, 전술한 대로 전화 화법은 잡음 속의 트랜지스터 라디오와 같은
것으로 인정의 교류가 솟구치지 못한다. 중요한 비즈니스 화법은 되도록

직접 면접하는 편이 유리하다는 것을 알아둘 필요가 있다. 전화는 서로가 표정의 다양성도 용모도 볼 수 없다. 그러므로 말로 강조하고 악센트를 주는 것이 중요하다. 기쁜 보고는 기쁜 성조로 말하고 중요한 화제에서는 중요한 듯한 성조로 말한다. 이것이 표정도 모습도 볼 수 없다는 결점을 커버해 준다.

우리 화법에서는 보통 슬픈 때는 괴로운 표정으로 머리를 숙인다. 이 모습이나 표정이 상대로 하여금 인정을 느끼게 하고 마음의 교류를 낳게 하지만, 전화에서는 이것이 불가능하다. 때문에 말과 화법에 악센트를 주고 그것을 커버하는 것이 중요하다. 라디오 드라마를 들으면 성우의 화법은 특히 말의 억양으로 분위기를 조성하여 우리에게 실감을 강하게 안겨 준다.

그러나 직접 얼굴을 맞댄 면접 화법의 경우에 그런 상태로 말한다면, 기분이 나지 않을 뿐만 아니라 어색하기조차 해진다. 이렇듯 라디오 드라마는 목소리만으로 크게 이용할 필요가 있다. 그것이 상대에게 표정을 전한다. 때문에 말과 음성의 표정을 되도록 강조해야 한다. 소근대는 화법은 전화 화법의 경우 특히 금물이다.

전화 화법에서 지루한 이야기, 불필요한 형용사, 혼동하기 쉬운 말, 들어 분간하기 힘든 말, 어려운 말, 일반화하지 않은 영어 및 외국어 등을 쓰는 것은 쓸데없이 혼란만 초래한다. 간명하게 그리고 알기 쉽게 이야기의 요점을 말하도록 유념해야 한다.

또한 숫자나 고유명사 등을 전할 경우에는 특히 세심한 주의가 따라야 한다. 그리고 자기 이름은 가장 먼저 말해야 한다. 심야(深夜)나 조조(早朝)에는 전화를 삼가야 한다.

비즈니스의 경우, 오후에 머리가 혼란하기 쉬운 시간보다 오전 9시나 10시경 상대가 출근한 지 얼마 안되고 상쾌한 기분을 갖고 있을 때가 유효하다. 상대가 주위 사람에게 신경을 써야 할 화제는 이쪽이 말하고, 상대는 대답만 하게 하는 편이 친절하다.

또한 어느 경우에는 사내의 자기 선전을 겸해 대성으로 상대에게 업무 이야기를 하는 것도 필요하다. "저 친구 크게 뽐내 가며 업무를 수행하는군……" 하는 느낌을 주어 주위나 상사에 대한 자기 선전도 된다.

또 어느 경우는 그리 중요하지 않은 업자 등을 전화로 크게 꾸짖는 것도 필요하다. 이것도 대성으로 말하면 주위에 대한 자기 선전이 된다. "저 친구 비즈니스에는 굉장히 투철하군……" 하는 감을 주기 쉽다. 이 같은 점에서 전화화법은 매우 중요한 생활수단이 된다.

유머가 있는 화법

사람을 설득하는 데는 여러 가지 방법이 있으나, 성냄과 울음과 웃음은 어느 것이 효과적일까? 소리 높여 꾸짖든가 위협하는 것은 가장 유치하다. 어린이가 싫어하는 할아버지, 부하에게 빈축을 사는 관리직이 그렇다. 울음은 여성의 전유물이란 설이 있으나, 오로지 손님에게 동정을 구하는 식의 애원형 같은 것은 진부하다. 역시 웃는 얼굴이 좋다. 웃는 집에 복이 오고 웃는 낯은 누구나 반긴다. 웃는 낯만 지어 보여도 상대의 마음을 부드럽게 만들 수 있다. 웃는 낯은 웃는 낯을 끌어들이고 굳은 마음의 빙벽을 녹이며 설득에의 길을 넓힌다.

평소에 안면근육을 움직이는 연습을 하면 무리하게 억지 웃음을 짓지 않아도 그 장면에 어울리는 기분 좋은 웃는 낯이 지어진다. 모든 인간의 근육은 움직일 때 발달하고, 잘 쓰지 않을 때 근육은 점점 쇠해진다. 웃는 근육이 발달하면 표정의 움직임이 밝고 활발해져, 이른바 현대적인 매력이 싹튼다. 거울을 보고 웃어 본다. 그러면 웃는 얼굴표정으로 화낼 수 없는 사실을 발견할 것이다. 그것이 사실이면 웃는 얼굴을 짓는 것으로 화내거나 슬픈 기분을 전환시킬 수 있다.

"슬퍼서 우는 게 아니라, 울기 때문에 슬픈 것이다." 라는 명언이 있다. 철학자 칸트도 밝은 표정이 밝은 정신을 만든다는 점을 강조하고, 어릴 때부터 웃는 습관을 기르도록 충고하고 있다.

프랑스 극작가 마르세르 파니요르는 "웃음은 승리의 노래이다. 그것은 웃는 사람이 웃음을 사는 사람에 대한 순간적이나마 돌연히 발견되는 우월감의 표현이다." 라고 말했다.

과연 우리는 사람의 실패, 사람의 어리석음을 웃고, 불합리하거나 모순된 행위를 보고 웃는다. 자기라면 저와 같은 바보짓은 안 할 것이라는 우월감이 웃음을 자아내게 한다. 남을 즐겁게 웃기고자 하면 이쪽의 허점을 찌르는 방식으로 순간적이고 돌연하게 우월감을 만족시켜 주지 않으면 안 된다. 장면에의 타이밍이 매우 중요하다. 이쪽의 가벼운 실수나 실패를 이야기하는 것이 좋다.

"나는 건망증이 심해서 요전에도 택시 속에 회사 공금 백만 원을 놓고 내린 적이 있어." 이런 식은 곤란하다. 신용 없는 사람으로 알려질 게 아닌가? 어떻든 "인간이 똑똑하다. 실수가 없다."고 칭찬 받고 경원 당하기보다는 "저 친구, 어딘지 모르게 바보스러운 데가 있어" 하고 웃게 하며, 친근감을 주는 편이 인생에서 얻는 바가 크고 많다.

전혀 웃음이 없는 대화만큼 싱거운 것도 없다. 부드러운 분위기를 만드는 데 웃음은 빼놓을 수 없는 요소임에 틀림없다. 그렇다 하나, 간지러운 생리적 웃음이 아닌 위트라든가 유머로 일컬어지는 종류의 품위 있는 웃음이 바람직하다.

"웃음은 사람에게만 있다."고 철학자 베르그송은 말한 적이 있다. 웃음이 인간의 특권처럼 되어 있는 것은, 웃음의 멋을 아는 것은 인간뿐인 까닭이다.

웃음의 멋은 지적인 것으로 대뇌가 발달되지 않은 동물들은 웃음의 멋을 알 턱이 없다. 동물은 같은 무리 앞에서 방귀를 뀌어도 웃지 않는다. 매우 엄숙한 경우에 바보짓을 했을 때, 이러한 모순에 직면하여 누를 수 없는 벅찬 웃음을 느끼는 것은 오직 인간뿐이다. 인간의 대뇌기능에는 그같은 조직이 있기 때문이다.

영국인의 편지 속에는 어느 대목 한 군데쯤엔 꼭 웃음을 자아내는 부분이 있다. 유머는 사교상의 에티켓으로 일컫는다. 딱딱하기 쉬운 상담진행 중에도 냉랭한 사무적인 절충 중에서도 웃음의 미풍이 일면 이야기는 한결 부드럽게 진전된다.

대담의 장면에서 웃음이 가져오는 효용에는 여러 가지가 있다.

❶ 긴장 이완

웃기는 것으로 상대의 우월감을 만족시킨다. 긴장된 분위기를 풀어 주고 대화 전체를 부드러운 무드 속으로 이끌어간다.

❷ 자기 방위

웃음의 연막을 치고 상대의 기세를 약하게 꺾는다. 이 웃음에 끌리어 무의식중에 상대의 공격은 약화된다.

❸ 간접 공격

웃음은 간접공격의 무기가 된다. 갑자기 급소를 찌르면 뿔이 날 것이므로, 풍자적인 웃음에 의해 암시적으로 상대의 급소를 찌른다.

막다른 곳에 다다른 대담의 분위기도 한 가지 웃음으로 다스려진다. 웃음으로 상대의 기분을 흥정하는 것은 저급이다. 시인인 호프만은 웃음으로 상대를 간접적으로 조롱한 일이 있다.

어느날 돈 많은 상인의 초대를 받았다. 주인은 민망할 만큼 자기가 벌어 모은 재산을 자랑하면서, "나 혼자서 세 사람의 하인을 두고 부립니다." 하고 뽐내 보였다. 그러자 호프만이 정색한 얼굴표정으로 말했다.

"그러세요? 너무 적은데요. 저에게는 목욕을 거들어 주는 사람만 넷이 있습니다. 한사람은 타올을 준비하고, 한 사람은 탕의 물을 조절하고, 한 사람은 등에 물을 부어줍니다."

"또 한 사람은 무엇을 합니까?"

"네 번째죠? 저 대신 탕에 들어가죠."

위트는 머리의 회전이 느린 사람에게는 바람직하지 못하다. 섬광처럼 애드리브(adlib)로 말하는 데에 즐거움이 있다. 유머는 그 사람이 풍기는 멋이다. 부탁이나 교섭이 잘 진행되지 않을 때 초조하고 조급해서 눈을 치켜 뜨든가, 볼멘 얼굴을 하든가, 상담이 깨지면 곧 벌컥 성내는 사람은 대체로 유머와의 인연은 먼 것이다. 마음에 여유가 없는 사람은 유머의 멋을 모를 것이다.

⑪

· · · · · · · · · ·

외래어가 자주 나오는 화법

본래 외국어이던 것이 우리말에 들어와 국어 생리에 맞게 쓰이면 외래

어라 하고 그렇지 않으면 외국어라 불린다. 그런데 비즈니스나 세일즈에
서 외래의 용어가 많이 쓰인다. 이것은 외래어라 할 수 없고 엄밀히 말해
외래의 용어라 부르는 것이 당연하고 자연스럽다. 외래의 전문용어는 외
래어가 아니고 아직은 외국어이다. 비즈니스에 외국어가 자주 등장한다.
그리고 외국 전문용어의 약어 역시 빈번히 쓰인다. 이 때 이 말을 이해하지
못하면 대화가 이루어지지 않는다. 그렇다 하여 그 때마다 상대방에게 말
뜻을 풀어 달라고 요청할 수도 없고 난처한 일이 아닐 수 없다. 하지만 배
운다는 처지에서 보면 단순히 부끄럽고 창피하다고만 위축될 일이 아니고
떳떳이 물어보고 말뜻을 확실히 다져 나가면 후일에 큰 도움이 될 것이다.
　여기에서도 배우는 노력이 강조되지 않을 수 없다. 아는 것이 힘이다.
배워야 한다. 배움에 창피나 수치를 앞세울 것이 아니다. 모르는 것은 항
상 물어보고 말뜻을 확실하게 내 것으로 만들어야 한다. 그래야 비로소 내
가 아는 용어가 풍부하고 다양해진다. 용어가 다양하면 대화에 불편을 느
끼게 되지 않는다.
　비단 모르는 말은 비즈니스상의 외래용어에 국한되지 않는다. 국어의
경우 역시 동일하다. 국어라 하여 그 뜻을 우리가 모두 정확히 알고 있는
것은 아니다. 우리가 우리말을 얼마나 알고 있으며, 말뜻을 우리가 얼마나
정확히 알고 있는가? 사실은 이것부터 큰 문제이다. 그러나 일단 그것은 옆
으로 미루어 두고 비즈니스에 쓰이는 외래 용어관계에 국한하여 설명한다.
　외래 용어의 구사는 피차 전문 비즈니스맨인 때 의사 소통이 빨라지니
효과적이라 하겠으나, 한 쪽이 비전문이면 외래 용어의 사용은 적극 억제
해야 마땅하다. 궁극에 가서 모든 외국어는 국어화해야 하나 급격한 세계
화의 경향으로 아직은 그대로 쓸 수밖에 다른 도리가 없다. 자주 쓰이는
것일수록 용어의 뜻을 분명히 파악하고 한편 드물게 쓰이는 것은 그 때마
다 묻든가 사전을 찾아 자기 것으로 만들어 나가는 노력을 해야 한다.
　상대방이 전문 비즈니스맨이 아니면 되도록 외래의 용어 쓰기를 삼가

고, 꼭 써야 할 때는 동시에 국어로 뜻을 옮겨 주는 것이 예의일 것이다. 국어를 쓰되 외국어, 외래어 삽입의 정도가 지나치면 자기 과시나 또는 현시욕의 발로인 양 상대방에게 오해받기가 쉽다. 그렇다 하여 국어만을 고집하면 그것 또한 고루한 인상을 주기 쉽다. 가능하면 국어로 말하고 도저히 국어로 표현하기가 어려우면 그 때 비로소 외래의 용어를 쓰되 겸허한 자세를 잃지 않아야 한다. 어려운 것을 어렵게 말하기는 쉬워도 어려운 것을 쉽게 말하기는 어렵다.

한 가지 특기할 사항은 배움이 적은 사람이 배움 많은 사람을 흉내내는 일이다. 이것은 넌센스다. 그러다가 오히려 무식이 폭로되는 경우가 종종 있다. 외국어, 외래 용어는 자신 있는 것만 택해 쓰되 자신 없는 말은 아무 때나 섣불리 쓸 것이 못된다. 그리고 일상 대화에서도 교양이 별로 높지 않은 사람을 상대로 할 때는 함부로 새로운 외래 용어나 또는 외래어를 쓰지 않는 편이 좋다. 이야기는 알 수 있는 것이어야 한다. 이야기 도중 상대방이 알기 어려운 말이나 뜻 모르는 말이 조금이라도 섞이면, 그 이야기 전체의 효과를 반감하든가 아니면 때로 효과 전무의 결과를 가져올지 모르므로 크게 주의하지 않으면 안 된다.

판매 장면과는 다르지만 외래 용어로 하여 당황한 경험이 있다. 안면 신경 마비로 한동안 고생하던 때의 일인데, 전날 몇 차례인가 술집을 전전한 끝에 과음하고 귀가한 적이 있었다. 아침에 자리에서 일어나니 얼굴 부위가 크게 거북한 느낌이다. 거울을 보니 얼굴 한 쪽이 약간 부어 올랐고 한 눈이 잘 감기지 않으며 입이 아래로 얼마쯤 처져 있다. 이야기하든가 말하는 것으로 주어진 소임을 수행하는 것이 직업인 저자에게 말을 잘 할 수 없는 병이 발병했으니 딱하기 이를 데 없다. 난감한 노릇이다. 먼 일가 누님이 와서 하는 말이 어째서 동생한테 이런 병이 생겼느냐고 한다. 그러면서 한동안 안심, 위로시키더니 묘책을 일러준다. 대추나무 가지를 꺾어다 입안에 물고 늘어진 쪽을 치켜올리고, 고무줄을 매 귀에 걸면 나을 것이라고 두 번 세 번 거듭하며 자세히 타이른다. 아픈 중에도 어이가 없어 몇 번씩 웃었더니 웃지 말라고 한다. 웃는 표정이 일그러져 보기가 흉하다고 한다. 병약자라니, 병들면 모든 것이 약해지는 게 인지상정(人之常情)이다. 저자 또한 예외일 수가 없다. 수소문 끝에 대추나무 가지를 구하여 고무줄을 매고 귀에 걸었다. 가관이다. 문병 온 또 다른 이가 일러주기를 이번에는 용한 데가 있으니 한약을 몇 첩만 지어 먹어 보란다. 또 누구는 침을 좀 맞아 보는 것이 어떻겠느냐는 제의이다. 모두가 저자를 위하여 일러 주는 말이니 다만 고마울 따름이다. 그런 중에 종합병원 신경외과를 찾았다. 과장과 대면한 저자에게 첫 번째 주어진 의사의 질문은 발병한 지가 얼마나 되었느냐는 것이다. 창피하나 곧이곧대로 말했다. 그랬더니 그의 표정 역시 저자처럼 일그러진다. 실망이란 뜻이다. 그러더니 이윽고 다시 한번 저자에게 묻는다.

"피·티는 받아 보셨나요?"

피·티가 무언지 알 턱이 없는 터이다.

"무슨 티요?"

저자가 되물었더니 피지컬 테라피(physical therapy)라고 약어를 풀어 준다.

"그럼 물리적으로 하는 어떤 치료인가요?"

"네, 물리치료 말이에요!"

"아직 안 받았는데요……."

"그럼 물리치료를 받아 보시죠!"

"그러죠."

물리치료를 받은 끝에 완쾌된 저자의 당시 병명은 안면 신경 마비인데, 한방에서 이를 두고 구안와사증이라 하고 있다. 어떻든 나았으니 다행한 일이다.

그런데 앞의 예화에서 우리가 짚고 넘어갈 대목이 있다. 저자가 의사나 또는 병원에 종사하는 직업의 사람이라면 병원에서 쓰는 전문용어의 대강은 굳이 뜻풀이를 동시에 듣지 않아도 대뜸 그 뜻을 헤아릴 수 있을 것이지만, 이 방면에 문외한인 저자에게 '피·티'라는 용어는 과연 생소한 것일 수밖엔 없다. 불가(佛家)에서도 "상대를 보고 법을 설하라"는 말이 있다. 상대방이 알아들을 수 없는 말을 구사할 때 전하고자 하는 의미가 통할 까닭이 있는가. 그 때 저자가 '피지컬 테라피' 정도를 알아들었으니 망정이지 뜻을 몰랐다면 다시 "무슨 지컬이라구요?" 했을지 모른다.

간혹 상대방이 이해하기 어려운 어휘나 용어를 쓸 때 우리는 무지와 체면으로 갈등을 일으킨다. '모르겠다'는 무지와 '그래도 그렇지, 체면이 있는데' 하는 두 가지 감정이 동시에 작용한다. 그러기 때문에 구차한 모습을 연출하게 된다. 연신 두 손을 비벼가며 상대방을 제대로 쳐다보지 않고 "뭐 받아 본 거나 다름없죠……" 하고 "피·티 받아 봤습니까?" 하는 의사질문에 대답한다. 의사가 재차 "그럼 물리치료를 받았단 말입니까?" 하면 "물리치료요? 못 받았는데요……피·티가 물리치료군요?" 하고 말꼬리를 흐리게 된다.

무지와 체면이 동시에 머리를 쳐들어 작용하더라도 체면을 누르고 무지의 처지를 밝혀 뜻을 분명히 파악한 다음 그 말을 쓰는 것이 교양 있는 사람의 도리가 아닐까. 이 이치는 비즈니스 외래 용어에 역시 그대로 적용될 것이다.

이 부분에 관해서는 뒤에 나오는 '비즈니스 외래용어'를 충분히 활용하면 효과적일 것이다.

비즈니스 외래용어

개런티 guarantee

보증금. 특히 연극이나 영화·텔레비전 등에 출연하는 연예 관계자의 미리 계약된 출연료를 말한다

고든 테크닉 Gordon technique

고든이 창안한 브레인 스토밍(brain storming) 방법이다. 출석자에게 문제를 알리지 않고 리더만이 알고 토의 내용을 서서히 문제로 이끌어 나간다. 처음부터 문제를 제시하면 사고(思考) 범위가 한정되나 고든법을 쓰면 자유로 제안이 많이 나오고 이용가치도 매우 크게 된다. 가령 주차장 난을 해결하고자 한 때는 처음부터 주차장 난을 어떻게 할 것인가를 문제로 내놓지 않고 '저장'이라는 것으로부터 아이디어를 진전시켜 나가는 방법이 그 하나의 예가 될 수 있다.

그래프 테크닉 graph technique

판매의 한 수법으로, 고객 앞에서 그래프를 판매 용구로 활용하는 방법이다. 시각에 호소하는 것이므로 보다 이해가 촉진되고 강한 설득력을 갖는다.

기브 앤드 레이크 give and take

주고받기. 즉 상대방에게 이익을 주는 것과 동시에 자기도 상대방으로부터 이익을 얻는다는 것이다. 기업 사이에도 메이커·판매업자 및 소매업자가 다 함께 번영하자는 정신이 깃들어 있는데, 바로 이 정신을 가리킨다. 이는 또한 공평한 조건 밑에서의 교환이란 뜻이다.

네거티브 어프로치 negative approach

어떤 사물의 불쾌하고 바람직하지 않은 부면을 강조해서, 관련 대중으로 하여금 놀라게 하든가 불안을 주어 호소하는 효과를 높이는 방법이다. 무엇을 혐오하게 하든가 어두운 기분이나 공포를 준 다음 그것을 피하는 방법이나 구제 수단을

제시하는 방식을 말한다.

네거티브 옵션 negative option

업자가 일방적으로 신청서 또는 상품을 보내고, 그것이 필요하지 않다고 되돌려 보내오지 않으면 일단 계약이 성립된 것으로 간주하는 판매 방법을 말한다.

네이밍 maming

마케팅 활동을 유효하게 이끌기 위해 회사·상품·상표에 대하여 적정한 이름을 붙이는 것이다. 이름은 소비자나 고객에게 친밀감을 주고 그들 스스로가 쉽게 받아들일 수 있는 것이어야 하며 단순하고 짧고 발음하기 쉬운 것이어야 한다. 또 어떤 특징을 명시하는 것이 아니면 안 된다.

네임 밸류 name value

네임은 명칭·평판·명성 등의 의미이다. 밸류는 가치 또는 값어치 등의 뜻으로, 네임 밸류라 함은 이름 자체가 갖는 값어치를 말한다. 유명하기 때문에 발생하는 가치라 하겠다.

노하우 know how

기술 또는 지식에 관한 것으로, 어떤 기능을 효과적으로 발휘하기 위한 조작 절차이다. 일반으로 '노하우를 개발한다'고 쓰인 때는 제조 기술을 나타내는 경우가 많다. '노하우를 도입한다'고 하는 경우는 제조 기술 정보를 의미한다.

노하우 매니지먼트 know how management

경영 관리 조직을 강조하지 않고 최소의 관리적 수단으로 최대의 효과를 올리는 관리법이다. 인사관리·생산설비·생산방법의 효과적인 운용을 탐구하는 관리법으로, 주로 중소기업에서 이용되고 있다.

뉴 마케팅 new marketing

마케팅 환경이 바뀐 경우, 가령 소비자운동이 고조되면 이에 적응되는 새로운 마케팅 전략이 필요해진다.

뉴스 센스 news sense

뉴스에 대한 감각. 세일즈맨에게도 이 같은 감각은 매우 필요한 것이다.

뉴 콜 new call

새 고객을 방문하는 것, 새 고객을 새로이 방문 면접하고 거래를 터 나가는 것을 말한다. 콜 레터 등을 낸 뒤에 방문하는 경우도 있다.

니드 need

상품에 대한 필요성. 가령 보험을 손님에게 팔기 위하여 먼저 보험에 가입하는
것이 필요하다는 '니드'를 손님에게 느끼게 하지 않으면 안 된다. 상품에 대한
어떤 니드가 있어 비로소 손님은 상품을 사게 되는 것이다.

다이렉트 메일 direct mail

특정의 소비자에게 카탈로그, 팸플릿을 직접 우송, 상품을 사도록 호소하는 판
매 촉진 수단이다. 미리 선정한 상대방에게 친밀히 호소하기 때문에 광고 효과
를 높여주는 것이 특징이다. 우송비가 많이 드는 탓으로 흔히 고급상품에 한해
서만 이 다이렉트 메일이 행하여진다.

다이렉트 세일즈 direct sales

직접 소비자에게 판매 활동을 행하는 방문 판매를 가리킨다.

다이렉트 코스팅 direct costing

원가계산에 있어 고정비와 변동비를 구별하고, 변동비만을 갖고 제품원가를 계산
하는 방법이다. 제품 원가와 기간원가를 계산하는 것으로, 경영 관리에 요긴하게
쓰인다.

더블 브랜드 double brand

한 개 상품에 메이커와 판매업자가 각각의 브랜드를 붙이는 것을 말한다. 주로
판매업자가 전국적으로 유명한 메이커의 브랜드를 이용하기 위해서 행한다.

덤핑 dumping

채산을 도외시한 염가로 상품을 투매(投賣)하는 것을 일컫는다. 특히 국제무역
에서는 소시얼 덤핑 때문에 자국 산업보호책이 강구되고 있다.

데드 스톡 dead stock

사장(死藏)품. 즉 적정 재고를 넘어선 과잉상품으로, 메이커·도매상·소매상
등의 창고에 팔리지 않은 채 잠자고 있는 것을 가리킨다. 이것은 기업 자체는 물
론이고 크게는 사회적 손실이므로 이 같은 의미에서도 제품 계획을 비롯한 일련
의 마케팅 정책이 필요하다.

데먼스트레이션 demonstration

실연(實演)판매. 즉 그 상품의 사용법·효과·성능을 실제로 손님 앞에서 실연해 보이며 판매하는 방법이다. 구매심리를 자극하는 효과적인 판매법인데, 목전의 실연으로 강한 설득력을 갖는다.

데빗 시스템 debit system

생명 보험 회사의 세일즈맨이 일정 활동 지구를 인수받아 해당 지구내의 월별 계약의 판매와 수금을 동시에 행하는 제도이다.

데이터 data

자료·논거·이론의 기초가 되는 사실을 가리킨다. 세일즈에 성공하려면 각종 데이터를 충분히 갖춰놓는 것이 무엇보다 중요하다.

디스트리뷰션 distribution

분배·배급·수송·보관·재고품 관리 등의 활동을 포함하는 용어이다.

디스플레이 display

진열. 점포 내 혹은 특정의 전시장에서의 상품배치, 전시의 구성을 일컫는다. 장식이라 하기도 한다. 상품을 보다 인상깊게 하기 위해 하는 것으로 판매에 직결되는 것, 광고가 목적인 것, 양자를 겸한 것 등, 목적이나 경우에 따라 구성이 달라진다.

디자인 프로모터 design promoter

새로운 디자인이나 아이디어를 고안할 뿐 아니라 그 판매까지를 업무로 한다.

딜러 dealer

특약점 또는 대리점을 가리키나, 본래는 상인이나 소매점의 뜻이다. 메이커에 대한 판매점을 가리킨다.

딜러 프로모션 dealer promotion

판매점에 대하여 직접적으로 판매와 회수 분야의 지도를 추진하는 것을 말한다.

딜러 헬프 dealer help

판매점 원조라는 뜻이다. 참된 판매는 소매점에 대하여 판매하는 것이 아니라 소매점을 통하여 최종 소비자에게 파는 것이다. 이 같은 의미에서 판매점을 원조하는 입장에서 자사의 판매망을 강화하는 방책이 딜러 헬프이다.

　　구체적 내용은 ① 회계지도·자금원조 등에 의한 판매점에의 경영 원조, ②
판매자료의 제공·간판제공 등에 의한 판매점의 판매 원조, ③ 상품의 설명·
불만이나 의견 청취 등을 위한 판매점 회의의 개최, ④ 기관지 발행 등에 의한
판매점의 광고나 피아르의 원조, ⑤ 점주나 세일즈맨 교육 등이 고려된다. 이 딜
러 헬프를 전문적으로 담당하는 세일즈맨을 딜러 헬퍼라 부른다.

딜리버리 delivery

인도·배달·납품·납기 등의 의미로 상품의 인수 인계를 말한다. 선물계약(先
物契約)의 경우 많이 쓰인다.

라이프 사이클 life cycle

보통 새로 개발하여 시장에 도입된 제품이 성장하고 마침내 소멸하기까지의 전
체 과정을 말한다. 간단히 제품의 일생이라고 할 수 있다. 제품이 이 과정의 어
느 위치에 있는가에 따라 시장 환경, 특히 경쟁 조건이 바뀌므로 이에 맞추어 광
고·판매 촉진·가격 정책 등을 비롯하여 마케팅 활동을 전환시켜 나갈 것이
요구된다.

라인 line

기업 활동의 제일선 부문으로, 기업에 불가결한 본래 활동을 분담 집행하는 부
문이다. 판매·구매·제조·재무 등이 여기 포함된다.

라포(래뽀) rapport

라포란 원래 영교(靈交)라는 말이다. 이에서 비롯하여 끌리는 기분, 마음과 마음
의 연계 또는 일치감을 말한다.

롤 플레잉 role playing

역할 연기법. 대응 화법 등 판매훈련의 하나로, 세일즈맨 중 한 사람은 세일즈맨
또 한 사람은 고객의 입장이 되어, 실제 판매 현장을 상정하고 각기 자기 역할에
맞추어 판매 실연을 행하는 것이다. 그것을 보는 쪽에서 양쪽 실연의 장단을 비
평하면서 판매 화법을 익혀 나가는 방법이다.

리더십 leadership

통솔력. 즉 지도자로서의 수완 등을 말한다. 목표를 설정·지시하는 경우 정확
히 지시하고 용기 있는 결단을 내리고, 공평히 부하를 다루고 명령·지도를 행
하고 그에 대한 책임을 지는 것 등이다. 이를 다시 말하면 인간 상호간의 영향력

관계라고도 할 수 있다.

마진 margin

이윤을 말한다. 즉 원가와 판매가의 차이, 판매 수수료 등을 가리킨다.

마케팅 marketing

생산자로부터 소비자에 이르는 상품 또는 서비스를 유통시키는 일체의 기업활동을 말한다. 마케팅은 단순히 판매의 세일즈 활동이나 선전 활동을 할 뿐만 아니라, 먼저 상품과 서비스가 어떠해야 소비자를 만족시킬 수 있는가 하는 제품계획으로부터 시작된다. 그러나 그러기 위한 전제 조건으로 참고자료의 작성을 위한 시장 조사가 선행되지 않으면 안 된다. 또 세일즈맨의 판매활동을 지원하기 위한 세일즈 프로모션, 혹은 소매점이나 대리점을 원조하여 소비자에의 판매를 촉진하는 딜러 헬프도 필요하다. 수송 보관 등의 물리적 활동에 대한 합리적 배려도 있어야 한다. 이 같은 여러 활동의 유기적인 통합을 마케팅 믹스(marketing mix)라 부른다. 그리고 전사적(全社的)인 견지에서 마케팅 수단을 효과적으로 통합·조직·실시하는 것을 토털 마케팅이라 한다.

마케팅 맵 marketing map

소비자 시장을 도식(圖式)화한 것으로, 마케팅 활동을 유효하게 행하기 위한 지도이다.

마케팅 코스트 marketing cost

상품이나 서비스가 생산자로부터 사용자 또는 소비자에게 넘겨지기까지의 모든 활동에 수반되는 경비로, 생산 코스트에 대응하는 것을 가리킨다.

마켓 리서치 market research

간단히 말해서 시장 조사다. 마케팅을 과학적으로 수행하기 위한 모든 사실을 수집·분석·조사하는 것을 가리킨다. 어느 상품의 수요층이 얼마나 되나를 예측하고 세일즈 프로모션의 효과나 광고 효과를 측정한다. 또 신제품의 판매경로를 선택하기 위한 조사를 하고 소비자가 어떤 상품을 선호하는가 등을 조사한다.

매스 머천다이징 mass merchandising

상품을 가장 능률적으로 대량 판매하는 것을 말한다. 매스 세일과 다른 것은 매스 머천다이징에는 대량 생산이 포함되는 경우가 있고 대량 판매에 필요한 모든 활동과 부수적 활동의 모든 것을 총칭하는 점이다.

매스 컨섬프션 mass consumption

대량 소비라는 뜻이다. 현대의 대중 사회적 경제 기능상 매스 프로덕션, 매스 커뮤니케이션, 매스 세일즈라는 일련의 변혁에 의하여 초래된 소비자 수요, 소비 행동의 변혁 현상을 가리켜 말한다.

매스 프로덕션 mass production

대량 생산, 양산 체제 또는 근대적 산업시설에 의한 생산의 대량화를 말한다.

머천다이징 merchandising

상품화 계획. 즉 제품을 상품화하기 위한 모든 계획을 가리킨다. 그 활동에는 적어도 다음 세 가지가 포함되지 않으면 안 된다. ① 소비자의 요구를 평가하는 것, ② 적정한 상품을 구입, 적정한 가격을 붙이는 것, ③ 적정한 시기와 적정한 장소에서 살 수 있게 동기를 부여하는 것이다. 상품화 계획은 주로 소매업자에게 쓰이는 용어이며, 또 제조업의 경우는 이를 제품(製品)계획이라 말한다.

모니터 monitor

방송국이나 또는 광고 대리점의 의뢰를 받아 프로그램이나 상업방송을 시청하고, 그 감상을 의뢰자에 대하여 정기적으로 보고하는 사람을 말한다. 또 신제품 등의 시용(試用) 보조자의 뜻으로도 쓰이는데, 기업의 부탁을 받고 신제품을 일시적으로 써보고 그 성능이나 기능 등에 대하여 보고하는 사람을 가리킨다.

모럴 morale

사기(士氣). 즉 자기가 하는 일이나 맡은 임무에 대한 자발적인 의욕을 말한다. 직장의 종업원이 소속 직장의 일원임을 만족해 하고 또 긍지를 갖고 공통의 목적달성을 향하여 적극 노력하고자 하는 감정 내지 태도의 정도를 말한다. 최근 인사관리에서는 종업원의 모럴 향상이 큰 문제로 대두되고 있다.

모티베이션 리서치 motivation research

동기조사. 즉 내면적이어서 분명히 의식되지 않는 인간행동을 결정하는 근본적 동기, 의식의 심층에 감추어진 동기를 파악하고자 하는 방법으로, 소비자의 사고나 태도에 관한 분석에 의하여 특정상품 구입의 잠재의식을 명백히 밝히는 조사를 말한다.

바겐 세일 bargain sale

요즈음처럼 유행의 물결이 거센 시대에는 계절이 바뀔 때마다 잔품이나 재고 정리를 위한 투매(投賣)가 판매 정책상 불가결한 것이 되고 있다. 또 이 같은 재고

처분과는 달리 새로 구입한 상품을 준비해 놓고 고객 유치책으로 바겐 세일을
실시하기도 한다.

바이어 buyer

구매자 또는 사업 담당인데, 단지 동일 고객이라도 단순한 소비자에 한하여서는
바이어란 호칭을 쓰지 않고, 주로 구매업자나 회사의 사입 담당자를 가리킬 때
쓰이는 용어다.

바잉 모티브 buying motive

구매동기. 즉 소비자가 상품이나 서비스를 구매할 때 동인(動因)이 되는 것. 구
매 동기에 영향을 미치는 것은 금전·건강·취미·사회적 지위·유행 등이다.

바잉 포인트 buying point

구매기점이다. 구매자가 상품을 구입하는 경우, 그 상품을 사고 싶다는 기분을
낳게 하는 여러 특징을 말한다. 이것을 파는 쪽에서 보면 그 상품의 셀링 포인트
(selling point)라고 할 수 있다.

바자 bazaar

가두(街頭) 시장, 상품 진열장 등의 뜻이나 일반적으로는 자선 시장, 즉 자선 사
업의 자금을 모으기 위하여 행하는 전시 판매의 모임이다.

밸런스드 셀링 ballanced selling

상품을 싸게 팔면 매상은 증가하지만 이익률은 저하한다. 한편 상품을 비싸게
팔면 이익률은 높아지지만 매상고는 감소한다. 그러므로 소비자에게 상품이 싸
다는 것을 호소하여 구매 저항을 줄이면서 필요한 이익률의 확보를 위하여 적절
히 상품의 구색을 맞춰 판매하는 것을 말한다.

버스데이 북 birthday book

아는 사람, 특히 사업상 관련 인사들의 생일을 기입한 수첩. 이것을 적절히 활용
하여 성공한 세일즈맨이 있다.

번들 세일 bundle sale

동일 상품을 두 개 이상 한데 묶어 파는 것을 말한다. 가격이 싼 상품을 양적으
로 판매하는 것에 의하여 판매 단위가 커지고 수고가 덜어진다. 또 바겐 세일에
서 싼 것을 강조하기 위해 행해지기도 하다.

벤처 비즈니스 venture business

정확한 정의는 없으나 새로운 기술이나 고도의 지식을 축(軸)으로 하여 창조적이고도 모험적 경영을 전개하는 소기업을 가리킨다.

브랜드 brand

상표(商標). 즉 상품이나 서비스에 대하여 다른 경쟁기업의 그것과 구별하기 위해 상품에 붙인 문자·명칭 또는 기호 등의 표지를 말한다. 이것을 독점적으로 사용하고자 할 때는 등록상표로 등록하지 않으면 법률상의 배타권이 인정되지 않는다.

브랜드 세일 brand sale

브랜드를 강조하는 판매법을 일컫는다. 메이커는 상품의 브랜드를 강조하여 판매하는 것으로, 쉽게 마켓 쉐어의 확대가 가능하고 다른 한편으로 소매상으로서는 소비자로부터 신용을 얻게 된다.

비즈니스 닥터 business doctor

기업 진단사를 가리킨다. 기업경영을 분석 검토하고 불건전한 부분을 적출해 내는 사외(社外) 기관이다. 컨설턴트(consultant)라 하기 보다 오히려 진단 후의 건전화를 위한 어드바이서(advisor)라 하겠다.

비즈니스 쇼 business show

사무용 기계·기구의 신제품을 중심으로 그것들을 전시하고 사용법과 취급 방법 등을 설명하는 전시회를 가리킨다.

비포 서비스 before service

손님을 끌기 위하여 행하는 구입 전의 서비스로, 그 상품의 지식이나 사용법을 알려 주기 위한 설명이나 카탈로그·광고지의 배포, 다이렉트 메일, 신문·텔레비전 등에 의한 광고 활동이 여기 해당한다.

사인 세일 sign sale

사인은 자기 이름을 자기 손으로 쓴 것, 독자적인 글씨체로 쓰는 것이 보통이다. 작가 혹은 저자가 자기 저서에 사인하고 그 책을 판매하는 것이다. 저자가 사인한 책을 사인드 북이라 한다.

서비스 service

세일즈맨이 손님에게 어프로치하여 판매계약의 체결·납품·고정사용·고장에

따른 반품까지의 전 과정에 걸친 손님에의 봉사를 이른다. 서비스는 대별하여
판매 서비스와 애프터 서비스로 나뉜다. 판매 서비스는 다시 판매전 서비스와
판매시점 서비스로 나뉜다. 서비스는 손님에 대하여 손님이 의식하든 안하든 손
님에게 만족을 줄 수 있게 이쪽에서 적극 자발적으로 봉사하는 것이므로, 이 관
점에서 보면 정신적인 서비스와 물질적인 서비스로 나눌 수 있다.

서비스 맨 service man

직접 판매에는 관계하지 않고 수요자 또는 자사 제품의 취급점 등을 순회하면서
상품의 보존 수리, 그 밖의 직접·간접의 서비스나 판매 원조를 전문적으로 행
하는 사람이다.

서비스 센터 service center

원칙적으로 판매 업무는 행하지 않고 오로지 소비자나 수요자에 대한 사전 사후
의 서비스를 행한다. 쇼룸의 역할도 하는 장소이다.

서비스 카 service car

메이커나 판매점, 고객이나 소매점에 대하여 상품의 수리나 보전 그 밖의 직
접·간접의 서비스를 위해 특별히 시설을 갖춘 차를 일컫는다. 오로지 고객에게
철저하고 신속한 서비스를 제공하기 위하여 서비스 카의 운영이 발달하고 있다.

서큘레이션 circulation

각 매체의 전달·유포의 수량적 상황을 나타낼 때 쓰는 말이다. 신문의 발행 부
수나 텔레비전·라디오의 대수, 옥외 광고에 따른 보행자수, 교통광고에 있어서
승객수 등의 예를 들 수 있다. 이는 매체 선택에 있어 각 매체의 접촉 대상자수
의 기초가 된다.

세일즈 sales

판매. 보통 세일즈라고 하면 방문 판매를 의미할 때가 많다.

세일즈 룰 sales rule

판매에 필요한 기본적인 여러 과정. 결국 어프로치에서 시작 클로징, 애프터 서
비스 등 여러 사무적 수속에 따른 법칙이다.

세일즈 리스트 sales list

판매에 필요한 명부·목록·일람표 등을 총칭한다. 세일즈 리스트는 계획판매
의 기초가 되는 매우 중요한 자료이다.

세일즈 매너 sales manner

세일즈맨으로서 몸에 지니고 있어야 하는 에티켓, 즉 판매상 익숙하게 행하지 않으면 안 될 여러 가지 예법을 말한다. 여기에는 대 사회, 대 고객, 대 동료 등 여러 경우의 예법이 포함되어 있다.

세일즈 매너저 sales manager

세일즈맨의 장으로서 영업활동 전반을 지휘 감독하는 사람을 일컫는다. 회사의 규모 또는 업태에 따라 영업부장을 가리키는 때도 있고 판매과장급을 가리키는 때도 있다.

세일즈 매니지먼트 sales management

판매를 과학적 능률적으로 행하기 위한 판매 활동 전체에 걸친 관리를 일컫는다. 판매 계획·판매 조직·시장 조사·상품 계획·판매원 관리·판매 촉진 활동·광고 관리 등이 모두 이에 포함된다.

세일즈맨 salesman

판매원을 말한다. 일반적으로 방문판매의 판매원을 가리킨다. 다이렉트(direct) 세일즈맨과 루트(route) 세일즈맨의 구별이 있으며, 때에 따라서는 점두 판매 점원 (store keeper)을 가리키는 때도 있다.

세일즈 매뉴얼 sales manual

회사의 사업 내용, 제품의 종류 및 사용법, 판매 방법이나 그 절차 등을 세일즈맨이 활용하기 쉽게 정리해 놓은 것이다. 그 줄기는 ① 사업의 역사, ② 제품의 기원과 그 발전, ③ 제품의 용도, ④ 손님에의 접근 방법, ⑤ 제품에의 구매욕을 일으켜 주는 방법, ⑥ 상품 설명의 방법, ⑦ 반대에 대처하는 방안, ⑧ 비즈니스 토크를 종결짓는 법, ⑨ 주문서 쓰기, ⑩ 회사의 방침, ⑪ 판매 보조 수단의 활용법 등이다.

세일즈맨십 salesmanship

넓은 의미의 판매기술. 좁은 의미의 기술이 아니라 세일즈맨으로 몸에 지니고 있어야 하는 지식·기술·마음가짐·인격 등의 모든 것을 망라한다. 일반적으로 내향적 성격보다 외향적 성격의 사람이 세일즈맨으로서의 적성이라 일러오지만 반드시 그런 것은 아니다. 세일즈맨의 자질에는 창조력이 풍부하고 근면하고 성실하며 곤란에 직면해도 굴복하지 않는 강한 신념을 갖는 것 등이 필요하다.

세일즈 미팅 sales meeting

판매를 위한 각종 회합을 총칭하여 이른다. 사내 회의도 있고 사외 회의(대리점이나 소매점) 등도 있다. 명칭을 컨벤션이라 부르는 경우가 있고, 업무 연락 회의라 부르기도 한다. 판매 회의를 여는 목적과 그 내용에는 판매 계획을 알리기 위해, 회사 방침을 전달하기 위해, 또 하부로부터의 정보를 수집하기 위해, 그 밖에도 훈련을 위해, 세일즈맨을 격려하기 위해 등등 여러 가지가 있다.

세일즈 세미나 sales seminar

판매에 관한 연구·연습·기술 등을 특정 강사의 지도하에 연구하는 것이다.

세일즈 스페셜리스트 sales specialist

판매 관계의 전문가를 가리킨다. 판매 기술이나 판매 계획 등 일반적으로 판매에 관한 모든 것을 상세히 마스터한 사람이다.

세일즈 슬로건 sales slogan

회사나 상점이 독자적으로 내건 판매상의 주장을 말한다. 예컨대 제약회사의 "○○은 당신의 건강과 행복을 위하여 봉사하고 있습니다." 같은 것이 그 좋은 예이다.

세일즈 어필 sales appeal

손님의 구매 의욕을 환기시켜 손님 스스로가 구매하게끔 이끄는 기술이다.

세일즈 엔지니어 sales engineer

인적 판매(대면 판매)에 있어서 고도의 기술적 지식을 가진 세일즈맨을 말한다. 이들은 판매촉진, 소유권 이전에 따른 거래이전, 애프터 서비스라는 3단계의 활동을 수행한다.

세일즈 컨설턴트 sales consultant

판매의 전반에 걸쳐서 기업 또는 세일즈맨의 상담역이 되는 직업을 일컫는다. 예컨대 판매 고문 같은 것을 들 수 있다.

세일즈 콘테스트 sales contest

세일즈맨의 판매 의욕을 고취하는 자극제로서, 일정 기간을 정하고 포상을 걸어 판매 성적의 경쟁을 시키는 것이다. 세일즈맨 콘테스트라고도 한다. 포상 내용은 표창장·상금·상품·여행·휴가 등이 주어진다. 또 이 같은 방법으로 메이커가 각 판매 대리점을 경쟁시키는 경우도 있다.

세일즈 테크닉 sales technique

고객의 발굴에서 클로징까지의 기술 외에 고정처리(苦情處理) · 대금회수 · 서비스 등을 포함한 판매에 필요한 모든 기술을 말한다. 세일즈 스킬(skill)이라 하기도 한다.

세일즈 토크 sales talk

판매에 필요한 화법, 팔기 위한 화법이다. 현대의 세일즈 토크는 고객의 이성에 호소하는 것을 중시하게 된다. 세일즈 토크에는 손님에게 상품을 설명하는 표준적 화법을, 또 손님의 반대에 봉착한 때 손님을 설득하기 위한 대응 화법을 명시해 놓고 있다.

세일즈 트레이닝 sales training

세일즈맨에 대하여 상품지식이나 판매기술을 교육하는 것이다. 훈련 방법에는 강의 · 회의식 훈련, 롤플레잉, 실지 또는 현장 교육, 통신 교육, 학교 교육 등이 있다.

세일즈 포인트 sales point

상품이 갖는 효용성 중에 특히 손님이 바라고 좋아하는 부분, 그 상품을 가치 있는 것으로 만드는 특징을 말한다. 상품 설명에 있어서는 바로 이 세일즈 포인트를 역설하지 않으면 안 된다. 이것을 셀링 포인트라고도 한다.

세일즈 프로모션 sales promotion

엄밀하게는 판매 · 광고 · 퍼블리시티 이외의 마케팅 활동 중에 소비자의 구매를 자극하고 판매업자의 활동을 효과적으로 뒷받침하는 비반복적이고 비정기적인 판매 노력을 이른다. 구체적 내용은 ① 사내에 대하여 세일즈맨 훈련, 셀링 포인트와 판매 요령의 검토, 판매에 관한 아이디어의 수집과 창안, 판매용 설명자료의 작성, 포장이나 디자인의 시사 등, ② 판매점 또는 소매점에 대하여 새로운 판매 기술의 지도, 판매점 세일즈맨의 훈련, 점포 배치와 진열 지도, 선전 인쇄물의 지원, 다이렉트 메일, 슬라이드나 영화의 제작 및 순회, 상품 전시회의 개최 등, ③ 소비자에 대하여 진열, 상품부 콘테스트 계획 실시, 프리미엄, 피아르 영화, 공장견학, 상품 전시회, 특매 계획, 고정(苦情)처리 등이다.

센시빌리티 트레이닝 sensibility training

감수성 훈련, 리더십 훈련의 하나로 상대방의 진의를 감지하는 능력을 붙여 그에 대한 유연한 행동을 취할 수 있도록 힘을 길러주는 일련의 훈련을 말한다.

센터 오브 인플루엔스 center of influence

회사나 지역 등 특정 그룹에 속하는 사람들에게 강한 영향력을 갖는 중심적 존재로 손님을 발견·소개·응원 등을 하는 세일즈맨에게 협력적인 유력한 원조자를 말한다.

셀러스 마켓 seller's market

사는 쪽보다 파는 쪽의 유리한 시장을 일컫는다. 상품 수량이 부족하여 사고 싶어도 좀처럼 사기 힘든 형편일 때 파는 쪽 시장이 고객에게 고자세로 임하게 된다. 즉 사는 쪽 시장의 반대이다. 현재는 어느 정도 독점적 상품이 아니면 파는 쪽 시장이 성립되지 않는 것이 보통이다.

소시오메트리 sociometry

사회측정법(社會測定法)이라 번역한다. 어느 집단의 인간이 다른 집단의 사람에 대하여 어떤 태도를 갖고 있는가를 실증적으로 해명하고 집단의 구조나 기능을 연구하고자 하는 것이다. 직장의 인간관계 등을 파악하고 보다 나은 인간관계를 형성하기 위하여 활용된다.

소프트 굿 soft goods

촉감이 부드러운 상품을 말한다. 의류와 그 밖의 일용 잡화·가정용품, 소형의 실내용품 따위와 의약품이나 일부의 문화 생활품 등도 이에 포함시키는 일이 있다.

소프트 세일즈 soft sales

부드러운 터치로 분위기를 만들고, 손님 의사를 존중하여 자연 그 상품을 사고자 하는 분위기로 이끌어 나가는 판매 방법이다. 이에 대하여 손님의 감정을 전혀 무시한 반강제적 판매 방법을 하드(hard) 세일즈라 부른다.

쇼맨십 showmanship

상품이나 판매 설명에서 어느 대목을 강조하거가 손님의 주의를 끌기 위해 세일즈맨의 동작 또는 이야기에 연기(演技)를 덧붙여 세일즈를 연출하는 것이다.

슈퍼마켓 supermarket

셀프서비스 판매 방식으로, 부문별 관리기술을 플러스하고 식품을 주체로 하면서 비식품도 판매하는 대량 판매점이다.

슈퍼바이저 superviosr

감독자·지도자·매니저 등과 거의 동의어다. 소매업계에서는 체인(chain)의 각

점포를 순회 지도하는 체인 본부의 스태프(staff)를 슈퍼바이저라 부른다.

슈퍼 세일즈맨 super salesman

초인적 활동력을 갖는 세일즈맨을 가리킨다. 전에는 전설적인 슈퍼 세일즈맨이 있었으나 오늘날은 조직적인 세일즈 활동이 주류가 되어 표준적 수준의 세일즈맨이 많아지고 있다.

쉐어 업 share up

시장 점유율을 높이는 것이다. 저성장하에서는 이 이상의 수요 확대는 그렇게 바람직하지 않으나 자사 제품의 쉐어 업을 꾀하는 것으로 매상을 신장하지 않으면 안 되는 것으로 되어 있다.

스낵 snack

한 입 또는 소량의 의미로 쓰이는데, 급할 때에 할 수 있는 가벼운 식사를 가리킨다. 일반적으로 스낵 바의 의미인데, 핫도그·스파게티·카레라이스 등과 그 밖에 커피나 주류도 마실 수 있는 스탠드 형식의 경식당을 가리킨다.

스케줄 schedule

예정·일정·시간표의 뜻이다. 세일즈맨의 방문 스케줄이라면 방문 예정표다. 현대적인 세일즈맨은 이것을 치밀하게 세워 계획 판매가 가능하도록 고려하지 않으면 안 된다. 이 예정 계획을 그래프로 만들어 일주간이나 일 개월간을 한눈으로 볼 수 있게 한 것을 스케줄 그래프라고 한다.

스크랩북 scrap-book

신문 잡지에서 관련 업무와의 관계기사를 절취한 것을 모아 붙여 놓은 것이다. 판매용구로 활용한다.

스키밍 프라이스 폴리시 skimming price policy

초기 고가정책이라 부르는 것처럼, 신제품의 단계에서는 높은 가격을 붙이고, 시장 규모가 확대해 나감에 따라 낮은 가격을 붙여 나가는 가격 정책을 말한다. 판매 대상이 되는 고객층이 한정되어 있으므로 채산면을 고려하여 행해진다.

스태프 staff

회사의 주된 목적을 수행하는 라인(line) 부문에 대하여 의견·조언·계획·보고를 행하고 보좌하며 관리사무를 주로 행하는 간부이다. 구체적으로 회계·기술·조사·기획·인사 등이 여기 해당한다. 경영의 고도화에 따라 스태프의 전문적인 역할이 크게 클로즈업되고 있다.

스토어 로열티 store loyalty

점포에 대한 소비자의 충실성, 즉 소비자가 돌봐주는 성향을 뜻한다. 브랜드 로열티에 대비되는 것으로 점포 충실성이라고도 한다. 소비자가 특정 점포를 선호하고 그 점포에 있는 상품을 계속적으로 구입해 주는 것이므로, 특히 전문점에서는 스토어 로열티의 창조를 꾀하는 것이 중요하다.

스톡 포인트 stock point

상품을 보관, 저장해 두는 장소로 장기보관을 목적으로 한 것이 아니라 유통 과정에 있어서 상품을 일시적으로 보관하고 구분이나 운반의 기능도 겸한 것이다. 또 재고 수량의 한계점, 즉 더 이상 재고를 늘릴 수 없는 분량의 의미로도 쓰인다.

스트레스 stress

본래 의학상의 용어인데, 외부에서 가해진 자극에 대응하고 이것을 제자리로 돌려놓고자 생체 내에 나타나는 내부적 힘을 일컫는다. 이 학설은 캐나다의 한스 세리에 교수가 "스트레스의 과도한 작용이 만병의 근원이 된다"고 발표한 이래 유명해졌다. 현재는 육체적 · 정신적인 긴장이나 압박 등을 가리키는 말로 쓰인다.

스페셜리스트 specialist

특정 분야에 정통한 전문가를 가리킨다. 전문직이라 하기도 한다. 기업이나 그 밖의 조직에 있어 창조적 개발적 업무를 행하고 고도의 전문적 지식과 기능, 경험을 갖는 스태프의 직위를 말한다. 따라서 엔지니어만 아니라 마케팅 · 피아르 · 인사관리 등과 일반사무 이외의 특수 기능자도 포함된다. 제너럴리스트와 대비되는 말이다.

스페셜리티 스토어 speciality store

단종품 또는 단일 용도품만을 전문적으로 취급하는 점포를 말한다. 취급하는 상품, 고객 응대의 방식, 상점 내의 장식이나 무드 어느 것 한 가지도 달리 모방할 수 없는 특별한 양식을 갖춘 특수성 있는 점포이다.

스폰서 sponsor

라디오나 텔레비전의 프로그램 제공자를 가리킨다. 현재는 주로 전파 매체의 광고주를 스폰서라 부르고 있다. 광고주의 일반적 용어는 애드버타이저이다.

스플리트런 서비스 splitrun-service

분할 게재법, 즉 동일 잡지에 이종의 광고를 분할 게재하는 서비스이다. 이 방법을 사용하면 두 가지 중 어느 것이 효과가 있었나를 알 수 있다. 스플리트런 테스트라고 하여 광고 소구력(訴求力)을 조사하는 최상의 방법으로 이용된다.

스핀 아웃 spin out

수평으로 분할 또는 확장하는 것이다. 기업 내의 한 부문을 완전 독립시켜 보다 효율을 높이고자 하는 방식이다. 기업 내의 두뇌집단이 독립하여 인재 개발의 전문회사가 된 예 등이 그것이다. 기업 규모의 확대에는 합병보다 다각화하는 쪽이 유리하다 하여 전문가를 독립시키는 것 등이 수평 다각화의 취지이다.

슬럼프 slump

정신적, 물질적 조건에 의해 형편이 저조하여 일상적 기량이 발휘되지 않고 의기소침하여 기세가 오르지 않는 상태를 이른다. 운동선수는 때때로 슬럼프에 빠지는 일이 있는데 세일즈맨에게도 슬럼프가 있다.

시스템 system

하나의 목적을 달성하기 위해 기능과 구조가 통합된 체계를 일컫는다. 여기서 가령 회사 전체의 처지에서 개개의 기능이나 전체의 구성과 구조를 설계해 나가는 것을 시스템 디자인, 그렇게 하기 위한 분석 설계의 기술을 시스템 엔지니어링이라 부른다.

시스템 마케팅 system marketing

효율적인 판매를 행하기 위하여 판매 활동을 조직적으로 행하는 것이다. 시장 환경의 복잡화·다양화·라이프 사이클(life cycle)의 단축화 등의 조건하에서는 정보의 수집·분석·처리가 민첩하게 행해지고, 그것이 판매 활동에 생동감 있게 적용되어야 한다. 그러기 위해 판매 전략의 전개를 조직적으로 진척시켜야 하므로 시스템 마케팅이 필요해진다.

시스템 서비스 system service

전자계산기·통신장치·수송설비 등의 대형 업무용품의 판매로 기계의 성능, 조작 방법을 설명할 뿐만 아니라 사용자의 특정 목적을 달성시키기 위한 프로그램 전체를 한 개 시스템으로 계획하고 원조하는 것을 일컫는다. 또 이 시스템을 하나로 묶어 파는 판매 방식을 시스템 셀링이라 하다.

시즐 세일즈 sizzle sales

시즐은 고기가 지글지글 구워지는 소리를 말한다. 엘머 휠러의 유명한 말 "스테이크를 팔지 말라. 시즐을 팔라."라는 말에서 유래한다. 상품 그 자체가 아니라 그 상품이 갖는 매혹적인 점을 특히 강조하고 그것을 세일즈 포인트로 판매하는 방법을 가리킨다. 손님의 잠자는 구매의욕을 불러일으키는 유력한 방법이다. 그래서 때로는 세일즈맨을 시즐맨이라 부르기도 하다.

신시어리티 sincerity

성실 혹은 성의를 일컫는다. 세일즈맨에게는 이러한 신시어리티가 절대로 필요한 제일의 요건이다.

심벌 마크 symbol mark

동일 메이커가 판매하는 몇 가지 브랜드를 동시에 상징하는 하나의 마크를 말한다. 또는 어떤 캠페인 기간중 모든 광고에 사용되는 공통의 마크를 가리킨다.

심벌 컬러 symbol color

기업의 이미지나 성격 혹은 박람회·전시회의 테마 등을 색채로써 단적으로 표시한 것이다.

심플리시티 simplicity

단순 간결한 것을 가리킨다. 사람의 이목을 순간적, 집중적으로 끌기 위하여 광고에는 심플리시티가 요구되고 세일즈맨의 판매 설명에도 역시 심플리시티가 필요하다.

아이드마의 법칙 AIDMA

소비자가 광고를 보고 구매를 결정하기까지의 단계를 법칙화한 것이다. 광고 효과는 주의(attention)·흥미(interest)·욕망(desire)·기억(memory), 그리고 구매 행동(action)의 5단계를 거쳐야 하므로, 그 앞 글자를 떼어 아이드마라 일컫는다. 광고효과를 높이기 위하여 각 단계에 맞는 호소 절차를 거치는 것이 필요한 것인데, 세일즈맨이 판매를 성공시키기 위해서도 이 5단계를 주의 깊게 밟아 나가야 한다는 것이다. 그런데 5단계 중에서 기억의 단계를 뺀 것을 AIDA 방식이라 하고 또 여기에 만족감(satisfaction)을 첨가하여 AIDAS 방식이라 부르기도 한다.

아이디어 idea

인식·관념·생각·의견·견해·사려·취향·개념·표상 등으로 번역되나 보통

머리에 떠오르는 섬광 같은 것으로 쓰인다. 아이디어가 풍부한 사람, 계획입안가, 아이디어를 파는 사람 등을 아이디어맨이라 한다. 또 필요한 때 언제나 도움을 줄 수 있게 떠오른 아이디어를 적어 정리 보존한 노트나 스크랩 북을 아이디어 뱅크라 한다.

아이 캐처 eye catcher

광고 주인공으로, 특별히 사람의 눈을 끄는 것이다. 소비자 눈을 포착, 호소 효과를 높이기 위하여 현저하게 애교 있는 인물이나 동물이 활용된다. 자기 회사 상품을 타사 상품과 식별되게 하고 개성화하는 것이 목적이다. 트레이드 캐릭터(trade character) 또는 트레이드 퍼스낼리티(trade personality)라고도 한다.

애드 레터 ad. letter

광고의 목적으로 소비자에게 보내지는 편지인데, 다이렉트 메일(direct mail)도 여기에 포함된다.

애드 맨 ad. man

광고 세일즈맨의 별명으로 상품으로서의 광고를 판매하는 세일즈맨의 총칭이다. 광의로는 카피 라이터나 아트 디렉터까지 포함하여 말한다.

애드버타이징 advertising

상품 또는 서비스를 판매하기 위하여 특정 또는 불특정 대중에 대하여 상품이나 서비스에 따른 정보를 신문·잡지·라디오·텔레비전·포스터 등의 매체를 이용하여 호소하는 것이다. 광고의 목적은 어떻든 상품 또는 서비스를 판매함에 있어 단순한 호의를 획득하는 것이 아니다. 이 점이 피아르(PR)와 구별된다.

애드버토리얼 advertorial

통상의 광고 형식에 의하지 않고, 잡지 등에 논설적인 기사 형식을 빌어 광고주에 유리한 선전을 행하는 것을 가리킨다.

애프터 서비스 after service

상품을 판매한 다음 그 상품에 관하여 행하는 일체의 서비스로, 상품 이용법 등에 대한 추후의 지도, 뉴스 또는 아이디어의 제공, 수리 등의 기술 서비스, 계절 변화에 따른 인사 등 여러 가지 방법이 있다. 애프터 서비스는 판매인으로서 당연한 의무요, 특히 가격 경쟁을 주된 경쟁 수단으로 하지 않는 전문점·백화점·일반 상점에서는 다음의 판매 촉진을 위한 수단으로 중요시되고 있다.

애프터 콜 after call

상품을 판매한 다음 상품의 실제 사용형편을 알아보기 위하여 세일즈맨이 구매자의 각 가정을 방문하는 활동이다. 애프터 서비스의 일종이라고 말할 수 있다. 고객의 만족을 얻어내는 관점에서 볼 때 매우 유효한 세일즈 활동이다.

액션 홀리데이 action holiday

세일즈맨이 거둔 판매 성적에 의하여 주어지는 휴가인데, 비용은 회사 부담으로 해서 해외 여행까지 주선해 주는 경우가 있다.

어포인트먼트 appointment

면회의 약속 또는 세일즈맨이 기대하는 고객으로부터 예약을 받은 것을 일컫는다. 전화·편지·방문·전언(傳言)이나 지인(知人) 또는 친구의 소개로 방문 일시를 미리 정한다.

어프로치 approach

접근의 뜻이다. 세일즈에서는 판매 목적을 띠고 고객에 접근 상담이 이루어지는 형편까지 이끌어 가는 것. 이 단계가 잘 진행돼 나가느냐의 여부가 그 다음의 세일즈 성공에 크게 영향을 미친다. 일반적으로 먼저 정문의 접수 창구를 통과, 본인 앞에 나아가 인사하고 명함을 교환, 실마리를 푸는 이야기에서 마침내 본론으로 들어가기까지의 단계를 가리킨다. 이 어프로치 중에서 세일즈맨에게 가장 중요한 것은 ① 부드러운 표정을 지어 보이는 것, ② 감사한 기분을 갖는 것, ③ 올바른 정보 교환을 하는 것 등이다.

어프로치 북 approach book

어프로치 하는 때에 고객과의 접촉을 원활히 하기 위하여 준비하는 자료이다. 대개는 철한 것으로 회사가 작성하는 것이나 세일즈맨이 독자적으로 작성하는 간단한 것도 있다. 내용은 회사의 규모·구성 요원, 취급 상품의 일람표나 가격표, 카탈로그의 발췌에 의한 상품 세일즈 포인트와 도표류, 상품을 이용한 사례, 정보적인 통계 자료나 데이터류, 담당 세일즈맨의 이력이나 관계자의 이름 등으로 되어 있다.

어플리케이션 application

적용 또는 응용의 뜻으로, 재고 관리나 판매관리 등 문제별, 용도별로 미리 준비된 컴퓨터의 문제처리 프로그램을 각 대상 업무에 응용하는 것이다. 이 프로그램을 어플리케이션 프로그램이라 한다. 레디 메이드 프로그램으로 같은 컴퓨터이면 공통적으로 쓰인다.

어필 appeal

호소하다, 기분에 맞는다는 뜻으로 어느 견해를 사회에 널리 호소하여 동감을 얻고자 하는 것을 일컬으나, 세일즈에서는 호소한다는 뜻이 이에 해당한다. 또 광고용어로는 사람의 마음을 움직이는 힘, 매력의 의미로 사람의 욕구에 호소하여 상품을 구매하게 하는 것을 가리킨다.

예스 벗 yes, but

고객의 거절을 처리하는 응대 화법의 하나다. 고객의 반대에 직면한 경우 '말씀하신 대로'라는 뜻에서 일단 긍정해 보인 다음, '그러나'로 말머리를 돌려 다른 각도에서 새롭게 설명하는 것이며, 고객의 반대를 부드럽게 처리하는 방법이다.

오디미터 audimeter

라디오나 텔레비전과 같은 전파광고의 효과를 측정하는 장치로서 각 가정의 라디오와 텔레비전에, 전원으로 접속하여 두면 수신중일 때는 자동적으로 시청프로와 시청시간이 기록되어 방송국별 또는 프로별 시청량을 파악할 수 있다.

원 스톱 쇼핑 one stop shopping

한 장소에 많은 종류의 상품을 마련하여 두고 구매자가 필요한 각종 상품을 한 곳에서 동시에 구매할 수 있도록 한 판매 내지 구매형식이다. 이는 고객에게도 도움이 되며, 보관이나 배달 면에서도 효율적이다. 동시구매라고도 한다. 이것은 주차의 곤란 때문에 일단 주차한 곳에서 한꺼번에 모든 것을 살 수 있도록 하는 필요에서 생겨난 것이다.

윈도쇼핑 window-shopping

소비자가 상점에 진열된 상품을 보면서 지나가는 행위인데, 언제 충동적 구매로 나올지 모른다는 관점에서 판매점은 유망한 고객으로 중요시하게 된다.

유머 어프로치 humor approach

형식적이고 틀에 박힌 어프로치가 아니고, 손님의 경계심을 풀고 기업·상품·세일즈맨에게 친밀감을 갖게 하기 위해 유머를 구사하는 접근법이다.

유저 user

사용자 혹은 수요자의 의미다. 따라서 세일즈맨이 유저라 하는 경우는 고객이다.

자동차를 예로 들면 사용자를 유저라 하고 생산 회사를 메이커, 판매회사를 딜러라고 한다.

인더스트리얼 디자인 industrial design

제품 디자인이 설계기술과 관련되어 이루어지는 것으로, 제품이 가지고 있는 형상이나 색채 등을 소비자가 가지고 있는 미적 생활감정(美的 生活感情)과 합치되도록, 제품의 기능 내지 성능과 시장성을 고려하여 제품 디자인을 고안하는 것을 말한다.

인센티브 incentive

동기부여의 내적 원인인 동인에 대하여, 동기부여를 만족시키는 외적인 자극을 말한다. 세일즈에서는 판매 목표 달성 등의 목적에서 주어지는 물질적 자극을 가리킨다. 승진 예고 · 표창 · 각종 포상 등이 세일즈맨을 동기부여하는 인센티브로 작용한다.

인포머티브 레이블 informative label

해설적 표찰 내지 설명적 표찰이라고도 하는데, 상품에 첨부된 내용 설명적인 표찰을 말한다. 이에는 상품의 품질이나 내용은 물론 원재료나 성분 또는 사용시의 주의사항 내지 올바른 사용법 및 효용 등 모든 정보를 기재한다. 이런 내용을 소비자에게 정확히 전달함으로써 구매의욕이 환기되고 판매가 촉진된다.

인포메이션 애드 information ad.

상품이나 서비스에 관한 특징이나 필요한 정보 및 지식을 소비자 입장에 서서 제공하는 일종의 설득력 있는 광고이다. 이에는 해설광고 · 정보광고 · 표시광고 등이 있다.

임펄스 바잉 impulse buying

충동구매. 즉 사전에 상품을 구매하겠다는 계획이나 별도의 의도가 없었던 고객이 진열상품이나 실연 등을 보고 순간적인 충동이나 또는 집에 그 상품이 없거나 적음을 상기하여 구매 의욕이 유발되어 상품을 구매하게 됨을 말한다. 이는 오늘날 홈쇼핑이나 인터넷쇼핑이 대중화되면서 더욱 널리 이루어지고 있는 구매 형태의 하나이다.

임프레션 애드 impression ad.

상품명이나 상점명 또는 제조업자명을 정확하게 기억할 수 있도록 강렬한 인상을 줌으로써 장기적인 판매효과를 거두려는 의도로 이루어지는 광고이다. 기업

이미지를 심으려는 기업광고나 상품 이미지를 심으려는 상품광고는 물론 네온 사인(neon sign)이나 전광판광고는 이의 한 예가 된다.

제너럴리스트 generalist

기업이나 정부기관에 있어 스페셜리스트에 대응하는 용어로, 전문적이지는 못하나 넓은 시야를 갖고 있는 사람을 일컫는다. 최근에는 제너럴리스트라 하더라도 어느 특정 분야에서는 전문적 지식을 갖도록 요구하고 있다.

참 포인트 charm point

상품의 매력이 있는 부분이다. 상품은 각각 특유의 매력을 지니고 있으므로 세일즈에 임하여 그 상품의 매력을 명확히 포착, 그 점을 강조하는 것이 세일즈맨으로서 성공할 수 있는 중요한 수단이 된다.

채널 channel

판매 경로, 유통경로의 의미로 사용되나 방송의 경우 라디오이든 텔레비전이든 각 방송국에 할당된 주파수대를 뜻한다.

채널 폴리시 channel policy

판매 경로 정책. 즉 시장 변화에 따라 판매장이 확립되어 있는지, 판매점 수는 충분한지, 판매점 질은 좋은지, 판매에 난맥은 없는지 검토하는 것이 포함된다.

챌린지 challenge

도전하다. 강적이나 감당키 힘든 과업을 앞에 놓고 어떻게 해서든 처리해 내고야 마는 것을 일컫는다.

챌린지 애드 challenge ad.

도전광고라고 풀이한다. 이것은 광고 표현의 하나로 자사 상품과 경쟁하는 타사 제품을 드러내어 상품의 우위성을 비교하는 광고이다. 상대방 상품명을 노골적으로 지적하든가 눈 가리고 아웅하는 식으로 경쟁 상품 전부를 상대로 하는 방법도 있으나 일반적으로 비교 대상이나 자사 상품을 들어 아무 지장 없이 해야 한다. 따라서 이를 비교 광고라고도 한다.

체인 오퍼레이션 chain operation

다점포 전개라고 간단히 말할 수 있다. 소매업이 연쇄 상태가 되어 중앙의 통제 밑에 공통의 경영 방침으로 대규모 소매업으로서의 이익을 추구하는 경영인데, 체인 스토어 등의 형태가 있다.

체커 checker

슈퍼마켓의 레지스터를 담당, 셀프서비스로 손님이 산 물품의 대금을 계산하는 담당자를 말한다. 슈퍼마켓의 상품 관리에 있어 체커의 기술이 갖는 역할은 매우 크다.

체크 리스트 check list

체크하지 않으면 안 되는 항목을 누락됨이 없이 기재한 일람표이다. 그 과업의 수행이 틀림없이 행해지고 있는가 여부, 도구가 전부 갖춰지고 있는가 여부, 수행한 과업에 유루됨이 없는가 여부 등을 확인하기 위하여 이것이 쓰인다.

체크 아웃 check out

슈퍼마켓에서 손님이 구매한 물건의 대금 지불의 뜻으로 쓰인다.

치프 세일즈맨 chief salesman

주임급 세일즈맨을 의미한다. 세일즈맨이며 동시에 부하의 판매 지도 및 상의하달, 하의상달의 커뮤니케이션의 역할을 다하는 위치의 사람을 일컫는다.

캐치 프레이즈 catch-phrase

광고에 쓰이는 간결하고 인상이 강한 문구이다. 대중 중에서 기대되는 특정의 손님의 주의를 끌기 위한 호소의 말로, 의표를 찌르는 표현이나 상품의 특징을 단적으로 표현한 짤막한 말이 쓰인다.

캠페인 campaign

일정한 시기를 정하여 특정의 문제 또는 특별 목적을 띠고 조직적으로 행하는 일련의 여러 가지 활동이다. 세일즈 캠페인이라면 계절에 따라 행해지는 판매촉진 운동을 가리킨다.

커넥션 connection

사람과 사람의 관계. 즉 연결·정실·연줄의 뜻으로 쓰인다. 세일즈에는 이 커넥션이 크게 중시된다.

커머셜 메시지 commercial message

텔레비전이나 라디오 방송에서 프로그램의 앞뒤 또는 중도에 삽입하는 선전 문구를 말한다. 시엠(CM)이라 약칭하기도 한다.

커뮤니케이션 communication

의사소통, 혹은 정보 전달의 의미이다. 커뮤니케이션은 회화·문서·사인·사진 등의 형태로 행해진다. 커뮤니케이션이 잘 이루어지면 부문간의 연락이 긴밀해질 뿐 아니라 직장의 사기가 고양되며 생산성이 높아진다.

컨벤션 convention

대표자 대회 또는 연차 총회를 가리킨다. 판매 촉진 등의 목적을 갖는 세일즈맨의 대규모 회의를 뜻한다.

컨설턴트 consultant

상담역. 특히 경영 컨설턴트의 경우에는 전문직업으로 경영 문제에 관한 고문·조언자·기업진단사 등으로 경영진단에 임하는 사람들을 말한다. 또 소비자에 대하여 그 생활의 합리화나 상품이나 서비스의 상담에 응하는 상담원을 소비자 컨설턴트라고도 한다.

컨설팅 세일즈 consulting sales

앞으로의 세일즈는 손님에게 무리하게 강제하는 것이 아니라, 손님의 일상 생활의 상담역이 되어 가정 경영의 조언자로서 손님 처지에 서서 생각하지 않으면 안 된다. 이 같은 세일즈 활동을 컨설팅 세일즈라고 한다.

컨슈머 레지스턴스 consumer resistance

소비자 저항이란 뜻이다. 자유 선택 수요는 가격이 싼 만큼 수요가 늘어난다는 것이 아니라, 수입보다 생활에 대한 의지가 강하냐 약하냐 혹은 낙관과 비관의 태도에 따라 소비자는 어떤 상품을 구입하든가 저항하든가 하게 된다.

컨슈머리즘 consumerism

기술혁신에 의한 신제품의 대규모 개발 또는 대량 소비 붐에 따라 결함 상품, 과대 광고, 부당한 가격 인상, 유해 식품의 범람이 두드러진바, 컨슈머리즘은 소비자 파워를 결집하여 이 같은 부정을 시정하고 스스로를 지키고자 하는 운동이다. 구체적 방법은 불매운동이나 안전성 확보를 메이커의 의무로 하는 법률의 제정 등이 있다.

컨슈머즈 인터레스트 consumer's interest

소비자의 흥미이든가 이익을 뜻한다. 오늘날의 세일즈에서 소비자에게 흥미를 갖게 하는 것과 동시에 부단히 소비자의 이익을 고려하지 않으면 안되므로, 이 것은 양 쪽 의미를 동시에 포함하는 것으로 풀이된다.

컨슈머즈 프라이즈 consumer's price

어떤 상품의 생산자 가격에 이윤과 운임 등을 가산한 가격을 말한다.

컨슈머 헬프 consumer help

소비자 교육, 소비자 원조의 뜻이다. 호텔 등에서 여학생을 초대하여 에티켓이나 매너를 가르치는 것 등은 이것을 가리킨다.

케이스 메소드 case method

실제의 사례를 놓고 집단 토의를 거쳐 여러 가지 문제를 해결, 이해를 깊이 하기 위한 학습법이다.

코모디티 commodity

유용한 것, 편리한 것, 값어치가 나가는 것 등을 의미한다. 일용품이나 생활 필수품을 나타내는 용어로 쓰인다.

코스트 다운 cost down

상품 제조원가의 인하를 말한다. 코스트 다운은 기술 혁신에 기초를 둔 대량 생산 방식과 합리적 경영 노력에 의해 실현된다.

코스트-플러스 플랜 cost-plus plan

원가에 적정한 이윤을 가산하여 판매 가격으로 정하는 가격 결정의 한 방식이다. 원가란 일반으로 모든 직접비와 간접비를 포함한 전체 원가를 말한다. 이윤은 경쟁조건 · 회전율 · 위험부담 등에 의하여 달라진다.

콜 레터 call letter

방문에 대신하는 수단으로 예상되는 손님에게 보내는 편지이다. 세일즈맨이 성적을 올리기 위하여 되도록 많은 방문이 절대적으로 필요하나 역시 시간이 한정돼 있으므로 이에 대신하는 어떤 방법을 강구하지 않을 수 없다. 이 방법의 하나가 콜 레터이다. 여기에는 일정의 형식이나 내용이 따로 있는 것이 아니나 손님이 손에 펼쳐 들고 무의식중에 눈으로 들여다보고 싶은 매력을 느끼게 하는 것이 아니면 안 된다. 방문한 상대방이 부재시에는 그대로 콜 레터를 놓고 온다.

콜드 체인 cold chain

저온 유통 체계로 번역한다. 냉장 수송차에서 각 가정의 냉장고에 이르는 일련의 설비를 이용, 생선 식료품을 냉동 · 냉장 · 저온의 상태로 생산자로부터 소비자에 이르기까지 보내지는 작업이다. 이것으로 생선 식료품의 양적 조정이 가능하고 가격 안정을 도모한다.

콤비네이션 애드 combination ad.

여러 가지 광고 매체를 사용하면서도 통일된 이미지로써 광고효과를 높이려 하거나 또는 상호간에 관련이 있는 상품을 결합하여 광고효과를 높이고자 하는 광고방식을 말한다. 특히 관련 있는 타사 제품과 결합하여 하는 광고를 연대 광고(tie up advertising)라고 한다.

쿠폰 셀링 coupon selling

티켓 판매(ticket selling)라고도 하며 판매알선기관, 즉 티켓 발행단체가 회사나 관청 등 단체와 계약하고 일정 금액이 표시된 티켓 또는 쿠폰의 발행을 통해 신용공여를 함으로써 이루어지는 할부판매의 한 형태이다. 소비자는 가맹점에서 그 티켓으로 상품을 구매하게 되고 대금은 그 후 정해진 기간과 비율에 따라 분할 지급하게 된다.

쿼터 quota

세일즈맨의 판매 노력의 목표로서 연간·월간 또는 주간의 판매수량 또는 액수를 할당하는 것을 말한다.

크레디터스 컨트롤 creditor's control

각종의 채권자가 채권을 배경으로 하여 기업을 지배하는 것을 말한다. 현실적으로는 은행과 같은 금융기관이 자금의 대여를 바탕으로 임원을 파견하거나 경영상의 기본방침을 좌우하는 경우이다. 이를 특히 금융업자지배 또는 금융지배라 한다. 또 하청기업에 대한 모기업의 지배를 이권자(利權者) 지배라고 한다.

크레디트 세일즈 credit sales

판매 대금을 몇 번에 나누어 수금하는 판매 형식이다.

크레디트 카드 credit-card

크레디트 카드 회사가 회원에게 발행하는 카드로, 소지하고 있으면 가맹점에서 현금을 갖지 않아도 상품을 살 수 있다. 회원이 은행에 예금 구좌를 만들어 놓으면 회원으로부터 가맹점에서의 지불이 완결되는 신용 판매 제도이다.

크리에이티브 셀링 creative selling

종래 방식에 의존하지 않고 세일즈 아이디어를 함께 모은 독창적인 판매 방식이다. 상품 자체의 특징을 살려 창의적 방식으로 판매를 개척해 나가는 방식으로,

이는 격렬한 판매전에 임하여 소기의 성과를 거두기 위해 필요한 판매법이라고
할 수 있다.

클라이트 시스템 Klite system

출퇴근 시간 자유제인 플렉스 타임제의 하나다. 서독의 클라이트 항공사에서
1973년부터 실시하고 있다. 이는 하루 8시간 근무하고 1시간의 점심시간을 포함
한 9시간을 회사에 있는 시간으로 하되, 다만 전 사원이 회사에 있어야 할 시간
은 핵시간(核時間)이라 하여 점심 시간을 포함한 오전 10시부터 오후 4시까지의
6시간으로 하고 이 시간을 전후하여 언제든지 자유로이 출퇴근할 수 있다.

클레임 claim

매매 계약상의 위반 행위에 의한 손해에 관하여 매매 당사자 사이에 일어나는
상사 분쟁의 구상(求償)을 뜻한다. 세일즈 용어로 고객의 애로나 고충을 클레임
이라고 하기도 한다.

클로즈드 도어 시스템 closed door system

회원제에 의한 판매 방식을 말한다. 입회금을 지불함으로써 회원의 자격과 그
판매점에 들어가 자유로 구매하는 권리를 취득한다. 특히 디스카운트 하우스에
서 많이 보이는 형태이다.

클로즈드 테리토리 closed territory

주어진 판매 지역 안에서만 세일즈 활동이 의무지워진 제도이다. 이 반대가 오
픈(open) 테리토리로, 세일즈맨에게 고유의 테리토리를 주지 않는 제도이다.

클로징 closing

바이어가 최종적으로 사겠다는 의사표시를 한 다음 구체적으로 계약서에 서명
하기까지의 단계를 말한다. 클로징으로 이끄는 테크닉으로는 ① 추정승낙법, ②
긍정적 암시법, ③ 결과지적법, ④ 양자택일법, ⑤ 비방제시법, ⑥ 약속획득법
등의 방법이 쓰인다.

클리어런스 세일 clearance sale

특매의 일종이다. 시일이 오래 되었거나 흠이 생긴 재고품 등을 정리 처분하려
는 목적으로 하는 염가 판매를 말한다. 재고 정리 대매출 또는 기말 재고품 일소
대매출 등이 이에 속한다. 따라서 이것은 비성수기에 상품 판매를 촉진하기 위
해 가격을 낮추어 판매하는 경우와는 다른 것이다.

타임 세일즈 time sales

시간판매, 주로 라디오나 텔레비전의 5분, 10분, 15분 프로그램 등의 시간을 스폰서(sponsor)에게 판매하는 것으로 여기에 종사하는 사람을 타임 세일즈맨이라 한다.

태스크 포스 task force

본래 특별 편성부대를 의미하는 군대용어로, 일정 임무를 위하여 임시 편성된 그룹을 가리킨다. 미개척의 큰 목표를 향한 세일즈 캠페인의 시기 등에 편성되고 그 과업을 달성하면 해산, 팀 요원은 본래 조직으로 복귀한다.

탤런트 talent

재능 또는 재능을 가진 사람이란 원뜻에서 비롯되어 텔레비전·라디오 등에 출연하는 예능인·출연자를 가리킨다. 소매업의 용어로는 부하를 갖지 않는 스페셜리스트를 탤런트라 부른다.

테리토리 territory

영토·지역·분야 등의 뜻을 가진 말이다. 세일즈에서는 특정 세일즈맨에게 할당된 담당 지역을 말한다.

테스트 마켓 test market

신제품 판매에 있어서 어느 특정 지역을 선정, 자사 상품에 대한 미리 계획된 마케팅 플랜의 효과를 테스트하여 시장이 확대된 경우의 정확한 방법을 발견하기 위한 실험 시장이다.

테스트 캠페인 test campaign

신제품을 매출함에 있어 테스트마켓으로 선정된 지역에서 계획된 캠페인을 시험적으로 실시하는 것이다.

테스트 클로징 test closing

클로징으로 이끄는 앞 단계이다. 상대가 진정 살 것인가 안 살 것인가를 탐색해 보는 것으로 상담을 일찍 끝내기 위한 심리적 유도 작전이다. 테스트 클로징은 일회로 끝낼 것이 아니라 상담 진행 중 형편을 봐서 몇 회라도 행할 수 있고 또 행해야 한다.

테이블 데스 table death

생명보험에서 가입자가 숨진 것처럼 꾸며 부정 처리하는 것을 이른다.

테이블 파이어 table fire

화재보험 회사에 있어서의 부정 경리, 즉 실제는 불타지 않았는데 불탄 것으로 처리해서 보험금을 유용하는 행위를 가리킨다.

텔레폰 세일즈 telephone sales

전화 판매, 전화를 이용하여 주문을 받고 판매도 하는 것이다.

토털 마케팅 total marketing

마케팅의 각 기능이 마케팅 전체에서 볼 때 가장 유효하게 작용하도록 각 기능을 통합·조직·실시하는 것을 말한다.

톱 매니지먼트 top management

기업에서의 최고 관리층, 즉 이사회·대표이사·사장 및 주요 부문 담당 이사가 여기 해당한다. 기업 전체의 입장에서 통괄적인 지휘 관리를 행한다.

톱 세일즈 top sales

톱 매니지먼트가 실제의 세일 활동을 하는 것으로, 상대방 역시 톱 매니지먼트인 때가 보통이다. 소비자를 향한 세일즈에 톱이 나서는 일은 없으나 생산재(生産財) 세일즈 등에는 나서는 수가 많다.

톱 세일즈맨 top salesman

인격·식견·교양·판매 성적 등에서 문자 그대로 톱이 되는 세일즈맨을 말한다. 즉 판매 성적이 그 회사 또는 그룹에서 제일 상위를 차지하는 세일즈맨을 일컫는다.

투웨이 커뮤니케이션 two way communication

말하는 이가 일방적으로 자기 이야기만을 말하는 것이 아니고 상대방도 말하게 하여 그것을 들어주는 상호적인 전달을 가리킨다. 특히 세일즈맨에게는 이 같은 방향의 커뮤니케이션이 매우 중요하다.

트라이 앤드 에러 try and error

시행 착오를 말한다. 새로운 과제에 당면, 여러 차례 무익한 동작을 시도하다가 우연히 성공한 동작을 반복 행하고 무익한 동작은 배제하게 된다. 판매 실무도 트라이 앤드 에러를 통하여 습득되는 일이 많다.

티 더블유 아이 TWI (training within industry)

관리자 훈련, 즉 기업내 훈련의 하나로 제일선 감독자, 직장의 감독 능력을 향상시키고 생산 능률을 제고하기 위한 훈련 방식을 말한다. 작업의 교육 방법, 작업 개선 방법, 사람을 다루는 방법 등 세 가지 방법에 관한 연수를 행한다.

티저 어프로치 teaser approach

티저는 '간질이다', '괴롭히다'는 의미의 낱말이다. 광고주나 제품명을 고의로 숨겨 불가사의나 의외의 방법으로 독자의 주의를 끌고자하는 광고 기법을 일컫는다.

티피오 TPO (time, place, occasion)

의상계 용어로는 때와 장소와 경우에 맞는, 조건을 갖춘 옷을 입는 것이 좋다는 의미다. 요즘은 메이커의 판매 전략 용어로 등장하고 있다. 선전이나 세일즈에서도 때와 장소와 경우에 따라 여러모로 연구하고 분별 있게 대처할 필요가 있음을 말한다.

팀 세일즈 team sales

세일즈맨이 혼자 독자적으로 세일 활동을 행하는 것이 아니라 팀이 형성되어 팀 멤버가 협력, 한 개 주문을 획득하는 팀 능력 활용의 세일 방법을 일컫는다. 팀 세일이 근래 매우 중요시되고 있는데, 여기에는 베테랑급 세일즈맨과 신인 세일즈맨이 팀을 이루어 행하는 엽견법과 리더 밑에 몇 사람이 반을 편성, 행하는 여러 방법이 있다.

파이어니어 스피릿 pioneer spirit

개척자 정신. 즉 세일즈맨은 왕성한 투지, 개척자 정신에 불타지 않으면 안 된다.

파이팅 스피릿 fighting spirit

투쟁 정신 또는 투혼이다. 판매에 당하여 세일즈맨은 파이팅 스피릿 없이 성공하기 어렵다.

파일링 시스템 filing system

파일은 서류철, 정리 카드를 말한다. 문서와 기록을 발생순, 항목별 등 일정 질서에 따라 분류 정리하고 일정 장소에 보관해 두어 필요한 때 즉시 꺼내 볼 수 있게 해두는 정보 관리의 방법이다.

패키징 packaging

포장, 특히 소비재 포장의 경우, 셀프서비스 방식의 슈퍼마켓의 발전에 따라 내용물을 보호하는 역할뿐 아니라 사람의 눈을 끄는 디자인에 의해 패키징은 판매 촉진상 중요한 역할을 담당하게 된다.

패턴 pattern

디자인 분야에서는 형·양식·모형·견본·모양 등을 의미한다. 조사 용어에서는 몇 개 질문에 대한 동일한 블록을 말한다. 이 몇 개 질문에서 패턴을 만드는 것을 패턴화라 한다. 패턴화는 태도 측정이나 행동 측정의 결과보다 동일 경향의 사람들을 하나로 묶을 때 잘 쓰인다.

퍼블리시티 publicity

일반적으로 알려주는 것, 주지·평판 등의 뜻이나 세일에서는 신문·잡지·라디오·텔레비전 등에서 광고 선전을 위해서가 아니라 일반 기사로서 기업 활동에 유리한 뉴스가 나가는 것을 가리킨다. 이것은 광고료 지불 없이 보다 강력한 전파력과 호소력을 발휘한다.

퍼블릭 릴레이션즈 public relations

개인 또는 조직이 지속적 장기적으로 자기에 대한 공중의 신뢰와 이해를 얻어내고자 하는 활동이다. 피아르 대상은 일반대중·소비자·종업원·주주·거래업자·금융기관·정부기관 등이고, 피아르 수단은 광고·퍼블리시티·피아르지·피아르 영화·전시물 등이다.

퍼스널 커뮤니케이션 personal communication

커뮤니케이션의 한 형태로 매스 커뮤니케이션과 대립적으로 쓰이는 용어다. 대화처럼 개인적 직접적으로 의사를 상호 전달하는 것을 가리킨다.

페이턴트 patent

특허권. 즉 산업상 이용되는 신규의 발명을 특허라 하고, 이 발명을 일정 기간 독점적 배타적으로 이용하는 권리를 말한다.

포드 시스템 Ford system

미국의 헨리 포드가 실시한 제도로, 생산품·생산 용구를 규격화하고 극도로 전문화된 분업이나 오토메이션의 도입에 의해 경영의 합리화를 기도, 코스트를 인하하려는 방식을 가리킨다.

포뮬러 플랜 formula plan

재산을 공격적 부분과 방어적 부분의 둘로 나누어 일정 룰을 정하여 계획 매매를 행하는 방법이다. 투자신탁의 운용 방법이 이에 해당한다.

푸시 스트래티지 push strategy

푸시 전략, 후원적 전략이라 한다. 제조업자나 도매상이 판매경로상의 중간상을 판매촉진의 대상으로 하여 자사 상품을 취급하는 판매업자의 판매의욕을 환기함으로써 고객에의 권장판매를 적극적으로 전개하도록 하는 판매촉진전략을 말한다. 거래(去來) 광고와 같은 추진적 광고는 그 좋은 예의 하나다.

풀 스트래티지 pull strategy

풀 전략이라 한다. 직접 소비자를 대상으로 그들의 구매의욕을 환기함으로써 자사 제품에 대한 지명구매를 증진시키고자 하는 판매촉진 전략을 말한다. 흔히 매스 미디어를 통한 소비자 광고가 주로 사용되는데, 이러한 광고를 견인적(牽引的) 광고라 한다.

퓨쳐 인더스트리 future industry

최근의 눈부신 기술 혁신의 결과로서 새로이 등장한 새로운 산업을 말한다. 이에는 다음의 일곱 가지 부분, 즉 ① 우주산업, ② 정보산업, ③ 해양산업, ④ 원자력 산업 ⑤ 재료산업, ⑥ 서비스산업, 그리고 ⑦ 공해산업 등이 포함된다.

프라이스 리더 price leader

가격 선도라는 뜻이다. 어느 지역에서 판매되고 있는 제품의 점거율이 매우 큰 때 그 기업의 제품 가격이 결정되면 다른 동일업계의 기업도 그 가격에 따라 가격이 결정되는 경우에 그 기업을 프라이스 리더라 한다.

프라이스 스테빌리티 price stability

현실적으로 시장가격은 여러 가지 요인에 의해 수시로 변동하고 있다. 그러나 수개월 내지 수년 동안 변동하지 않는 경우도 있다. 즉 공정(公定)가격과 같이 공적 규제가 이루어지는 경우와 카탈로그 등에 일단 공표한 가격은 쉽사리 변경하기 어렵기 때문에 이를 가격의 경직성(硬直性)이라 한다.

프러덕트 이미지 product image

소비자가 특정한 상표와 접촉하게 된 경우 이를 통해 가지게 되는 심상(心像) 내지 이미지를 말한다. 이는 특정 상표에 대한 정보나 경험을 통해 얻어지는 것이다.

프리미엄 premium

상품 판매를 유도하기 위해 제시되는 별도의 상품, 즉 경품(景品) 같은 것이다. 일반적으로 경쟁이 치열하고 단가가 싸며 또 판매가 계속되는 동종 상품에 자주 쓰인다.

프리랜서 freelancer

자유 계약자, 즉 전속 계약을 체결하지 않은 배우나 저널리스트를 말한다.

프리 셀링 pre-selling

소비자가 구매시점에 이르기 전에 각자가 구매할 상표를 미리 결정하게끔 하는 판매활동을 말한다. 주로 제품 차별화와 광고를 통한 상표 촉진 활동에 의해 이러한 목표 달성이 시도되며, 반면에 소비자는 자신의 사용경험이나 구매동기에 따라 가장 호의(good will)를 가진 상표를 결정하게 됨이 보통이다.

프리 어프로치 pre-approach

프리는 이전 또는 전의 의미다. 방문 상대의 사전 조사나 방문 전에 참고 자료를 상대방에게 미리 전달하는 것을 일컫는다. 본격적 어프로치를 실행하기 앞서 행하는 여러 가지 준비가 이에 포함된다.

플렉스 타임 flex time

가령 오전 10시부터 12시까지, 오후 1시부터 3시까지 4시간은 누구나 공통으로 일해야 하나 그 밖에는 규정된 노동시간을 지키는 한 출퇴근 시간은 어떠하더라도 좋다는 새로운 형태의 근무 제도이다.

피 오 에스 시스템 POS system

판매 시점(point of sales)에서의 즉시판매 정보처리 시스템을 말한다. 대규모 소매점의 경우 종래 사용하던 현금 등록기 대신에 컴퓨터와 연결된 단말장치를 두고 판매가 이루어지면 정보가 즉시로 처리되도록 하는 것이다. 이를 이용하면 판매분석을 쉽사리 할 수 있게 된다.

피지컬 디스트리뷰션 physical distribution

물적 유통이라 번역한다. 상품이 생산자로부터 소비자에까지 이동해 가는 과정에서 발생되는 제경비면이 이에 해당한다. 포장·하역·수송·보관의 비용을 물적 유통 경비라 하고, 이를 절약하는 수단을 강구, 실행코자 할 때 쓰이는 용어다.

피 티 프로그램 PT program

라디오나 텔레비전의 프로를 제공할 때 여러 광고주가 커머셜(commercial)을 넣어서 공동으로 참가하는 프로를 말한다. 이 경우의 시엠(CM)을 참가 아나운스먼

트라 한다. 다른 광고 프로의 경우에는 그 내용 등이 광고주의 의견을 반영하여
기획되지만, 피티 프로에는 원칙적으로 방송국이 독자적으로 기획 제작함이 보
통이다.

필드맨 fieldman

메이커가 자사 제품의 판매 촉진을 위해 일정 지역내의 각 소매점에 파견하는
사람이다. 소매점을 순회, 판매 방법이나 진열법을 지도하고 판매 촉진에 대한
서비스를 제공하는데, 실제는 세일즈맨 역할을 겸임하는 경우가 있다.

하우스 오르간 house organ

사내보 혹은 기업이 종업원이나 주주, 산하 대리점 등을 대상으로 편집 발행하
는 피아르 출판물을 총칭한다. 사내용은 종업원의 사기를 높이기 위하여, 사외
용은 회사의 경영 방침이나 상품에 관하여 알려 주려고 발행된다. 기업 경영상
매우 중요한 활동의 하나이다.

하이 탤런트 high telent

고도의 전문 지식, 정확한 판단력, 특수한 능력을 가진 인재를 가리킨다. 경영
기획이나 인사·노무의 스태프, 배테랑급 세일즈맨, 제품 개발 연구원 등을 들
수 있다.

하이퍼 마켓 hyper market

유럽에서 급격한 성장을 보이고 있는 소매업의 한 형태이다. 할인점으로서 그
규모는 1,500㎡ 이상의 매장 면적을 갖고 식품 대 비식품의 비율이 1 대 2 내지
1 대 3, 특히 식품매상이 전체 매상의 50퍼센트 이상을 차지하고 주차장 설비와
시 외곽에 있어야 한다는 조건을 충족시켜야 한다.

하이 프레슈어 세일즈 high pressure sales

고자세 판매이다. 소비자를 무시한 일방적 강제적 판매를 말한다. 이 같은 방식
은 본질적 판매와는 거리가 멀고 소비자 지향을 기본으로 삼는 마케팅 이념과도
근본적으로 상응하지 않는 것이다.

해피 콜 happy call

인사 방문이다. 보통 세일즈맨이 손님을 방문하는 것은 상품을 팔든가 회사일
때문인데, 그 같은 용건 없이 인사만을 위하여 방문하든가 옛정을 되찾기 위해
방문하는 경우를 이른다. 특히 직장의 상사나 기업의 장이 동행하면 한층 효과
가 크다.

휴먼 릴레이션즈 human relations

조직은 작업 중심으로 만들어진 것이므로 조직중 직장 동료의 감정면이 무시되기 쉽다. 그러나 인간은 감정의 동물인 만큼 이 대인 관계가 원만하지 않으면 작업 성과에도 영향을 미치기 마련이다. 이 같은 대인 처신은 세일즈맨과 손님 사이에서도 마찬가지일 것이다.

헤르메스 메소드 Hermes method

혁신적인 연구개발에 도움이 되는 고도의 아이디어를 창출하기 위한 사고 방법이다. 다음의 다섯 단계의 사고과정을 통해 아이디어를 개발하게 된다. ① 아주 이질적인 지식 체계와 대체하여 보거나 ② 아주 다른 체계로 변화시켜 보거나 ③ 역전시켜 보거나 ④ 유추에 의해 유사한 구조를 가진 새로운 아이디어의 소재를 얻거나 ⑤ 기존의 지식이나 아이디어에 다른 체계에서 얻은 생각을 부딪치게 하여 양자의 결합에서 새로운 것을 탄생시킨다.

휴먼 엔지니어링 human engineering

기계의 설비나 기계 조작상 최량의 방법 등을 인간적 관점에서 검토하여 인간이 가장 능률적으로 작업을 하거나 활동을 할 수 있게끔 인간적 요소를 고려한 종합적인 시스템 공학을 말한다.

휴먼 인벤토리 human inventory

인적 재고라고도 한다. 즉 기업의 재무 상태를 나타내는 대차대조표에 기업의 자산의 하나인 인간 자산의 가치를 계수적으로 나타낸 것을 말한다. 종래 기업 자산을 표시한 대차대조표에는 인간·물자·자금 중 인간자산의 가치는 제대로 기록한 적이 없었다. 그러나 예컨대 프로야구의 선수나 방송국의 전속 탤런트 등은 물론 기업의 경우에도 물자나 자금과 마찬가지로 인간자산도 그 가치를 계수적으로 표시할 필요가 상당히 높아지고 있다.

휴먼 캐피탈 human capital

인간 자본. 지금까지의 공업사회에서 산업을 발전시키는 데 주된 역할을 한 것은 설비투자 등에 필요한 자본, 자금이었으나 서비스업인 제3차 산업이 중심이 되는 새로운 사회에서 필요한 것은 신지식과 신기술인데, 그것을 생산하는 인간 자본을 구할 수 있는가 여부가 산업발전의 관건이 된다고 하겠다.

저 | 자 | 약 | 력

전영우(全英雨)

서울대학교 사범대학 국어교육과 졸업

문학박사, KBS 아나운서 실장, 수원대학교 인문대학 학장,

한국화법학회 학회장 등 역임

현재, 신성대학 초빙교수, 국립국어연구원 국어문화학교 강사

<저서> 스피치 개론(1964), 화법원리(1967), 국어화법론(1987), 한
국 근대 토론의 사적 연구(1991), 고등학교 화법(1996), 토의
토론과 회의(1996), 신국어화법론(1998), 표준 한국어 발음
사전(2001), 짜임새 있는 연설(2002), 느낌이 좋은 대화 방법
(2003), 설득의 화법(2003), 화법개설(2003)

<역서> 화술의 지식(1962), 방송개설(1970)

설득의 비즈니스

인 쇄   2003년 11월 10일
발 행   2003년 11월 17일
저 자   전영우(全英雨)
펴낸이   이대현
편 집   장은미
펴낸곳   도서출판 **역락** / 서울 성동구 성수2가 3동 301-80
        (주)지시코 별관 3층(우133-835)
전 화   3409-2058(대표) 3409-2060(편집부) FAX 3409-2059
이메일   yk3888@kornet.net / youkrack@hanmail.net
등 록   1999년 4월 19일 제2-2803호

정가 10,000원

ISBN 89-5556-239-X-03710

*잘못된 책은 교환해 드립니다